Pascale Senk

Et tu verras ta vie autrement...

100 chroniques psy
pour poser un nouveau regard
sur le monde, les autres et soi !

LAROUSSE / LE FIGARO

Introduction

Elle fascine autant qu'elle agace et inquiète autant qu'elle réconforte. Elle? La psychologie, science humaine entre toutes les sciences humaines, qui s'intéresse au fondement même de l'être humain: psychisme, cœur, identité. Avec elle, pas de détours: il s'agit de décrypter ce qui nous meut et génère nos comportements, quand bien même nous serions incapables de les comprendre. Quel projet!

Celui-ci a en effet de quoi fasciner: mieux connaître nos empêchements comme nos élans, notre personnalité et notre vie relationnelle peut changer la donne et nous aider dans l'aventure hasardeuse de la vie. Mais il est aussi bien agaçant: dès lors, parce qu'il nous aide à mieux appréhender «notre part» dans ce qui nous arrive, à mieux prendre conscience de nos fragilités, nous ne pouvons que nous responsabiliser. C'est là le revers, parfois agaçant donc, de cette approche.

Quand mes collègues journalistes des rubriques «Politique», «Économie» ou «International» sont parfois confrontés à un fatalisme accablant – Que pouvons-nous faire à notre échelle d'individu *lambda* quand le PIB d'un pays s'effondre ou qu'un tremblement de terre secoue l'Asie? Comment nous montrer acteurs de notre vie quand le vent de l'histoire nous entraîne et nous contraint? –, travailler à des enquêtes sur notre réalité quotidienne, les moyens de mieux la comprendre et s'y sentir mieux est une forme d'eldorado.

Souvent, on me demande: «Comment faites-vous pour avoir des idées de sujet chaque semaine?» À quoi je réponds: «Mais la psychologie, c'est la vie!» Et les chroniques regroupées ici le montrent: relations amoureuses, parentalité, choix – ou non-choix – professionnels, comportements alimentaires, rapport au corps... Oui, tout peut donner lieu à une analyse psychologique. Il me suffit alors d'observer comment un thème devient récurrent dans l'actualité, ou inspire plusieurs romans ou films de la rentrée, ou se trouve débattu dans les institutions, pour le juger digne d'être exploré du point de vue du psychisme.

De plus, depuis quelques décennies, cette science est entrée dans un nouveau paradigme. Jusque-là centrée sur les pathologies mentales, elle s'intéresse désormais à l'équilibre intérieur. Après la psychanalyse, les apports des neurosciences, notamment sociales et affectives, des sciences cognitives, comme ceux de la philosophie existentielle, sont venus l'enrichir. En faisant une place à ces différents courants, chaque chronique tente de rendre compte de cette nouvelle «psychologie intégrative».

On ne ressort pas indemne d'une telle fréquentation: bien souvent, elle offre des réponses à nos «Pourquoi?» («Pourquoi ne suis-je pas heureux dans mon couple?» «Pourquoi ai-je des difficultés avec mon enfant?» «Pourquoi mon père est-il distant?»...), mais elle inspire aussi des pistes de «Comment?» («Comment prendre ma place au travail?» «Comment aimer mieux?» «Comment me libérer de ce qui m'entrave?»...).

Dès lors, pour celui qui s'y intéresse, une aventure passionnante s'annonce: se façonner une vie qui vaut le coup, qui lui ressemble et le libère de ce que les autres voudraient pour lui. Tel est le projet que je souhaite à chacun de nos lecteurs.

La bonté, ça s'apprend !

Après s'être intéressée aux racines du mal, aux troubles négatifs et à ce qui fâche, la psychologie s'attache depuis une trentaine d'années à comprendre comment la bienveillance et le sens de l'altruisme peuvent se développer. Des recherches pleines d'espoir, puisqu'il semblerait, oui, que chacun puisse devenir quelqu'un de bien.

C'est Rousseau qui doit être content! Sa conception d'une «pitié naturelle» des hommes, ce sentiment de sollicitude qui nous pousse instinctivement à aider notre prochain, est désormais validée par de nombreuses recherches en psychologie sociale. Aujourd'hui, on la désigne plutôt sous le terme d'«empathie», mais, comme le philosophe le pensait à son époque, cette qualité consiste toujours à pouvoir ressentir la souffrance d'un autre, et c'est cela, le premier pas vers la coopération.

Ainsi, une expérience menée en 2007 à l'université de Yale a prouvé que des bébés de 6 mois ont déjà le sens de ce que peut être une attitude «bonne». On leur montrait une scène dans laquelle un personnage peinait à grimper, suivi d'un autre qui s'efforçait de l'aider et d'un troisième qui cherchait à l'en empêcher. Les bébés ont tout de suite manifesté une préférence pour le personnage coopératif.

Si cette bonté était dans l'esprit de Jean-Jacques Rousseau une vertu originelle, elle était cependant toujours susceptible d'être pervertie et dégradée par la vie en société. Mais qu'est-ce qui peut, à l'inverse, la faire grandir et nous aider à la déployer?

Premier facteur: l'âge. Une donnée surprenante, mais qui tendrait à prouver que nous ne sommes pas tous appelés à devenir des «Tatie Danielle» et autres vieillards méchants et frustrés. Serban Ionescu, psychiatre et psychologue, observe qu'après l'âge de 50 ans, la majorité des délinquants cessent leurs comportements antisociaux:

« On constate qu'avec le temps, avec l'âge, il y a une accumulation d'expérience qui s'exprime par de la sagesse[1] », observe-t-il. Et de décrire, pour appuyer sa thèse, combien les grands-parents sont généralement plus « permissifs, tolérants et capables de relativiser les choses qu'ils n'étaient en tant que parents ».

C'est l'un des effets bénéfiques de l'âge que la psychanalyste Catherine Ternynck, qui s'est interrogée sur l'individualisme contemporain, constate elle aussi : « Si l'altruisme et la générosité, qui se manifestent d'abord en actions concrètes, sont de tous les âges, la bonté désigne plutôt une disposition intérieure, une bienveillance associée à la connaissance. Je pense qu'elle s'incarne plus dans la deuxième ou troisième partie de la vie, car elle nécessite une certaine maturation[2]. »

La bonté désigne plutôt une disposition intérieure, une bienveillance associée à la connaissance.

« Maturation », c'est bien le moins ! On sait que selon Freud, la haine est originaire. Pour le tout petit enfant qui n'a pas encore accès au langage, le bon, c'est ce qui gratifie, et le mauvais, ce qui frustre. Ainsi la mère est-elle, à cette période-là, éprouvée totalement bonne ou totalement mauvaise. Ce n'est que progressivement que l'enfant sort de cette radicalité pour comprendre que les personnes auxquelles il est attaché peuvent alternativement frustrer ou gratifier en fonction des circonstances. C'est une étape importante, appelée l'« accès à l'ambivalence ». Pour les psychanalystes, les pulsions destructrices et les pulsions de vie coexistent dans l'inconscient et sont en tension permanente, comme le sont la haine et l'amour. Du plus jeune âge à la fin de l'existence, elles se brassent et se travaillent dans un espace toujours plus créateur de différence et d'altérité. « Apprivoiser la haine en soi, la dompter, l'humaniser, c'est le travail de toute une vie, précise Catherine Ternynck. On ne naît pas bon, mais au fil du temps, au gré des expériences, on peut le devenir. »

On ne naît pas bon, mais au fil du temps, au gré des expériences, on peut le devenir.

L'enjeu est de toute importance et, selon la psychanalyste, il constitue l'un des critères de la santé psychique. « Une personne qui va bien est une personne qui peut avoir accès au bon en soi, explique-t-elle. Une disposition qui n'a rien d'ostentatoire et se manifeste

1. Serban Ionescu (dir.), *Traité de résilience assistée*, PUF, 2011.

2. Catherine Ternynck, *L'Homme de sable. Pourquoi l'individualisme nous rend malades*, Seuil, 2011.

dans l'ordinaire de la vie. C'est cet adolescent qui raconte avoir aidé une personne à traverser la rue. Ou encore cette vieille dame qui continue à prendre soin d'un animal familier... À l'inverse, une personne aux prises avec le ressentiment, l'envie, risque d'être en difficulté dans ses échanges humains. Il y a une transitivité importante entre le besoin d'être bon pour se sentir aimé et le besoin d'être aimé pour se reconnaître bon. »

C'est ce que le psychiatre Serban Ionescu définit chez les personnes résilientes comme le fait d'« avoir un tempérament agréable », et qui s'est révélé être une vraie ressource lorsqu'elles ont dû rebondir après une épreuve difficile, car cela leur « permettait de coller aux autres ». Selon cet expert, la bonté arrive par les autres : « Si une personne a eu au moins un parent capable de lui manifester de l'amour, ou un professeur qui l'encourageait, alors un jour elle pourra, elle aussi, donner ce qu'elle a de meilleur en elle. »

La bonté arrive par les autres.

LE REGARD DE :

Jacques Lecomte, docteur en psychologie

« Lorsque l'on compulse les nombreuses études en criminalité, on peut découvrir les trois facteurs qui permettent à un sujet délinquant, violent, de se réconcilier avec le monde. Premier déclencheur de transformation : l'amour. Comme le disait un "grand frère" de quartiers difficiles, "quand un type rencontre sa nana, il est mort pour sa bande". C'est ainsi que son réseau social peut aussi changer, le jeune fréquentant désormais les amis de sa compagne. Deuxième facteur : le travail. Pourquoi ? Grâce aux liens sociaux qu'il favorise. Lorsque le jeune a un maître de stage, un mentor, c'est encore plus fort. Un troisième élément est, bien entendu, la volonté personnelle de l'individu. À un moment, il faut aussi qu'il se soit dit : "Cette vie-là, je n'en veux plus !" Car si l'homme est prédisposé à la bonté, faire grandir son empathie relève toujours de son libre choix. Heureusement, celle-ci est contagieuse. Il a été prouvé que l'on devient plus serviable lorsque l'on a soi-même bénéficié de la serviabilité d'autrui. Ainsi, lorsqu'une personne, en sortant, tient la porte à la personne derrière elle, il y a 50 % de chances de plus que la seconde fasse de même... »

Vous voulez fonder un couple heureux ? Faites des projets…

Face au risque actuel de se quitter rapidement, de zapper d'une union à l'autre, il est un secret que de nombreux psychothérapeutes de couples chuchotent à l'oreille de leurs patients : l'amour se nourrit de visions et de plaisirs partagés à venir.

« Planifiez un quart d'heure à passer ensemble chaque jour. » Telle est l'une des premières prescriptions amoureuses que la thérapeute de couples et coach Sophie Touttée-Henrotte donne à ceux qui viennent la consulter pour leurs relations de couple difficiles et frustrantes. « Lors de la première séance, je leur demande souvent de me décrire une journée type de leur cohabitation, explique-t-elle. Avec des détails très concrets. Et nous découvrons souvent qu'ils ne parviennent même pas à se consacrer seulement quinze minutes quotidiennes l'un à l'autre ! »

Départ de l'un à l'aube pour se rendre à son travail, obligation de s'occuper des enfants pour l'autre, visite de la belle-famille en fin de semaine, activités sportives en solo… « Lorsque l'on ne trouve pas le temps d'un petit déjeuner ou d'un dîner avec son partenaire, lorsque l'on n'a plus aucune occasion d'échanger tranquillement, en se faisant face et en s'écoutant vraiment, on ne peut élaborer aucun projet ensemble, observe la thérapeute. Or la cohésion d'un couple naît de cette envie de construction et d'avenir ensemble. »

La cohésion d'un couple naît de cette envie de construction et d'avenir ensemble.

Comment, en effet, échapper à la loi du couple « zappé » ? Cinq ans après le début de la cohabitation, 20 % des couples se séparent, et 27 % au bout de dix ans, révélaient les statistiques de l'Insee en 2016. Comment faire obstacle au sentiment de lassitude rapide si ce n'est en lui opposant des désirs à accomplir, des perspectives réjouissantes? Faut-il nécessairement changer de couple pour retrouver la sensation enivrante d'aller de l'avant? Suite à une séparation, reformer un couple se fait de plus en plus vite – en 2013, nous révélait également l'Insee, plus de la moitié des personnes âgées de 26 à 65 ans ayant vécu une séparation ont formé une nouvelle union moins de deux ans après[1].

Il y a donc ceux qui prévoient de faire un tour du monde ensemble, ceux qui restaurent une chaumière familiale ou créent une entreprise à deux... Et puis il y a ceux qui ont du mal à « dynamiser » leur existence commune. « Auparavant, les unions se formaient autour de grands projets de vie dessinés par la tradition : se marier, avoir des enfants, acheter une maison... Désormais, la plupart se rencontrent avec une seule vision : s'aimer, observe le psychanalyste et psychothérapeute de couples Pascal Anger. Tout en sachant que ce lien est de plus en plus fragile. »

C'est donc au moment des grandes crises que la nécessité de faire front ensemble se fait davantage sentir et peut – éventuellement – déboucher sur un projet inattendu : protéger, voire sauver son couple quoi qu'il arrive. « Le deuil des parents, l'adolescence difficile de l'un des enfants, la diminution du désir sexuel. Qu'est-ce qu'on va en faire? L'évolution de chaque partenaire ne colle pas toujours à celle de l'autre, analyse Pascal Anger. C'est alors le temps de dialoguer vraiment qui s'impose, et parfois un tiers thérapeutique peut, en quelques séances, favoriser cette communication. Mais si de cela ne naît pas un nouveau projet, on se quitte. »

C'est donc au moment des grandes crises que la nécessité de faire front ensemble se fait davantage sentir et peut – éventuellement – déboucher sur un projet inattendu.

Ce ne sont pas seulement les grandes crises qui peuvent devenir des déclencheurs, mais la perte de centres d'intérêt communs, le sentiment d'ennui au quotidien. « Certains restent des années en situation d'attente, à se reposer l'un sur l'autre, explique Sophie Touttée-Henrotte. Ils ne savent pas dire leurs envies. Alors, peu à peu, ils tombent dans le reproche : "Tu ne me proposes jamais rien", "Tu n'aimes pas ce que j'aime." D'autres ont le sentiment d'être toujours moteurs et peu à peu ils s'essoufflent. Dans tous ces cas, ils risquent d'aller chercher de l'intensité ailleurs, avec un nouveau partenaire. »

1. Insee Références, « Couples et familles », édition 2015.

«J'aimerais partir en week-end à la mer avec toi, aller marcher en forêt avec toi, que l'on envisage de déménager...» Pour les psychothérapeutes, pas de doute: la capacité à se mettre en mode «projets» fonde les unions les plus stimulantes. C'est ce qu'ils appellent «faire route ensemble».

L'hypersensibilité est une force

Être souvent à fleur de peau, vulnérable aux ambiances ou aux émotions, est-ce une maladie ou une question de tempérament créatif ? C'est la question que se posent les hypersensibles, notamment à travers leurs réseaux sur Internet et leurs blogs introspectifs.

Chopin, qui a su traduire dans ses *Nocturnes* toutes les subtilités d'une âme déchirée, était-il un malade dépressif? Keats, le poète, serait-il aujourd'hui diagnostiqué «personnalité évitante» dans nos services psychiatriques? La question se pose lorsque l'on découvre aujourd'hui le monde des hypersensibles tels qu'ils se décrivent et s'encouragent – notamment sur Internet – face à une société qui les comprend mal. Hypersensible, vous l'êtes peut-être. Si, depuis toujours, vous ne supportez ni le bruit ni l'agitation, si vous êtes très susceptible, prenant de plein fouet la moindre remarque désagréable et si, quand vous entrez dans une pièce, vous «scannez» intérieurement les zones d'inconfort potentiel, tout laisse à penser que vous faites partie de ces 15 à 20 % de la population mondiale qu'une psychologue américaine, Elaine Aron, a décrits et commencé à étudier dès le début des années 1990.

Se définissant comme hypersensible elle-même, cette Californienne souffrait d'être trop rapidement prise pour une timide, une introvertie ou une dépressive. Son symptôme majeur : elle avait besoin de plus de temps que ses comparses pour observer attentivement les situations et surtout pour bien réfléchir avant d'agir. Par conséquent, elle vivait chaque événement avec beaucoup plus d'intensité que la moyenne et était facilement bouleversée, une vulnérabilité que son entourage ne comprenait pas forcément. À travers ses recherches, Elaine Aron s'est rendu compte que sa manière de traiter l'information avait tout d'une stratégie de survie. Contrairement à la timidité, qui est probablement d'origine culturelle, cette hypersensibilité serait, selon elle, une caractéristique innée. «Les biologistes ont découvert que ce trait existe aussi chez la plupart des animaux, des poissons aux primates[1]», explique-t-elle sur son site.

Revers positifs de la médaille: l'extrême intuition des hypersensibles, leurs formidables capacités d'empathie, leurs talents artistiques. Aujourd'hui, ils disposent de nombreuses ressources pour s'identifier entre eux, s'entraider et entamer de vastes «chats» contre les professionnels de la psyché qui les classent un peu trop facilement dans une pathologie. Les sites anglophones, nés peu après la sortie du livre culte d'Elaine Aron, *Ces gens qui ont peur d'avoir peur*[2], sont désormais fort nombreux. Certains, à travers moult conseils et recommandations, permettent aux hypersensibles de se protéger plus particulièrement dans leur vie professionnelle[3]. D'autres présentent l'actualité scientifique sur le sujet[4], et un magazine papier ainsi que des vidéos pour *Highly Sensitive People* sont disponibles[5]. La France n'est pas en reste, avec un site créé en février 2005[6] par une mystérieuse Lawen. Celle-ci annonçait une moyenne de 150 visites par jour et les messages postés témoignaient de l'enthousiasme de ses membres; la possibilité d'identifier enfin son trouble et de partager son expérience avec d'autres comme soi fonctionnant à plein. «Oui, je suis vraiment HS (hypersensible), écrivait *iasseva*. Un psy m'a parlé de cela il y a sept ans, mais je ne comprenais pas vraiment ce que ça voulait dire, parce que je le voyais seulement comme une faiblesse psychologique, une sorte de maladie handicapante qui m'a causé quelques problèmes professionnels. On me reproche souvent mon intolérance aux choses (bruits forts, sons aigus, fumée, toucher par surprise, etc.) et on me conseille de vivre dans un univers aseptisé. Ce à quoi je réponds: "Je supporte et j'accepte très bien l'air pur, la créativité et la beauté!"»

Revers positifs de la médaille: l'extrême intuition des hypersensibles, leurs formidables capacités d'empathie, leurs talents artistiques.

Pour Elaine Aron, l'une des clés du bien-être des hypersensibles est justement de ne pas chercher à vivre comme des personnalités lambda. «Vous avez besoin de plus de temps de récupération,

1. *The Highly Sensitive Person*, https://hsperson.com (site officiel d'Elaine Aron).
2. Elaine Aron, *Ces gens qui ont peur d'avoir peur*, Éditions de l'Homme, 2000.
3. www.joyful-work-for-sensitive-people.com
4. *The Highly Sensitive Person*, https://hsperson.com
5. *Tribe Magazine*, http://tribe.paramimedia.com
6. http://lawen.free.fr/index (aujourd'hui disparu).

calculez-le dans votre agenda ; vous êtes particulièrement vulnérable à la caféine, évitez-la... Et dites à votre entourage que vous avez besoin de plus d'encouragements que la moyenne », précise-t-elle à ses congénères. Ses conseils aux parents d'enfants frappés d'hypersensibilité sont particulièrement prisés, notamment celui-ci : « Veillez à toujours sanctionner avec douceur et gentillesse ! »

L'une des clés du bien-être des hypersensibles est justement de ne pas chercher à vivre comme des personnalités lambda.

Sur les sites, ces espaces d'échange entre hypersensibles – tout comme ceux dédiés aux hyperémotifs[7] – constituent un baume pour tous ceux qui se sentent inadaptés dans notre société de compétition, d'individualisme et de toute-puissance affichée. Elaine Aron les appelle les « *comfort zones* ». Sans doute une réponse vraiment alternative aux problèmes d'anxiété qui vont grandissant partout dans le monde.

7. Notamment le site des Émotifs Anonymes : emotifsanonymes.eu

Le père a un impact fondateur et singulier sur l'enfant

Malmenée par les évolutions sociétales et considérée comme interchangeable, la figure paternelle reste fondatrice pour les psychanalystes. Selon eux, c'est le père qui invite l'enfant à gérer l'inconnu, à respecter les lois, à tolérer ce qui diffère de lui. Autant dire qu'il est un irremplaçable passeur, dont l'amour est toujours à conquérir et à redéfinir.

Dans le remarquable documentaire que l'ancien footballeur Olivier Dacourt a consacré aux blessures intimes de six grands joueurs, *Ma part d'ombre*[1], une récurrence frappe: le rôle prédominant, dans l'ascension de chacun, de leur père. «La plus grosse pression de ma vie, de ma carrière, confie le champion du monde Thierry Henry, c'était de mettre un sourire sur le visage de mon père, ou même juste d'apercevoir une de ses dents.» Un père d'une exigence sans répit, attaché à ne relever que ce qui n'allait pas chez son fils, dans son jeu, ses prestations, incapable de l'encourager ou de le valoriser. «T'as raté ça, t'as raté ça... Donc je me suis forgé une carapace, car je savais qu'à la fin de chaque match, il allait me dire tout ce que j'avais raté», se rappelle le joueur. De cette dureté paternelle, Thierry Henry reconnaît paradoxalement qu'elle lui a permis de se confronter, tout au long de sa fabuleuse carrière, à des adversaires aussi rugueux qu'impressionnants.

À l'inverse, pour l'attaquant italien Antonio Cassano, c'est un père en fuite qui, l'abandonnant avec sa mère lorsqu'il avait 10 ans, semble avoir distillé en lui une incapacité fonctionnelle à supporter l'autorité. Au point de se battre sans cesse avec ses entraîneurs, de se faire expulser des matchs après avoir insulté les arbitres..., jusqu'à devoir arrêter la compétition précocement alors qu'il était un joueur exceptionnel.

1. Olivier Dacourt et Marc Sauvourel, *Ma part d'ombre*, Canal+, 2017, 85 minutes.

Cet impact paternel sur le psychisme de l'enfant – qu'il soit garçon ou fille – est considéré par les psychanalystes comme un pilier de la construction de l'être en devenir. Traditionnellement, on retient de la théorie freudienne que le père est celui qui colore la socialisation, le rapport à l'altérité, la capacité à se familiariser avec ce que l'on ne connaît pas encore, l'intégration de la Loi, tout en reconnaissant que sa part est plus difficile à définir que celle de la mère. Mais, comme le dit Jean-Pierre Winter, «si l'on ne sait pas exactement ce qu'est un père, on peut observer ce que cette absence provoque chez ceux qui n'en ont pas eu[2]».

Tout en reconnaissant que sa part est plus difficile à définir que celle de la mère.

Ce n'est certainement pas l'écrivain et photographe Marc Mangin qui contredira une telle observation, qui a fait dans son livre *Au nom des pères. De leur disparition à une société déshumanisée*[3] le récit de son «manque de père» et ses conséquences sur sa vie… de père séparé de ses enfants. L'intérêt de son récit est aussi d'être une enquête exigeante: statistiques sur la précarité actuelle des jeunes pères, lecture des œuvres de deux illustres orphelins de père, Jean-Paul Sartre et Albert Camus, recension des avancées sur la PMA ou le clonage humain… Une vision élargie et pluridisciplinaire qui l'amène à un constat pessimiste: «Dans la déshumanisation de l'espèce vers laquelle nous avançons, le père marche en tête et je suis bien placé pour le savoir.»

Il avait un peu plus de 2 ans lorsqu'il a perdu le sien, tué dans l'accident de l'avion qu'il pilotait. Une mort qui plongea la mère et toute la famille dans le silence, et qui eut des conséquences sur le destin de toute la lignée: aucun des enfants de la fratrie, une fois adultes, ne parvint, pour les filles à faire vivre un père auprès de leurs propres enfants, pour les garçons à devenir des pères eux-mêmes. «La famille elle-même finit par ne plus se réunir pour ne pas sentir le poids de l'absent», résume Marc Mangin.

Et c'est dans la parole maternelle qu'un père, même absent, peut garder sa consistance.

Pourtant, parler de celui qui n'est plus là permet de le faire revivre. Et c'est dans la parole maternelle qu'un père, même absent, peut garder sa consistance.

2. Jean-Pierre Winter, *cf.* interview Rebonds.

3. Marc Mangin, *Au nom des pères. De leur disparition à une société déshumanisée*, Presses de la Cité, 2017.

Est-ce sa principale caractéristique ? Pour Stéphane Pachy, 46 ans, qui a le privilège d'être un père « à mi-temps » – il bénéficie, comme 14 % des parents à ce jour, de la garde alternée de ses deux ados –, rien ne demeure plus important que de rester parent « comme l'autre ». Quitte à ce que cette égalité gomme un peu les différences : « Je ne vois pas de différence entre moi et mon ex-femme dans notre manière d'éduquer nos enfants, car cette garde partagée m'a amené à prendre "la place" de la maman les jours où j'avais les petits, en les rassurant la nuit, par exemple, ou en leur mettant des paquets de mouchoirs dans leur sac lorsqu'ils partaient à l'école. Rien de spécifique dans ma manière d'être père, je suis d'abord parent, et je le reste même quand ils ne sont pas sous mon toit. » Pour Stéphane, être père ne se définit donc pas par un rôle préconçu : « L'éducation que l'on adopte est le fruit de notre personnalité et de notre héritage », affirme-t-il. Certes. Mais si les rôles et les gestes éducatifs sont interchangeables, peut-on gommer de ceux-ci l'impact singulier de la fonction paternelle ?

LE REGARD DE :

Jean-Pierre Winter, psychanalyste

« D'abord parce qu'ils n'enfantent pas, les pères se trouvent traditionnellement démunis par rapport aux femmes. Françoise Dolto le soulignait : "Il est plus difficile d'être un homme qu'être une femme." Alors que le lien entre la mère et l'enfant s'établit de manière naturelle, celui avec le père est le fruit d'une construction intellectuelle. Aujourd'hui, avec le phénomène des mères porteuses ou donneuses d'ovocytes, etc., cette évidence du lien maternel est elle-même battue en brèche. Mais depuis toujours, pour le père, c'est ainsi : comme on ne le connaît pas par les sens, on est obligé de le "créer dans sa tête". C'est pour cela que chacun a toujours au moins deux pères dans son économie psychique : celui que l'on s'est raconté dès l'enfance et celui avec lequel on vit au quotidien.
« Tout père est à la fois fascinant et décevant. D'abord, il tire sa force du désir que lui porte (généralement) la mère. Il est un rival, un gêneur dont l'enfant a en même temps envie d'être aimé. Ce sont donc des sentiments très mêlés qu'il suscite. Et, que l'on soit garçon ou fille, il est très important d'entrer en conflit avec cette figure forte. Car la vie est difficile et s'exercer à affronter un tel obstacle est formateur. »

Derrière le développement personnel, un immense désir d'apprendre ?

Depuis quelques années, le travail sur soi et la quête du bonheur, vantés notamment par la psychologie positive, agacent et même inquiètent, tant leur succès est massif. Particulièrement critiqués, ils éloigneraient de l'engagement social et de la solidarité. Sans doute est-ce oublier que pour se sentir bien avec les autres et dans le monde, il importe déjà d'être mieux avec soi !

En 1992, la journaliste américaine Gloria Steinem, irréprochable militante de la cause des opprimés, faisait une volte-face sidérante : « Après une douzaine d'années de lutte contre toutes les discriminations sociales qui font obstacle à l'égalité des femmes, j'ai dû admettre qu'il existe aussi des barrières et des freins intérieurs. Partout je voyais des femmes remarquables, courageuses et méritantes *mais qui ne se rendaient pas compte* à quel point elles étaient remarquables, courageuses et méritantes[1]. » C'était le début de sa formidable enquête sur l'estime de soi et le *Self-Help Movement* naissant – invitation à « s'aider soi-même » qui se transmettait surtout, à l'époque, *via* l'entraide en groupe.

Plus de 25 ans après, Marianne Power, journaliste britannique spécialisée en « mascara » (*sic*), s'est elle aussi lancée dans une enquête subjective au pays du développement personnel. À raison d'un livre-méthode par mois pendant un an, elle a testé ces clés censées aider chacun à « changer sa vie » : s'affirmer, dépasser ses peurs, rester dans le présent… Dans son ouvrage *Help me ! Comment le*

1. Gloria Steinem, *Une révolution intérieure. Essai sur l'amour-propre et la confiance en soi*, Interéditions, 1997.

développement personnel n'a pas changé ma vie[2], le ton est plus moqueur vis-à-vis de démarches tellement «autocentrées».

C'est qu'en une trentaine d'années, la culture «*self-help*», expérimentation contre-culturelle à ses débuts, est devenue terriblement populaire. Ses codes et valeurs s'infiltrent désormais dans l'école, l'entreprise, l'économie... Son industrie est florissante et, *nec plus ultra*, elle est adoubée, au travers de la psychologie positive et de multiples études en psychologie expérimentale, par la communauté scientifique. Désormais, tout un chacun, quels que soient son âge, sa condition, sa santé – pas besoin d'être dépressif ou sans le sou pour s'y intéresser –, peut se voir enseigner, *via* un livre ou une vidéo sur YouTube, «la capacité à s'occuper de soi». Le pire et le meilleur y prolifèrent.

C'est qu'en une trentaine d'années, la culture « self-help », expérimentation contre-culturelle à ses débuts, est devenue terriblement populaire.

Certains, comme l'Allemande Rebecca Niazi-Shahabi, s'en moquent. Elle a d'ailleurs écrit *Je suis une merde et je compte bien le rester*[3]. D'autres, dans un essai plus militant, y voient une menace idéologique: la sociologue Eva Illouz et le psychologue Edgar Cabanas s'insurgent contre la diffusion massive de ces «clés» du bonheur qui, selon eux, ne marchent pas et ne peuvent générer que davantage de sentiment d'échec ou de dépression. «Le développement personnel tout comme la psychologie positive peuvent servir à ceux qui ont déjà intériorisé la forte fixation sur soi-même et l'obsession du progrès personnel caractéristiques du discours sur le bonheur, affirme Edgar Cabanas. Cela montre le pouvoir hautement idéologique dont elles sont gorgées[4].»

L'idéologie condamnée ici, c'est «la rhétorique nord-américaine qui croit tant à l'individualisme, à la capacité des individus à dépasser eux-mêmes les obstacles qui les accablent à force de volonté, d'autodétermination et de gestion émotionnelle». La culture des affects qui se répand partout est d'ailleurs qualifiée de «pornographie émotionnelle» par les essayistes.

---

2. Marianne Power, *Help me! Comment le développement personnel ~~n'a pas~~ changé ma vie*, Stock, 2018.
3. Rebecca Niazi-Shahabi, *Je suis une merde et je compte bien le rester*, Mazarine, 2016.
4. Eva Illouz et Edgar Cabanas, *Happycratie. Comment l'industrie du bonheur a pris le contrôle de nos vies*, Premier Parallèle, 2018.

Restent les faits. Désormais, un large public cherche des ouvertures autres que l'action collective et politique pour « s'en sortir » et atténuer le sentiment de mal-être qu'aucun matérialisme ne comble. Pour Edgar Cabanas, c'est l'un des effets toxiques de l'idéologie du travail sur soi : elle éloignerait de l'action sociale. On peut renverser cette proposition : et si l'action sociale décevait tant qu'elle incite de plus en plus d'individus à se prendre en charge ?

Marianne Power, elle, avec humour et finesse, relève ses manches. Depuis ce matin de gueule de bois où elle a pris conscience d'à quel point elle était « paumée », elle se confronte à ce qu'elle peut améliorer dans son quotidien. Elle s'oblige à parler à des inconnus dans le métro, elle apprend à gérer son budget chez les Débiteurs Anonymes, elle réfléchit à ce qui l'entrave affectivement… Que des petits pas, mais une avancée concrète. Faut-il la blâmer ? Sans « spoiler » la fin de son livre, ce n'est pas un bonheur idéal qu'elle atteint, mais plutôt une sorte d'écologie intérieure et, comme il est répété en développement personnel, « ce n'est pas le bonheur qui compte, mais son chemin ».

Comme il est répété en développement personnel, « ce n'est pas le bonheur qui compte, mais son chemin ».

Dans les critiques affectant ces démarches, un point reste oublié : face à la paresse de penser, au savoir tout prêt, et pour se dégager de ceux-ci, le développement personnel vient souvent étancher d'abord une grande soif d'apprendre : apprendre sur soi pour mieux comprendre les autres, apprendre à vivre comme on apprendrait une langue étrangère. Et si les techniques prolifèrent et se succèdent, c'est peut-être parce qu'un tel chantier n'a pas de fin.

LE REGARD DE :

Christophe André, psychiatre

« Le travail sur soi reste une nécessité, même si cette démarche n'est en rien obligatoire. On le voit bien : si je ne suis pas conscient de mes émotions, si je ne travaille pas sur mes désirs, mes rêves, d'autres s'en occuperont à ma place. Il suffit de voir comment le *big data*, le monde publicitaire ou les idéologies politiques cherchent à nous manipuler pour comprendre que conquérir sa liberté, développer son "écologie intérieure", reste primordial. Même dans une perspective sociétale, d'ailleurs : si je veux changer le monde mais ne suis pas capable d'établir des relations justes et équilibrées avec mes proches, comment le pourrais-je à un niveau plus large ? Or, pour beaucoup, cette capacité relationnelle, ou d'affirmation de soi dans le respect des autres, n'a pas été reçue en héritage. Elle doit s'apprendre et se conquérir au quotidien. Ainsi, en ce qui me concerne, je n'ai jamais dit nulle part "souriez et tout ira mieux". Je parle toujours des souffrances inhérentes à l'existence et je dis simplement que chacun a intérêt à profiter des pauses, ces moments où ça ne va pas trop mal, pour prendre des forces et se ressourcer avant la prochaine vague désagréable à venir... »

Nous pouvons résister au « tout, tout de suite »

Répondre tout de go au mail que l'on vient de recevoir, se hâter de finir un travail pour paraître plus efficace, zapper le temps de réflexion pour envoyer un texto…, tels sont les automatismes que la fréquentation des outils numériques génère en nous. Mais n'agir que dans l'immédiat a un coût psychique, cela nous épuise et vide de sens nos vies. Pour ne pas devenir esclaves de l'immédiateté, quelques stratégies s'imposent.

Certains – que l'on dit impulsifs – adorent prendre les chemins les plus courts : « Je suis mon instinct et je décide *illico* », confie ce grand chef d'entreprise ; « J'adore m'acheter une petite robe entre deux rendez-vous de travail », raconte cette représentante commerciale. Agir du tac au tac, à l'emportée, les stimule et les enivre.

Cette immédiateté d'action n'est pourtant pas forcément choisie. C'est le lot de tout le monde lorsqu'il faut répondre aux mails le plus vite possible ou boucler plusieurs dossiers en même temps, puisque, rentré chez soi, il faut préparer un repas en un tour de main et faire réviser les leçons en un quart d'heure. Et même les adeptes du « tout, tout de suite » jouissif frisent l'implosion.

Le devoir d'instantanéité, désormais communément partagé et érigé en mode de vie – notez le succès de la série *Bref.* –, est sans doute l'une des causes du burn-out qui se profile à l'horizon pour nombre d'entre nous. Car vivre dans l'immédiat implique à la fois l'action dans l'urgence, le manque d'anticipation, mais aussi le « papillonnage » qui empêche de finaliser tous les projets entrepris, donc le manque de persévérance. Impossible d'imaginer que ces conséquences « n'influent » pas sur notre santé psychique.

Pour le psychiatre Richard Meyer, « la recrudescence actuelle des troubles bipolaires avec leurs phases maniaques pourrait être liée à ce "tout-de-suitisme" ambiant d'une société qui sollicite et donne des réponses immédiates[1] ». Quant au Dr Charles-Édouard Rengade, il estime que « l'impulsivité – un trait de personnalité s'exprimant seulement dans certaines situations, et à certains moments – est désormais encouragée dans de plus en plus d'environnements "permissifs[2]" ». Et le psychiatre de citer en exemple les stratégies du neuromarketing lorsque des odeurs spécifiques diffusées à la porte des boulangeries parviennent à faire « craquer » le chaland en quelques secondes.

Comment se préserver et rester serein au cœur de cette instantanéité obligatoire ?

Il y a d'abord la stratégie adaptative : ne vivre qu'au présent et devenir un adepte forcené du *Carpe diem, Carpe horam* en se gardant de toute pensée du passé et du futur. Mais qu'est-ce alors qu'une vie dans laquelle on gomme de sa mémoire les expériences antérieures et leurs leçons et où l'on n'envisage aucun projet porteur ni aucune conséquence de ses actes ? « C'est le propre du maniaque, de ne vivre que dans l'instantanéité : il voit quelque chose, le veut, et le prend sans réfléchir, explique le Dr Richard Meyer, qui élabore pour un prochain livre la notion de "pleine présence". On confond trop souvent "l'instant" et "la présence". Or celle-ci suppose de vivre pleinement le présent, mais tout en restant connecté au passé, son âge par exemple, et au futur. Il a d'ailleurs été découvert que nous disposons d'une mémoire prospective : c'est elle qui nous invite à préparer des choses pour dans trois semaines, et à pouvoir anticiper. »

Comment se préserver et rester serein au cœur de cette instantanéité obligatoire ?

Pour rester dans cette présence malgré les zappings ambiants, rien de mieux que de revenir à son corps, estiment les spécialistes. « Compter jusqu'à trois de temps en temps et respirer avant de prendre une décision est à la fois simple et efficace, rappelle le Dr Charles-Édouard Rengade. Car celui qui vit dans l'impulsivité se coupe de ses pensées et de ses sensations. »

Pour remédier à cette « anesthésie fonctionnelle », on peut aussi s'attacher de temps à autre à faire remonter de bons souvenirs. Cette

1. Dr Richard Meyer, *Nouvelles Pathologies psy. Les quinze troubles de la personnalité, les symptômes médicalement inexpliqués*, Dangles, 2012.

2. Dr Charles-Édouard Rengade et Dr Frédéric Fanget, *Vivre mieux avec son impulsivité*, Odile Jacob, 2011.

« régression temporelle » qui consiste à se rappeler une anecdote, puis une autre, nourrit à la fois imaginaire et intériorité.

Il y a aussi, estime le psychiatre, la « psychothérapie des interstices » : se ménager des sas quand on quitte une situation et avant de s'engager dans une autre. Selon le Dr Rengade, rien de mieux notamment que le trajet en voiture pour changer de rythme : « Quelqu'un qui a fonctionné toute la journée en "décideur rapide" doit pouvoir arriver chez lui dans un autre état que cette tension accumulée. C'est en se trouvant un "espace à soi" et des stratégies d'autoapaisement qu'il y arrivera, qu'il s'agisse d'écouter une conférence pendant les embouteillages ou de siffler une chansonnette en rentrant à pied. »

Pour rester dans cette présence malgré les zappings ambiants, rien de mieux que de revenir à son corps.

Enfin, *last but not least*, on peut réintroduire la notion de choix dans son quotidien. Comme le rappelle le psychiatre, « les adeptes de l'hyperactivité qui disent oui à tout et adoptent le rythme de notre société de la maximisation font beaucoup, certes. Mais ils font rarement ce qu'ils aiment ». À bon entendeur…

Être « trop » mère : attention au surinvestissement !

Qu'elle est difficile et précieuse, la mission de mère ! Mais à trop vouloir être une éducatrice parfaite, à toujours se sentir anxieuse pour l'avenir de ses enfants, ne risque-t-on pas de s'épuiser jusqu'à faire un « burn-out maternel » et de devenir, paradoxalement, ce que l'on redoute le plus : une mère incompétente ? Ce sont les questions que nous posent les « super-mères ».

« Trop ». Quand vous observez certaines femmes avec leurs enfants, vous remarquez que le curseur semble placé sur « trop » : trop d'attention – elles ont le regard rivé sur le moindre geste de leurs petits, ne s'intéressent à rien d'autre –, trop d'exigence – elles veulent que leur progéniture soit nourrie, vêtue et éduquée au top –, trop d'investissement – elles ne parlent plus que de cela : l'éducation et leur maternité. Bref, en devenant mères, elles se sont comme transformées en satellites de nouveaux êtres qui occupent totalement leur corps, leurs pensées, leurs journées. Aux États-Unis, on a même créé un terme pour désigner cette inflation éducative : *overparenting*, ou le fait d'être un parent « hélicoptère », qui manifeste une anxiété excessive pour ses petits, rêve pour eux d'accomplissements irréalistes et les gâte trop.

> *Leur abnégation naîtrait-elle d'une peur inconsciente d'être une mauvaise mère ?*

On peut s'interroger sur les motivations profondes de ces « outre-mères ». Leur abnégation naîtrait-elle d'une peur inconsciente d'être une mauvaise mère ? Selon le psychanalyste Patrick Delaroche, qui a publié avec l'écrivain Catherine Siguret un ouvrage[1] dans lequel

1. Catherine Siguret, *Ma mère, ce fléau. Sur le divan de Patrick Delaroche*, Albin Michel, 2013.

il analyse des témoignages d'enfants ayant été affublés de marâtres indifférentes, voire sadiques, il y a encore de nombreux tabous autour de ces versions négatives de la maternité. Or, toujours selon lui, il existe toute une série de mères « normalement mauvaises » qui diffusent leur négativité auprès d'enfants qui parviendront néanmoins à devenir des adultes relativement libres.

« Parmi les plus nocives de ces mères, il y a les narcissiques, celles qui ont fait des enfants par contrainte sociale, ou celles qui considèrent ceux-ci comme des prolongements d'elles-mêmes, observe le psychanalyste. Les obsessionnelles, acharnées à la propreté, sont aussi parmi les plus redoutables. » Ces « trop exigeantes », donc, à vouloir être des « super-mères », obtiendraient finalement ce qu'elles craignent le plus : entrer dans la catégorie désolante des éducatrices incompétentes.

Super-mère. Au départ, parce qu'elle avait une formation professionnelle d'éducatrice spécialisée et un puissant désir de fonder une famille nombreuse, Stéphanie Allenou, trentenaire de la région nantaise, se sentait sans doute prête à porter ce flambeau. Mais une petite fille, puis des jumeaux, en seulement deux ans, laminent progressivement sa belle énergie. « J'ai été réveillée entre une et quatre fois par nuit pendant des mois et les insomnies ont commencé à m'épuiser, raconte-t-elle. Et comme j'avais pris un congé parental, j'en portais la responsabilité vingt-quatre heures sur vingt-quatre, pendant lesquelles j'étais à la maison avec les enfants. Je veillais donc à ce que le ménage, les courses, les occupations des petits, tout soit au "top". »

Peu à peu sa fatigue va croissant : « Je me réveillais le matin en pensant avec angoisse : "Oh non, je ne veux pas les voir !" et, pour faire au mieux malgré tout et sortir de ma culpabilité, je me mettais à anticiper tous les besoins des enfants, décrit-elle. C'était un cercle vicieux, je devenais de plus en plus réactive, autoritaire. » Une escalade qui la mène tout droit au syndrome d'« épuisement maternel ».

C'est au moment où elle réalise qu'elle multiplie les tapes sur les fesses, les cris, et qu'elle pourrait devenir maltraitante que Stéphanie Allenou cherche de l'aide et s'informe sur le « burn-out maternel » décrit par certains sites Internet américains. « Pour éradiquer sa propre perte de contrôle, il faut absolument sortir de sa solitude et se tourner vers l'extérieur », recommande-t-elle aujourd'hui. Si les médecins et les consultations en PMI et CMPP ne l'aident guère, c'est en témoignant et en donnant des conférences que la jeune femme s'en sort. Son livre *Mère épuisée*[2] s'est vendu à 30 000 exemplaires et

2. Stéphanie Allenou, *Mère épuisée*, Les Liens qui libèrent, 2011.

elle a créé une association[3] à Nantes pour que les parents puissent se rencontrer autour d'activités de loisirs. «Il faut surtout que les mères trouvent un espace pour pouvoir évoquer leurs difficultés maternelles... et prendre l'air!» estime-t-elle.

Selon son expérience, le congé parental supposé aider les mères à la maison est à double tranchant: «Elles ne peuvent que se surinvestir, car elles sont censées rester vingt-quatre heures sur vingt-quatre avec leurs enfants – les heures de crèche étant réservées aux mères qui travaillent», regrette-t-elle.

Ainsi, en matière d'éducation, le «mieux» est-il aussi, parfois, l'ennemi du bien.

Ainsi, en matière d'éducation, le «mieux» est-il aussi, parfois, l'ennemi du bien. Une réalité sur laquelle Patrick Delaroche s'interroge, eu égard aux enfants de «mauvaises mères» qu'il écoute en analyse: «Est-il plus facile de se libérer d'une mère indifférente et égoïste que de celle qui a été excessivement bonne?» La question reste entière.

3. L'îlot familles, www.ilot-familles.com

Écoutons la sagesse de nos échecs

Il est des mots qui sonnent comme des couperets. « Échec » en est un. Aussi, nous le craignons, nous faisons tout pour l'éviter, voire le dénier quand il a eu lieu. Mais quelle vie peut y échapper ? Et, surtout, pouvons-nous regarder nos erreurs, et même nos faillites, autrement ? Pouvons-nous en faire des occasions de renaître ? C'est ce à quoi nous invitent désormais de nombreux psychologues, coachs ou philosophes.

Qui aime chuter? Personne, bien sûr. Le monde est si menaçant – il suffit d'écouter un journal d'infos pour s'en convaincre – que montrer la moindre trace de vulnérabilité fait peur aujourd'hui. Tomber, c'est courir le grand risque de ne pas se relever : chômage, précarité, compétition, limite d'âge au travail comme en amour, solitude… Le contexte nous demande, pour y échapper, d'être encore plus vigilants, prévoyants, solides. Le contexte nous demande de ne pas échouer.

Dans son livre *Les Vertus de l'échec*[1], le professeur de philosophie Charles Pépin décrit longuement l'« idéologie du *fast track* » (la réussite rapide) qui conditionne, dans notre pays, de l'école à l'entreprise, tous nos systèmes de notation et d'évaluation. Un bon élève doit d'emblée produire de bons devoirs, un entrepreneur doit connaître tout de suite des succès. La compétition engage à gagner ou à perdre, rien n'étant envisagé entre ces deux options. D'ailleurs, l'erreur d'orientation est condamnée. « Avoir échoué, en France, c'est être coupable. Aux États-Unis, c'est être audacieux », écrit le philosophe.

1. Charles Pépin, *Les Vertus de l'échec*, Pocket, 2018.

«On ne cesse alors de se dire: “Puisque les autres réussissent et pas moi, c’est qu’il me manque quelque chose”», explique la coach et praticienne en thérapie narrative Dina Scherrer. Le sentiment d’échec, elle le connaît bien, pour l’avoir vécu durant toute sa scolarité: «Heureusement, j’étais très aimée à la maison, cela m’a permis de ne pas me sentir nulle partout et donné de la force pour avancer.»

Autodidacte, celle qui, à force de volonté, est devenue directrice du développement et de la communication du groupe Publicis, où elle est restée vingt ans, reconnaît que «malgré cette réussite fulgurante, le sentiment d’imposture que l’on garde au fond de soi ne vous quitte pas». Ce qui l’a sauvée? «J’ai été regardée autrement, avec bienveillance et curiosité, par l’un de mes chefs qui a jugé que j’étais une jeune fille dégourdie et tenace. Il voyait en moi des choses que je ne savais pas que j’avais.»

Malgré cette réussite fulgurante, le sentiment d’imposture que l’on garde au fond de soi ne vous quitte pas.

Aujourd’hui, Dina Scherrer intervient en entreprise et à l’école, notamment dans des collèges et établissements dits «difficiles» de Bondy, où, à raison de dix séances dans l’année, elle vient aider les élèves à trouver des ancrages positifs, auxquels ils pourront se rattacher. «Tout ce qui nous fait du bien, on le modélise pour bien fonctionner, indique Dina Scherrer. Celui qui a du plaisir à jouer au foot en équipe et est capable de gagner le pourra ailleurs, c’est pour cela qu’un témoin doit le lui rappeler.» Elle en a même fait l’axe de son approche: le «regard Pygmalion», ce dont elle a bénéficié elle-même, quand un autre ne s’attache plus à vos difficultés, mais cherche à détecter vos ressources pour mieux vous y reconnecter.

Mais qui raconte ses déboires sur les réseaux sociaux? Qui avoue ses défaites? Dans le livre de Charles Pépin, en revanche, on apprend que Serge Gainsbourg avait d’abord échoué à être peintre ou que le grand Charles Darwin avait entrepris son voyage décisif après avoir raté ses études de médecine. Et si c’était cela, la grande sagesse des ratages? Le véritable échec marque «un avant» et «un après», c’est en cela qu’il peut devenir fécond. Nous ne sommes plus les mêmes après être passés par notre tamis pédagogique.

Le psychiatre Thierry Delcourt en a fait une spécialité. Il aide ceux qui ont raté une marche à trouver leur nouveau «starter»: «Je me demande quel fil rouge va me permettre de trouver un recours créatif original pour que cette personne se sente exister à nouveau, explique-t-il. Pour celle-ci, l’écriture de poèmes, pour cet autre, des cours de langue étrangère... celle de son pays d'origine qu'il n'a pas connu. En la matière, il n'y a pas de recette. Chacun, avec son histoire, ses spécificités culturelles, familiales, dispose d'une pelote de fil à démêler d'où il pourra faire émerger "sa" solution créative[2].»

Le grand chef Thierry Marx raconte dans *La Stratégie de la libellule* combien échouer et faire des erreurs lui apparaissent désormais comme des appels à l'aventure et à la créativité : «Si un incident désagréable se produit avec un client, nous allons tout de suite chercher quelle opportunité cela pourrait nous offrir[3].» Le cuisinier étoilé n'hésite d'ailleurs pas à révéler s'être «planté» en 1995 avec son premier hôtel du Cheval Blanc. Une défaite qui l'a mené à affiner encore davantage son style si personnel d'adepte des arts martiaux et d'amoureux de l'Asie.

> *Le véritable échec marque « un avant » et « un après », c'est en cela qu'il peut devenir fécond.*

Et si l'échec nous faisait faillir pour que nous retrouvions nos forces les plus profondes? Se poser certaines questions après son passage, c'est déjà s'en relever gagnant.

LE REGARD DE

Jeanne Siaud-Facchin, psychologue clinicienne et psychothérapeute

« Nous vivons dans une culture de pression à la réussite marquée par une grande confusion entre réussite professionnelle et vie réussie. Cette pression, je la vois peser sur les parents avant même celle qu'ils font peser sur leurs enfants. Beaucoup pensent : "Si mon enfant est bon à l'école, cela veut dire que j'ai réussi son éducation." Le corollaire est bien sûr : "S'il échoue, c'est que j'ai échoué en tant que parent", et alors ils ressentent une grande honte. C'est là que nous, psychologues, pouvons aider à faire la différence. À celui qui nous dit : "Je suis épuisé" ou "Je suis au fond du trou", nous pouvons montrer qu'il a certes épuisé toutes ses ressources, mais que s'il reconstitue son stock, sa réserve, il va se relever et repartir du bon pied. Nous vivons tous des échecs, et même des micro-échecs au quotidien : une porte qui se ferme au moment où vous vous présentiez, quelqu'un qui ne

2. Thierry Delcourt, *Quand la crise devient une chance. L'élan créatif pour réinventer sa vie*, Eyrolles, 2018.
3. Thierry Marx, *La Stratégie de la libellule*, Cherche Midi, 2018.

vous a pas compris… Plutôt que de penser : “Ça, c’est toujours pareil avec moi, je suis nul(le)”, mieux vaut nous dire que c’est la vie qui résiste et nous permet, au lieu de nous faire nous sentir tout-puissants, d’aiguiser nos talents, de repérer nos compétences pour avancer dans cette aventure riche ! Attention, cependant : l’échec est douloureux, c’est vrai. Ceux qui vous disent : “Ah, mais ce n’est pas grave, tu rebondiras !” ne vous aident pas quand vous êtes au fond du trou. Car il ne s’agit pas de lutter contre la vie et ce qu’elle vous envoie, mais de jouer avec elle. »

Pourquoi a-t-on tant de mal à se faire (vraiment) du bien ?

Prendre du plaisir, s'occuper de soi et de sa santé… Tout cela devrait être évident mais ne l'est pas ! Nous sommes ainsi faits que différentes stratégies cognitives nous détournent de ces projets, même si nous sommes convaincus de leur nécessité au niveau rationnel. Cette difficulté montre que le rapport au bien-être et à la satisfaction est plus complexe qu'il n'y paraît.

Il y a de quoi s'arracher les cheveux : vous pratiquez le yoga en groupe chaque semaine, cela vous « re-énergétise », ou « vous détend », ou « vous assouplit » si bien ! Vous en parlez avec enthousiasme à tous vos amis, vous êtes passionné, mais vous échouez toujours à le pratiquer au quotidien, seul, chez vous, ce qui est pourtant fort recommandé pour en intensifier les bienfaits.

« Je veux [faire du jogging, apprendre le japonais, travailler moins…], mais je n'y arrive pas. » « J'aimerais – ou j'ai envie de –…, mais je ne peux pas aujourd'hui. Je commencerai le mois prochain », etc. Combien de phrases ainsi martelées tout au long de l'année ? Celles-ci interrogent depuis toujours, bien évidemment, la psychologie.

Selon la psychanalyse freudienne, cette dichotomie est sans aucun doute une preuve de l'existence de l'inconscient, cette zone de nous qui nous échappe, « la partie immergée de l'iceberg » d'un moi qui nous pousse à faire ce que nous ne voulons pas et qui nous empêche – c'est tout l'art de la névrose – d'accomplir nos désirs…

Depuis Freud, d'autres regards se posent sur ces empêchements « irrationnels » à nous faire vraiment du bien, et encore plus sur le long terme. Pour le philosophe Fabrice Midal, auteur d'un éloge du narcissisme, ces maux viendraient d'une mauvaise compréhension du mythe de Narcisse. Nous avons entendu son récit comme une critique de l'amour de soi, alors que, selon l'auteur, le héros nous montre surtout que nous devrions pouvoir mieux nous connaître : « Le narcissisme n'est pas un nombrilisme, écrit Fabrice Midal, il n'a rien à voir avec la vanité, il est tout simplement la reconnaissance de soi en tant qu'être vivant et digne d'intérêt[1]. »

Nous pourrions ajouter « et singulier ». Peut-être alors que les recettes de bien-être et autres techniques universelles destinées à se faire du bien ne marchent pas parce qu'elles sont du « prêt-à-porter » pour tous et n'envisagent pas ce dont nous-mêmes, êtres singuliers, avons réellement besoin ?

Peut-être alors que les recettes de bien-être et autres techniques universelles destinées à se faire du bien ne marchent pas parce qu'elles sont du « prêt-à-porter » pour tous et n'envisagent pas ce dont nous-mêmes, êtres singuliers, avons réellement besoin ?

Pour Valérie Richard, coach et auteure en développement personnel, les empêchements à se faire du bien sont d'ordre culturel. « Dans notre société judéo-chrétienne, le plaisir de s'occuper de soi est mal vu et nous-mêmes n'enseignons pas à nos enfants, par exemple, à prendre soin de leur personne, estime-t-elle. Chez les femmes, c'est encore plus marqué : il nous faut d'abord nous occuper des autres, de notre travail, de notre maison… avant de prendre soin de nous. Beaucoup – et notamment vers l'âge de 40 ans – viennent me consulter avec cette question qui les taraude : "J'ai toujours consacré ma vie aux autres, pourquoi n'ai-je pas appris à me poser pour m'occuper de ma vitalité, de mon corps négligé[2] ?" » Selon la coach, ces personnes incapables d'un « sain égoïsme » ont plutôt été éduquées à éviter la souffrance alors qu'elles auraient dû apprendre à rechercher le plaisir de vivre.

De nombreux psychothérapeutes abordent cette problématique avec un autre regard. Selon eux, le fait de ne pas tenir ses résolutions de « mieux vivre » est d'abord une tendance à la procrastination – toujours remettre à plus tard ce qui est important pour soi. Parmi les racines de ce comportement : la peur, insidieuse et inconsciente. « Avoir peur peut être source d'une grande motivation, explique le psychiatre américain John M. Grohol. Mais cette émotion peut aussi

1. Fabrice Midal, *Sauvez votre peau ! Devenez narcissique*, Flammarion/Versilio, 2018.
2. Valérie Richard, *Osez (enfin) penser à vous ! 9 étapes pour passer de la femme qui s'oublie à la femme épanouie*, Le Courrier du livre, 2017.

renforcer une tendance à ne rien accomplir[3].» Peur de mal faire ce qu'il y a à faire, peur de perdre son travail si l'on passe trop de temps à s'occuper de soi, peur que son partenaire se sente abandonné si l'on part à son cours de tennis…

Ces peurs sont aussi nourries par des «distorsions cognitives», ou manières irrationnelles d'envisager la situation. Ainsi la procrastination est-elle intensifiée par le fait de surestimer le temps consacré à ce qui doit être accompli. La personne surestime aussi sa motivation – et sa réussite – à accomplir la tâche dans le futur. Ou bien elle croit devoir être dans une «humeur adéquate» pour faire ce qu'elle a à faire, sinon ce n'est pas la peine qu'elle s'y mette, alors qu'en réalité, c'est en faisant que son état d'esprit changera ! De nombreux psychothérapeutes s'attachent donc à amoindrir, voire à neutraliser ces manières irrationnelles d'envisager les tâches ou pratiques à accomplir grâce à des entretiens motivationnels remettant la personne en contact direct avec ses buts et ses valeurs profondes («Je veux pratiquer le yoga parce que cela assouplit mon corps et mon esprit» ou «Faire de la marche rapide allège mes pensées»). Cependant, les stratégies mentales pour éviter de prendre vraiment soin de soi semblent toujours plus retorses qu'il n'y paraît.

> *J'ai toujours consacré ma vie aux autres, pourquoi n'ai-je pas appris à me poser pour m'occuper de ma vitalité, de mon corps négligé ?*

LE REGARD DE :

Didier Pleux, psychologue et psychothérapeute

« Il y a ces plaisirs immédiats que l'on trouve à dévorer une tablette de chocolat, surfer sur Internet ou faire l'amour… et puis des plaisirs qui vous provoquent un bien-être différé, parfois longtemps après – avoir appris une nouvelle partition en musique, gagné une compétition… On parle alors d'un hédonisme à long et moyen terme, qui nécessite, c'est vrai, de la contrainte dans l'immédiat. Cependant, j'insiste souvent : ces plaisirs plus longs à construire sont beaucoup, beaucoup plus forts. Je dis à mes patients "tout immédiat" (qui sont de plus en plus nombreux) : "Économiquement, vous y perdez : vous jouissez plus vite, certes, mais votre plaisir est beaucoup moins intense au total, car il va en s'amoindrissant, il s'épuise." Lorsque l'on

3. Sur le site Psych Central, https://psychcentral.com/lib/learn-about-procrastination/

est capable de s'adonner à un hédonisme à long terme, que l'on se lance dans la préparation d'un voyage au long cours – par exemple –, on y rêve de longs mois avant, on réalise un jour le périple, et quand on en revient, c'est plein de souvenirs qui nous accompagneront à jamais... Il y a dans ce type de réalisations à la fois le plaisir de les vivre mais aussi celui d'y penser. Rien à voir avec la consommation rapidement "expédiée" d'un plaisir immédiat. »

L'amitié nous apprend l'intimité

Bien loin de l'amitié virtuelle des réseaux sociaux, il y a celle faite de chair et de passion partagées, d'extrême complicité jamais très loin de la fusion. Même choisie, tel un cadeau que vous fait la vie en vous faisant rencontrer cette personne, cette aventure affective incomparable n'est pas toujours de tout repos.

Croire que l'amitié est un long fleuve tranquille est sans doute un leurre. Le formidable essai de deux professeurs de littérature, Anne Boquel et Étienne Kern, nous le rappelle avec brio. Dans *Le Crâne de mon ami. Les plus belles amitiés littéraires de Goethe à Vargas Llosa*[1], ils explorent ces liens si forts, parfois destructeurs mais aussi si compassionnels, entre de grands créateurs. Tout y est : le coup de foudre, l'impression de se comprendre, de ne pas avoir besoin de « traduire » ce que l'on a à exprimer, puis, souvent, la rivalité, la trahison, la réconciliation… Chez ces esprits hors norme, Tourgueniev et Tolstoï, René Char et Paul Éluard, comme chez des adolescents lambda, l'intimité qui se partage si facilement peut déboucher sur d'importantes crises.

Nous sommes là bien loin des « *friends* » en surnombre et autres contacts fleurissant sur les réseaux sociaux. Selon le psychanalyste Serge Tisseron, créateur en 2001 du concept d'« extimité », c'est davantage de ce type de relation qu'il s'agit dans le monde numérique : « L'extimité, c'est le processus dynamique par lequel chacun d'entre nous utilise les moyens d'expression et de communication qui lui sont disponibles pour donner une dimension partagée à des éléments de son existence jusque-là gardés dans l'intimité. » Partager ses photos de vacances, féliciter un contact qui célèbre un anniversaire, aider un autre à trouver un job…, cela peut enrichir la vie

1. Carole Boquet et Étienne Kern, *Le Crâne de mon ami. Les plus belles amitiés littéraires de Goethe à Vargas Llosa*, Payot, 2018.

sociale. Mais, comme le rappelle Serge Tisseron, «l'extimité ne produit pas d'amitié».

L'amitié «réelle» repose sur une sensation de fusion proche de la passion amoureuse. «Freud la qualifiait de lien libidinal désexualisé! rappelle le psychanalyste Jean-Michel Fourcade, fondateur de la Société française de psychanalyse intégrative (SFPI). Autant dire qu'elle se nourrit de contacts, de sensorialité, et pas seulement d'idées. L'amitié a une place sensible et charnelle que la technologie de l'*extimité* nous ferait presque oublier. Mais les statistiques ne sont pas la vie.» D'ailleurs, s'il fallait le prouver, une étude[2] de 2009 a montré que se sentir proche d'un ami fait monter notre taux de progestérone, donc notre sentiment de bien-être, tout en réduisant stress et anxiété.

L'amitié « réelle » repose sur une sensation de fusion proche de la passion amoureuse.

Quand ce lien s'approfondit, nous n'avons pas forcément besoin d'«exprimer» ce que nous ressentons, nous avons l'impression que l'autre le devine, l'entend, s'y reconnaît. «La véritable amitié s'organise davantage à partir d'une résonance des zones intimes de deux protagonistes, ce que l'on ne partage avec personne, et qui est même parfois inconnu de soi-même parce qu'encore trop confus et trop peu clair, qu'à partir d'un partage explicite d'intimités», explique Serge Tisseron. D'où la fameuse expression utilisée par Montaigne pour désigner son amitié avec La Boétie: «Parce que c'était lui, parce que c'était moi.» Ce n'est pas «Nous nous disions tout»!

Pour nourrir la complicité sans l'expliciter, rien de mieux qu'une passion partagée: la randonnée, le jeu des échecs, le combat politique… ou la création d'une start-up, comme on le voit souvent aujourd'hui dans la nouvelle génération d'entrepreneurs. «Dans l'amitié profonde, chacun devient plus créatif, observe Jean-Michel Fourcade. Il y a toujours ce lien inconscient: ensemble, on va créer des petits, on va transmettre à la génération suivante.»

Dans l'amitié profonde, chacun devient plus créatif.

Attention, cependant: un tel engagement peut parfois déboucher sur un intense sentiment de rivalité. «Le principal obstacle à l'amitié, c'est quand une personne est orientée sur un modèle de relation où, pour se réaliser, elle pense qu'il faut éliminer l'autre, indique Jean-Michel Fourcade. Même si une émulation, comme dans

2. Université du Michigan, «*Feeling Close to a Friend Increases Progesterone, Boosts Well-being and Reduces Anxiety and Stress*», *in ScienceDaily*, 3 juin 2009.

la pratique d'un sport, est nécessaire à toute "team", il n'est jamais question d'évincer totalement celui que l'on appelle son ami.»

C'est alors qu'il convient parfois de prendre du temps, de se détacher, de se voir moins... pour réparer le lien. Séparés après s'être provoqués en duel, Tolstoï et Tourgueniev ne se sont pas parlé pendant dix-sept ans! Il n'empêche... Au cours des années qui suivirent la mort du second, Tolstoï confiait: «Je vis sans cesse avec lui.»

Et si vieillir était une nouvelle aventure ?

Longtemps caché, voire banni dans une société vouée au culte jeuniste, le vieillissement prend de nouvelles couleurs. Et si nous le considérions désormais comme une chance, un eldorado pour ceux qui désirent progresser, transmettre et profiter longtemps ? Ce changement de regard sur l'âge inspire en tout cas de plus en plus de psychologues et de psychanalystes.

Depuis cinquante ans, nous voyons augmenter notre espérance de vie d'un trimestre chaque année[1]. Pour chacun d'entre nous, une moyenne de vingt-cinq années d'existence en plus. Presque une vie entière ! Mais ce vieillissement qui va s'étaler sur plus de temps, qu'allons-nous en faire ? Pourrait-il être une phase exaltante de notre vie ? La proposition peut choquer ceux qui ne retiennent de la vieillesse que les images véhiculées par les médias : détresse, Alzheimer et catastrophe caniculaire. Elle enthousiasme en revanche tout un courant de professionnels de la psyché qui essaient de comprendre le meilleur de ces années. Car si la psychologie s'est depuis toujours focalisée sur l'enfance, elle mobilise aujourd'hui des chercheurs ès « grand âge » qui délaissent le seul vieillissement pathologique.

Claudine Badey-Rodriguez est l'un d'eux. Psychologue en maison de retraite pendant plus de dix ans, elle déplorait le regard négatif des soignants et des familles sur les résidents : « Ils ne cessaient de répéter avec désolation : "Je ne voudrais pas devenir comme ça", et semblaient ne pas remarquer ceux qui vieillissaient bien, communiquaient toujours, restaient créatifs. J'approchais de la cinquantaine moi-même, j'ai eu envie d'enquêter sur ces modèles positifs. » Ses

1. Mentionné par Claude Guéant, secrétaire général de l'Élysée, dans son intervention sur les retraites le 17 janvier 2010.

recherches pendant dix ans l'ont amenée à la publication d'un livre au titre provocateur pour une spécialiste de gériatrie : *J'ai décidé de bien vieillir*[2] !

Mais Claudine Badey-Rodriguez ne se revendique nullement comme adepte du mouvement « anti-âge », qui prêche une véritable guerre contre le vieillissement. Une armada menée à coups de régimes nutritionnels, de soins esthétiques ou de cours de gymnastique et ayant pour but de « faire vivre comme un jeune le plus longtemps possible ». Claudine Badey-Rodriguez, tout comme la psychanalyste suisse Danielle Quinodoz, explore plutôt la dimension intérieure du vieillissement et les ressources que celle-ci génère. Une forme de « développement durable » de l'individu post-quinqua où physique et psychisme sont intimement mêlés et où les diminutions, loin d'être niées, nous feraient découvrir de nouvelles facettes de nous-mêmes.

Comment ces années en plus pourraient-elles déclencher notre enthousiasme ? D'abord en étant envisagées comme la fin du début plutôt que comme le début de la fin. « Aujourd'hui, l'âge chronologique est déconnecté de la courbe sociale, explique Olivier de Ladoucette. On peut s'inscrire en faculté à 50 ans, avoir des enfants à 60, créer, comme Chagall l'a fait, à plus de 70 ans[3]. » Nul besoin d'accomplir ces activités au même rythme qu'à 30 ans, mais en entrant dans une autre démarche, plus intériorisée et nourrie de toutes les étapes déjà vécues.

> *C'est le temps de mieux aimer et de mieux s'aimer.*

Aujourd'hui, nous observons des pionniers dans cette tranche d'âge tout à fait unique de l'humanité : ce sont les 65-75 ans « en forme » et qui disposent de moyens et de temps. Dans une enquête[4], ces « hédonistes sans complexes » n'hésitaient pas à avouer (à 59 %) que leur retraite était plus heureuse que leur vie active. Un tel bonheur ne peut être que stimulant pour les générations à venir.

Selon les psychologues, cette seconde longue partie de l'existence peut être surtout l'occasion de reprendre réellement sa vie en main, d'assumer ses choix sans culpabilité, en étant dégagé des contraintes familiales ou professionnelles que les quadras subissent à plein. « C'est le temps de mieux aimer et de mieux s'aimer », affirme Claudine Badey-Rodriguez.

---

2. Claudine Badey-Rodriguez, *J'ai décidé de bien vieillir. Mobiliser son énergie vitale*, Albin Michel, 2009.
3. Conférence « Les secrets de la longévité » du 7 avril 2009 organisée par Audiens.
4. « Les 60-70 ans et l'argent », enquête exclusive Ipsos pour Crédit Agricole S.A.

Une aventure qui se vit en parallèle avec un certain travail d'allégement, «dans les possessions, les obligations, les relations[5]», selon Danielle Quinodoz, pour qui cette période peut aussi être celle du pardon, des confrontations enrichissantes avec les proches et de la perte de certaines illusions. Enfin, le «vieillir utile», la transmission des connaissances aux autres générations, permet à beaucoup de créer des liens bien plus solidaires que ceux qu'ils avaient vécus dans leur jeunesse. Ayant fait l'expérience de la fragilité du pouvoir, ayant dû plusieurs fois modifier leur système de valeurs, certains seniors peuvent apprendre aux plus jeunes à lâcher prise et à ne pas se décourager.

Cette période peut aussi être celle du pardon, des confrontations enrichissantes avec les proches et de la perte de certaines illusions.

Il semble que nous n'en soyons qu'au début de cette exploration nouvelle du vieillissement. Dix-sept psychanalyses «âgés» ont témoigné longuement sur l'expérience existentielle de vieillir[6]. Des confidences très inspirantes pour tous ceux qui arrivent après. Parmi eux, Henri Danon-Boileau était affirmatif: «Les gens réagissent inconsciemment comme si la vieillesse était une maladie contagieuse qui les guettait. Je ne peux que leur souhaiter de l'attraper. Et de la vivre le plus longtemps possible.»

5. Danielle Quinodoz, *Vieillir, une découverte*, PUF, 2008.
6. Dominique Platier-Zeitoun, José Polard et Jacky Azoulai, *Vieillir... Des psychanalystes parlent. Un désir qui dure*, Érès, 2009.

Qu'il est difficile de se séparer !

Quitter un lieu, une situation ou un partenaire insatisfaisants est impossible pour certains. Même s'ils en souffrent, même s'ils n'y trouvent plus aucune gratification. Entre leur raison et leur cœur, le conflit règne. Il est alors temps de se faire aider, ne serait-ce que pour comprendre que ces déchirements viennent de très loin.

« À chaque fois que je m'en vais – d'un lieu ou d'une personne –, j'ai l'impression que je ne les reverrai jamais, que je ne reviendrai pas et qu'il s'agit donc d'un adieu. » Ainsi un patient expliquait-il à la psychanalyste Nicole Fabre[1] son impossibilité de vivre sereinement les allées et venues dans son existence. Selon elle, cet aveu n'a rien d'étonnant : « La séparation est la grande affaire de nos vies, qui commencent avec la première, majeure, d'avec le corps maternel. Mais face à ces étapes que sont les séparations successives, nous sommes inégaux. » Histoire, éducation, lignées, milieux différents… ou même simplement tempérament, influeront sur la capacité à se détacher. « Dès l'état de bébé, on observe des spécificités de comportement, explique Nicole Fabre. Certains ont plus de mal à quitter les bras de leur mère. »

La séparation est la grande affaire de nos vies, qui commencent avec la première, majeure, d'avec le corps maternel.

À l'âge adulte, et notamment dans les couples, ces différences perdurent. L'une des missions de Pascal Anger, psychanalyste, psychothérapeute de couples et de familles, et médiateur familial, est justement de « remettre à niveau » des partenaires qui souvent n'ont pas la même appréhension des enjeux générés par une séparation. « Certains, parce qu'une rupture précédente les a marqués, appré-

1. Nicole Fabre, *J'aime pas me séparer. Traverser les séparations dans la vie*, Éditions In Press, 2016.

hendent la moindre idée de divorce, observe-t-il. Ils en ont gardé une représentation nocive. Parfois aussi, ils ont du mal à renoncer à ce couple-ci, même s'ils y vivent mal. Ils ne peuvent s'en couper, ne peuvent rien en transformer, car ils tiennent d'abord et essentiellement à l'idée qu'ils s'en font et ont peur de se projeter vers un ailleurs.»

Il faut donc commencer en décryptant ces empêchements. Parfois, le couple lui-même est pathologique: «Fusionnels jusqu'à ne plus savoir quoi faire l'un sans l'autre, les partenaires forment désormais un couple mortifère», explique Pascal Anger. Dans la relation sadomasochiste, notamment, l'incapacité à se séparer devient spectaculaire: «Nous voyons des couples, après des années de lutte, et apparemment décidés enfin à se séparer qui, au moment où nous les croyons libérés, reviennent en séance pour continuer à se disputer les petites cuillères…» Le magnifique film *Jusqu'à la garde* de Xavier Legrand montre aussi comment ceux qui refusent toute idée de séparation deviennent harceleurs.

Plus souvent, au niveau individuel, les conséquences de l'incapacité à se détacher avancent de manière insidieuse, jusqu'à passer inaperçues. «La personne semble dans le rejet de la vie, de soi-même et des autres, observe Nicole Fabre. Elle ne s'engage ni ne profite de rien, se montre dans un état dépressif vis-à-vis de la relation ou a du mal à prendre au sérieux l'amour qu'on lui manifeste. En réalité, c'est le sentiment que si la relation meurt, j'en mourrai, et l'angoisse d'en mourir, qui téléguide tout à ce moment-là.»

Tout se passe comme si changer, mettre fin à un état ou une tâche, à un moment donné, dans un lieu précis, pour en aborder d'autres, ailleurs, autrement, devenait interdit.

Le rapport au temps peut aussi s'en trouver très affecté, chez certains qui semblent pris dans un lien «visqueux» avec des lieux. «Ils s'arrangent pour arriver systématiquement en retard […] et surtout, de façon constante, chaque fois qu'il est question de se présenter aux rendez-vous décisifs de l'existence, note le psychanalyste Moussa Nabati (*cf.* interview Rebonds). Tout se passe comme si changer, mettre fin à un état ou une tâche, à un moment donné, dans un lieu précis, pour en aborder d'autres, ailleurs, autrement, devenait interdit[2].»

Dans la thérapie, il faut souvent relancer l'imaginaire. «Toute la démarche, qui est aussi celle de tout adulte dans la vie, est de

---

2. Moussa Nabati, *Réussir la séparation. Pour tisser des liens adultes*, Fayard, 2018.

se demander : "Comment puis-je m'apprendre à moi-même à me séparer ?" », indique Nicole Fabre. Pour elle qui a vécu la perte de son époux, « être capable d'aimer même quand l'objet d'amour n'est plus là requiert de pouvoir se dire : "La vie continue", ainsi que d'être capable de passer du "Je ne le verrai jamais plus", tellement épouvantable, à "Je demeure porteur, en mon intériorité, de l'autre". Car ce qui a été vécu, dans un couple, ou dans une maison, un pan de vie professionnelle, est là pour toujours. » Et dans le cas de la séparation amoureuse ? « Là aussi, il s'agit de garder le bon qui a été vécu alors qu'il y a eu également tant de mauvais ! »

En thérapie de couple, Pascal Anger estime que « le rôle du professionnel est parfois celui d'un facilitateur, afin que les partenaires puissent enfin se dire : « OK, on est prêts à se quitter. » Pour cela, il leur aura fallu en passer par imaginer ce qu'ils feront de cette liberté nouvelle et à quel prix il faudra la payer. « À l'heure où de nombreuses difficultés économiques obligent des partenaires à demeurer ensemble, rappelle le psychothérapeute, il s'agit souvent de leur rappeler que la liberté n'a pas de prix. » Une formule opportune pour tous ceux qui se sentent, d'une manière ou d'une autre, et dans quelque domaine que ce soit, « englués ».

LE REGARD DE :

Moussa Nabati, psychanalyste et docteur en psychologie

« Nous avons tous des difficultés – parfois même grandes – à partir, à laisser ceux que nous aimons pour avancer sur notre propre chemin de vie. Ce que l'on pourrait appeler le "syndrome du Petit Poucet", la crainte d'être abandonné, existe en chacun de nous. Cependant, ceux qui ont l'épée de Damoclès d'une rupture tragique suspendue au-dessus de leur tête vivent dans la hantise que celle-ci se réalise. Ils mettent tant d'acharnement à l'éviter qu'inconsciemment, ils risquent de pousser les autres à les rejeter. J'ai souvent parlé de la dépression infantile précoce (DIP). Elle frappe les personnes n'ayant pu vivre, dans leur enfance, l'attachement premier et fondateur avec un parent, émotionnellement absent, malade ou incompétent. C'est ce traumatisme subi dans le passé qui ressurgit au présent, à chaque fois qu'elles se croient abandonnées. Car, en réalité, on ne peut se séparer que si un vrai lien a pu être tissé auparavant. »

Connaître ses rythmes, quelle libération !

Nous tous avons une horloge interne, naturelle, qui nous oriente vers le meilleur moment pour manger, nous reposer ou être au top de notre activité. Même si le cadre social impose ses contraintes, écouter cette temporalité intérieure nous protège et peut même nous guérir des maladies dites « de civilisation » que sont l'anxiété et le stress.

Peut-être êtes-vous de ceux qui préfèrent traiter leurs dossiers les plus complexes en fin d'après-midi, ou, à l'inverse, aimez-vous finaliser dès l'aube les affaires demandant le plus d'efforts de synthèse? Impossible pour vous de vous détendre après le déjeuner? Pourtant vos rêveries sont plus fécondes en idées nouvelles avant la sieste… Sauriez-vous définir vos biorythmes, c'est-à-dire vos «temps biologiques»?

Il y a en nous une mécanique affinée que nous avons intérêt à bien connaître pour profiter du meilleur de notre énergie.

Car même si la nature nous dicte des tempos obligés (nuit/jour), comme la société (travail/repos) ou la famille dans laquelle nous avons grandi («le lundi, c'est raviolis»…), il y a en nous une mécanique affinée que nous avons intérêt à bien connaître pour profiter du meilleur de notre énergie, mais aussi pour éviter de dissiper celle-ci inutilement, au mauvais moment.

C'est là tout l'objet de la chronobiologie et, surtout, de la chronopsychologie, science mal connue en France, sinon lorsqu'il s'agit d'interviewer les rares chercheurs dans cette discipline, tel François Testu, quand se pose (régulièrement) la difficile question des rythmes scolaires. Cet angle d'approche temporelle de nos comportements mériterait pourtant d'être développé, car lorsqu'il l'est, cela apporte un nouveau regard sur les problématiques les plus délicates et nos maladies dites «de civilisation».

Ainsi, le Dr Aurélia Schneider, en étudiant la fameuse « charge mentale » dont se plaignent actuellement une majorité de femmes, a émis une hypothèse personnelle et amusante à la découverte d'un lien entre ce syndrome proche du burn-out et la chronobiologie : « Dans ma consultation spécialisée dans les troubles anxieux, j'ai observé que mes patientes, contrairement à la majorité des hommes, étaient constamment en train d'anticiper et de compter le temps, explique la psychiatre. Cette différence avec les hommes – qui ne le font pas de cette façon – est ce que j'ai nommé la "théorie de l'iceberg". C'est un comptage naturel, presque un talent spécifiquement féminin, que je mets en relation avec l'horlogerie biologique subtile du cycle d'ovulation[1]. » Et d'ajouter : « À partir du moment où elles entrent dans leur vie de femme, les femmes comptent sans s'en rendre compte. »

Cette capacité spontanée à anticiper et organiser le temps d'une façon générale, c'est celle qui permet, entre autres, à une femme de se dire : « Je ferai une lessive en rentrant du travail ce soir et ferai cuire mes légumes pendant le bain des enfants. » Une qualité naturelle qui lui permet, quand elle arrive à « tout gérer », de se valoriser.

Pour le Dr Aurélia Schneider, la charge mentale dont se plaignent ses patientes est liée à leur incapacité nouvelle à pouvoir finaliser ce que leur rythme intérieur leur donnait l'intuition d'accomplir : « Elles sous-estiment le temps qu'une activité va leur prendre ou ne tiennent pas compte du repos dont elles ont besoin entre deux occupations. » Du coup, leurs *to-do lists* sont toujours trop longues et exigeantes, et leur emploi du temps cafouille, les soumettant à un détestable sentiment d'impuissance. »

Pourquoi cette regrettable évolution qui aboutit à une déconnexion et décentration temporelle ? « Si les femmes n'étaient pas en charge de tout, elles pourraient s'appuyer sur leur aptitude naturelle à compter le temps qu'il leur faut et à profiter d'un rythme qui les inspire, les porte, les épanouit. »

Se dépêcher au bon moment, refuser des tâches qu'elles n'ont plus envie de faire, différer ce qui n'est pas important, savoir qu'un coup de fil avec telle personne prendra forcément tant de minutes…, autant de discernements que la psychiatre définit comme étant les preuves d'une flexibilité essentielle, en lien avec notre chronobiologie, pour faire cesser cette impression épuisante d'être dans un mouvement perpétuel et destructeur. « L'anxiété, c'est aussi vivre

1. Aurélia Schneider, *La Charge mentale des femmes… et celle des hommes*, Larousse, 2018.

dans un sentiment d'urgence, rappelle la psychiatre. Alors autant connaître ses rythmes et se prendre en main pour ne pas dysfonctionner».

Il suffit alors, d'après le spécialiste de la chronobiologie le Dr Michael Breus, psychologue clinicien à Los Angeles, de se poser plus souvent la question «Quand?»: «Quand est l'astuce ultime pour bien vivre[2]», écrit-il dans son livre éponyme. En se demandant, selon lui, *quand* prendre son café, répondre à ses mails ou faire la sieste, «quelques modifications minuscules» permettent alors de se rapprocher au mieux du rythme de son corps, un accord temporel qui se révélerait source de bonheur, d'épanouissement… et d'efficacité, bien sûr.

Autant connaître ses rythmes et se prendre en main pour ne pas dysfonctionner.

2. Dr Michael Breus, *Quand? Faites votre révolution chronobiologique et réalisez pleinement votre vie*, Belfond, 2017.

Repérer les manipulateurs, c'est possible...

Depuis quelques années, ils semblent se multiplier. On les voit partout. Mais les vrais pervers narcissiques ne sont pas si fréquents que cela. Alors autant apprendre à les décrypter vraiment, car ces stratèges de la communication sont beaucoup plus agréables à première vue qu'on ne le laisse entendre. C'est même leur point fort : ils savent nous combler. D'où leur dangerosité.

C'est un scénario à la Hitchcock : une personne vient d'entrer dans votre vie (un supérieur hiérarchique, une nouvelle amoureuse...) et votre quotidien a soudain pris de magnifiques couleurs. Vous vous sentez valorisé, reconnu, vous avez le sentiment d'être « sur la même longueur d'onde » avec elle. Vous vous confiez de plus en plus intimement, même au bureau, vous laissez entrevoir des pans entiers de votre passé. Vous êtes prêt à répondre à toutes les demandes de cet interlocuteur, tellement il sublime vos émotions. Les mois, les années parfois, passent. Et, peu à peu, le climat change. Vous vous sentez de plus en plus fragile face à ce partenaire, comme dévitalisé... « C'est alors que l'on passe du paradis à l'enfer, témoigne Jeanne, 45 ans, qui a vécu une liaison passionnelle avec un pervers narcissique. Pendant trois ans, je ne touchais plus terre, j'étais capable de sauter dans un avion pour le rejoindre à l'autre bout du monde pour un seul week-end, il était mon mentor. » Les choses se gâtent quand elle sent comme des mensonges flotter dans l'air et qu'elle, habituellement affirmée, n'ose pas poser les questions qui fâchent. « Je me retrouvais à culpabiliser de douter comme "ça" de lui, se rappelle-t-elle. Je ne savais plus quoi penser. En plus, si jamais j'osais réclamer une information, je me faisais retourner comme une crêpe. » Les trois ans qui suivent n'apporteront que désolation, violence, mépris dans le couple. Mais Jeanne ne parvient pas à quitter ce «mentor» qui la détruit à petit feu. Il lui faudra un nouvel amour, allant jusqu'à menacer son prédateur, pour fuir et pouvoir s'en libérer.

Ces manipulateurs, qui seraient en nette augmentation dans nos sociétés sans repères, Geneviève Schmit[1], thérapeute analyste qui a personnellement connu une telle relation d'emprise, les appelle les «vampires de l'âme»: «Ils savent de manière très intuitive ce à quoi leurs victimes aspirent secrètement, explique-t-elle, alors ils se présentent tels que leurs proies ont envie qu'ils soient. C'est le professionnel qui prétend connaître le métier dix fois mieux que vous et qui va vous “prendre en charge”, vous faire profiter de ses réseaux; c'est le parent divorcé qui sait que pour son enfant, il vaut mieux le “protéger” de l'autre parent; c'est la jeune femme qui, ayant eu un père très absent, se retrouve soudainement comblée par un amant protecteur toujours aux petits soins pour elle...»

Ils savent de manière très intuitive ce à quoi leurs victimes aspirent secrètement.

Ce sixième sens particulièrement développé chez les personnalités manipulatrices explique la raison pour laquelle leurs victimes avouent toutes une «fascination immédiate» au début de la relation. Mais la suite est toujours la même: aux compliments succèdent les dévalorisations, la «disgrâce». Au niveau professionnel, par exemple, ces prédateurs s'approprient les idées de leurs «protégés», tout en les dénigrant. «La plupart du temps, les futures victimes captent certains signaux d'alerte (violence verbale, rejet, puis demande vibrante de retrouvailles, sentiment de malaise), mais elles n'en tiennent pas compte», observe Geneviève Schmit. Un signe qui ne trompe pas, toutefois: la victime perd totalement confiance en elle, devient irritable, s'effondre progressivement, ses amis disent ne plus la reconnaître. Il est alors plus que temps de demander de l'aide à un tiers: avocat, DRH, psychothérapeute..., l'important est de ne plus rester seul avec cette sale impression d'être dévoré de l'intérieur.

Si ces relations d'emprise peuvent concerner tout le monde, on peut toutefois se demander ce qui nous en protège. Selon le psychanalyste Jean-Michel Fourcade, il faut se dégager du «pacte inconscient» que nous pouvons avoir signé avec un(e) manipulateur(trice): «Pendant longtemps, chacun trouve son compte à la relation. Le prédateur a détecté un besoin auquel il a apporté une réponse. Plus ce besoin est archaïque et inconscient, plus la victime

1. Geneviève Schmit a créé le portail pervers-narcissiques.fr et l'un des blogs les plus visités, manipulateurs.wordpress.fr (plus de 1 000 visites par jour).

se retrouve "agie" à son insu[2] », explique Jean-Michel Fourcade. Par conséquent, être conscient de ses propres désirs et besoins est une première protection face à des personnalités perverses. « Plus on est autonome, moins on risque d'être victime, ajoute le psychanalyste. Si nous ne pouvons pas nous-mêmes donner un sens à notre existence, nous serons vulnérables au chant de ceux qui affirment savoir pour nous… » Autre parade : apprendre à discuter, à négocier. C'est-à-dire savoir dire ses besoins, certes, mais aussi savoir entendre ceux de l'autre. Toute une connaissance de soi qui, seule, permet peut-être d'échapper aux filets des personnes les mieux intentionnées.

> *Aux compliments succèdent les dévalorisations, la « disgrâce ».*

LE REGARD DE :

Dr Marie-France Hirigoyen,
psychiatre et psychanalyste victimologue

« Pour réussir aujourd'hui, il faut savoir influencer. Les politiques, les chefs d'entreprise, les commerciaux, même les demandeurs d'emploi doivent séduire s'ils veulent être recrutés. On peut même dire qu'avec les agences de communication, la manipulation s'est professionnalisée ! Et puis Internet a donné une vitrine en or aux narcissiques : sur les réseaux sociaux, on peut remarquer ces personnalités, finalement assez creuses, qui ne cessent de poster des informations sur elles-mêmes, et toujours à leur avantage. Les manipulateurs excellent dans ces relations de surface, sans empathie. Heureusement, je crois que nous ne reviendrons plus en arrière. C'est dans l'entreprise que les choses ont le plus changé : des managers bien intentionnés ont mis en place des outils pour éviter les dérives. Depuis vingt ans, la jurisprudence reconnaît qu'un management destructeur et pervers, donc un système, peut être sanctionné à l'instar d'un individu. On sait désormais que tous les lieux où il est plus facile de harceler sont ces lieux où ni la tâche de l'employé ni les territoires ne sont clairement définis. Enfin, le fait majeur, c'est que les victimes sont plus vigilantes. Elles dénoncent plus rapidement et demandent plus facilement de l'aide. »

2. Jean-Michel Fourcade, *Les Personnalités limites. Hypersensibles, à fleur de peau, écorchés vifs… Tous borderline ?*, Eyrolles, 2016.

Le bonheur ? Un état d'esprit avant tout

Certaines dispositions innées mais aussi des habitudes intérieures ou des pratiques au quotidien permettraient, selon la psychologie positive, d'être heureux. On retrouve là un peu de l'« entraînement de l'esprit » cher aux bouddhistes. Dans tous les cas, la bienveillance envers soi-même se révèle être une source de motivation essentielle.

«J'aime bien rêver à des choses que j'ai déjà. Quand j'ai eu mon bac, j'ai rêvé encore longtemps de l'obtenir, simplement parce que cela me paraissait impossible de l'avoir eu [...] C'est peut-être une part d'enfance préservée, les "on aurait dit que...". Avec l'âge, le jeu consiste à les appliquer à ce qu'on est déjà[1].» Ainsi Philippe Delerm, l'un de nos écrivains les plus attachés à goûter les «plaisirs minuscules», explique-t-il l'une de ses stratégies mentales pour apprécier encore davantage ce que la vie lui offre.

C'est la personne qui est la plus en mesure d'évaluer son niveau de bonheur.

Le sentiment d'être heureux proviendrait-il donc essentiellement d'une manière de penser? C'est ce que cherche à démontrer le courant de la psychologie positive (PP).

Antonia Csillik, psychologue clinicienne et maître de conférences à l'université Paris-Nanterre, précise que, dans cette approche, le bien-être est pricipalement vu comme subjectif: «C'est la personne qui est la plus en mesure d'évaluer son niveau de bonheur. Mais certains traits stables de personnalité ou ressources positives lui permettront de maintenir ou soutenir celui-ci[2]», affirme-t-elle.

1. Philippe Delerm, *Journal d'un homme heureux*, Points/Seuil, 2017.
2. Antonia Csillik, *Les Ressources psychologiques. Apports de la psychologie positive*, Dunod, 2017.

Pas une semaine sans qu'une nouvelle étude soit publiée et vienne prouver scientifiquement ce qui était jusque-là perçu de manière intuitive par la plupart d'entre nous. Exemples : il a été démontré qu'une expérience répétée procure moins de plaisir qu'une première « expérience » ; que les activités réalisées avec d'autres personnes apportent plus de bonheur que celles pratiquées en solitaire... Ainsi, si vous êtes conscients d'un baptême (votre première régate ou votre premier cours de chant), vous en retirerez encore davantage de bonheur ; et pratiquez la randonnée en groupe, cela vous galvanisera !

Ainsi, si vous êtes conscients d'un baptême (votre première régate ou votre premier cours de chant), vous en retirerez encore davantage de bonheur ; et pratiquez la randonnée en groupe, cela vous galvanisera !

Les « cours de bonheur » entièrement dédiés à cette culture de la félicité – ses moyens comme ses accomplissements – ne cessent donc de se répandre, dans l'Hexagone comme ailleurs. L'université de Yale, aux États-Unis, a ainsi révélé en 2018 que le nouveau cours *Psychology and the Good Life* (« Psychologie et vie heureuse »), animé par le professeur Laurie Santos, avait attiré près de 1 200 inscrits[3], soit presque un quart des étudiants de premier cycle !

Face à une augmentation spectaculaire des cas de dépression et de troubles anxieux dans les universités américaines, si compétitives et exigeantes, celles-ci ont en effet décidé d'offrir aux étudiants une initiation à l'épanouissement personnel. Elle reprend les suggestions de la PP pour transformer son état d'esprit : éprouver et exprimer davantage de gratitude, renoncer à la procrastination, entretenir une vie sociale plus riche. À l'issue de cet enseignement, chaque étudiant doit présenter son « projet personnel d'auto-amélioration ».

Mais pour être heureux, quelles ressources personnelles seraient donc à cultiver ? La première constitue un pilier de l'acceptation de soi comme des événements : c'est la bienveillance envers soi-même, qu'Antonia Csillik distingue de l'estime de soi, très vantée dans les années 1990 : « Celle-ci impliquait une certaine comparaison sociale et poussait au narcissisme, estime la chercheuse ; la bienveillance envers soi-même, au contraire, incite à accepter le fait que nous ne sommes pas parfaits. »

---

3. David Shimer, « *Yale's Most Popular Class Ever: Happiness* », *in* nytimes.com, 26 janvier 2018 (https://www.nytimes.com/2018/01/26/nyregion/at-yale-class-on-happiness-draws-huge-crowd-laurie-santos.html).

Autre ressource : la tendance à l'attention consciente, qui incite à être « pleinement attentif et conscient de ce qui se passe à l'instant présent », à goûter entièrement ce qui se passe dans sa réalité. Cette tendance serait innée. « La disposition à la *mindfulness* aurait des origines génétiques, explique Antonia Csillik. Elle permet une autorégulation des émotions et des affects négatifs, et est pleinement liée au sentiment de bien-être. » Pour ceux qui n'en seraient pas dotés à la naissance, pas de panique ! Certaines pratiques la favorisent amplement : la méditation et les thérapies fondées sur la pleine conscience ainsi que les activités physiques où l'attention est portée sur la respiration lui sont particulièrement propices. Natation, footing, yoga..., si la personne s'y exerce en régulant son rythme sur sa respiration et s'ils n'impliquent pas la compétition, de tels sports peuvent devenir méditatifs, et leur rayonnement se diffuse dans tout le quotidien du pratiquant.

La méditation et les thérapies fondées sur la pleine conscience ainsi que les activités physiques où l'attention est portée sur la respiration lui sont particulièrement propices.

Pour les adeptes de la PP, le secret du bonheur réside à la fois dans des dispositions naturelles (les bienheureux !) et dans la capacité à développer celles qui manquent. Les stratégies et exercices visant à les développer sont décrits dans l'ouvrage d'Antonia Csillik. Une sorte de « training » existentiel qui a surtout pour effet de rendre plus solide quand les inévitables catastrophes de la vie se présentent.

LE REGARD DE :

Yves-Alexandre Thalmann, professeur de psychologie

« Pour moi, ce terme de "bonheur" devrait plutôt se conjuguer au pluriel... Nous vivons des instants heureux, puis des expériences difficiles ou neutres, puis les occasions de se réjouir reviennent, bref, nous sommes en réalité des "intermittents du bonheur". Daniel Kahneman, lauréat du prix Nobel d'économie en 2002, a notamment révélé l'existence de deux "moi" en chaque individu : un moi qui éprouve le bonheur et l'autre, mémoriel, qui s'en souvient. Si ces deux instances sont distinctes en nous, les deux cependant sont nécessaires. Et après tout, qu'est-ce qui est le plus important ? L'expérience ou la pensée du bonheur ? Malheureusement, on oublie trop souvent de penser au bonheur, sauf quand celui-ci s'effondre… Avoir une bonne santé, un toit ? Tout cela nous apparaît peu à peu comme de l'acquis, nous n'en jouissons plus ; c'est le problème de *l'adaptation hédonique* qui nous empêche d'apprécier les grâces comblant nos vies. Aussi, le fait de se focaliser sur un élément et de lier sa satisfaction à lui seul : “Si j'avais tel job ou tel compagnon, je serais heureux”… À ceux qui pensent cela, j'affirme : “Embrassez large ! Voyez plus grand que vous ne le pouvez.” Le bonheur repose sur une multitude de paramètres. »

Les livres nous soignent

Ceux qui ont survécu aux tourments de l'adolescence ou à une rupture douloureuse grâce à eux le savent bien : les livres sont de grands alliés de la résilience. Désormais, leur apport est officiel : psychothérapeutes ou coachs prescrivent romans et essais à ceux qui sont en « panne psychique ». Jusqu'à devenir, ainsi, des passeurs de littérature guérisseuse.

C'est un mouvement presque naturel : recommander une lecture. À l'amie qui se débat dans une période de déprime, vous pouvez, par exemple, prêter *Les Nourritures terrestres* d'André Gide (pour qu'elle se reconnecte au versant solaire et hédoniste de la vie) ou, dans un tout autre esprit, le bouleversant *Face aux ténèbres* de l'écrivain américain William Styron (pour qu'elle puisse s'identifier à la plongée dépressive d'un autre).

En quelques années, ce recours spontané aux livres pour aller mieux ou trouver des solutions dans sa vie est devenu un domaine de prescription quasi scientifique : la bibliothérapie. Celle-ci, selon son étymologie, vise à soigner par le livre ; elle « promeut la lecture motivée d'un support écrit dont la finalité est l'amélioration de la santé mentale, soit par la diminution de la souffrance psychologique, soit par le renforcement du bien-être psychologique », telle que la définit le Dr Pierre-André Bonnet, jeune médecin qui lui a consacré sa thèse de doctorat, *La bibliothérapie en médecine générale*. Interrogeant près de 500 personnes (« Avez-vous déjà lu un ouvrage qui vous a été psychologiquement bénéfique ? »), il retire de son étude deux sources d'étonnement : « Les interviewés ont peu cité la littérature médicale, mais déclaraient avoir changé grâce à la lecture de Paulo Coelho, par exemple, et surtout des romans. » Autre surprise : 90 % d'entre eux « auraient volontiers accepté des conseils de lecture de la part de leur médecin ».

En France, le Dr Pierre-André Bonnet est le seul à avoir mené une telle recherche. Il faut dire que la *Reading Therapy* vient plutôt des pays anglo-saxons. Les États-Unis d'abord : ce sont les thérapies comportementales et cognitives (TCC) qui ont diffusé les premiers supports écrits de psychothérapie et qui ont abouti plus tard à tous les livres de *SelfHelp* fleurissant aujourd'hui dans les librairies. Grâce à la lecture de ces manuels sur l'estime de soi ou l'anxiété au quotidien, les patients trouvaient du réconfort ou de quoi progresser entre deux séances ; mais la Grande-Bretagne n'est pas en reste : le très *british* philosophe Alain de Botton[1] propose dans son association *The School of Life* un lieu de conférences et d'ateliers pour vivre mieux en plein cœur de Londres, et des consultations de *Bibliotherapy*.

Le principe : pour une séance de 40 minutes, comptez 70 livres (sterling !). Dans un dialogue approfondi avec le « bibliothérapeute », vous évoquez la problématique qui vous amène et votre parcours de lecteur. À l'issue de cette conversation autour d'une tasse de thé, vous repartez avec une première prescription de livres, fictions ou essais. Mais le bibliothérapeute vous adresse ensuite chez vous une liste plus longue et plus élaborée. Un exemple d'« ordonnance livresque » : pour les « nouveaux retraités » susceptibles de ressentir un grand vide existentiel, la liste comprend *Le Vieil Homme et la mer* d'Ernest Hemingway, mais aussi *Vivre. La psychologie du bonheur* de Mihaly Csikszentmihalyi, un ponte de la psychologie positive.

Paradoxalement, à l'ère d'Internet et de l'industrialisation de l'édition, ces prescriptions semblent plus nécessaires que jamais. « Il y eut un temps où il était facile de trouver un livre qui correspondrait bien à ce que vous viviez, affirment les bibliothérapeutes de *The School of Life* pour justifier leur service. Mais aujourd'hui, il s'en publie un toutes les trente secondes et vous auriez besoin de 163 vies pour venir à bout de tout ce qui est disponible sur Amazon ! »

Paradoxalement, à l'ère d'Internet et de l'industrialisation de l'édition, ces prescriptions semblent plus nécessaires que jamais.

Émilie Devienne, elle-même coach, consultante et auteure de livres de développement personnel, vient d'importer en France le « bibliocoaching ». Elle aussi reçoit en consultation individuelle, à l'issue de laquelle elle recommande trois lectures, tous genres confondus. Un mois et demi après, le patient-lecteur participe à un groupe animé par la coach. « Ils s'enrichissent les uns les autres, observe Émilie Devienne. Et pour

1. Alain de Botton, *Comment Proust peut changer votre vie*, J'ai lu, 2010.

moi, leurs échanges donnent beaucoup de matériel à interprétation.» Une maman qui a des problèmes avec sa fille ado a lu *Une chambre à soi* de Virginia Woolf, *Cessez d'être gentil, soyez vrai!* de Thomas d'Ansembourg et même un volume de la série *Fashionistas*, le must des girlies de 13 ans! «L'effet, indirect, a été bénéfique, constate la coach. La fille n'en revenait pas que sa mère prenne autant de temps – de lecture – pour sortir de leurs conflits. Elles se sont rapprochées…» Puis le patient-lecteur revient en séance individuelle pour faire le bilan de son expérience. «Mais sans contrainte ni jugement, affirme Émilie Devienne. Les prescriptions de livres doivent rester source de plaisir.» D'ailleurs, elle s'en réjouit d'avance: un jour, elle prescrira du Prévert et du Modiano.

Les prescriptions de livres doivent rester source de plaisir.

LE REGARD DE:

Dr Maurice Corcos, professeur de psychiatrie infanto-juvénile à l'université Paris-Descartes, psychiatre

«La page est une surface de projection unique. Si l'on s'y plonge, c'est avant tout pour pouvoir se retrouver tel qu'en soi-même on s'éprouve. En ce sens, les livres sont vraiment des miroirs vivants. Ils nous permettent d'entamer un dialogue avec un alter ego, narrateur ou personnage, dans un incessant aller-retour: "Est-ce toi, est-ce moi dont il est question ici?", "Ai-je déjà éprouvé ce sentiment que tu décris?" etc. Ce qui est fondateur aussi, c'est que, à chaque fois sous des formes différentes, c'est la même traversée humaine qui nous est racontée, à savoir: d'où venons-nous? Comment nous séparer de nos géniteurs? Comment oser penser la sexualité et la mort? Chaque livre est à la fois un miroir ancien et profond réfléchissant aussi bien nos réussites que nos zones de fêlure. Lorsque nous éprouvons du plaisir à lire, à voix basse ou à voix haute, c'est que nous ressentons ce "ça me rappelle quelque chose" qui est le contact avec l'inconscient. Nous retrouvons ce sentiment de plénitude et de continuité, comme dans l'enfance, là où la mort n'existe pas parce que l'innocence nous protège et permet l'inconscience. Il faut errer dans les librairies, les bibliothèques, avant de trouver les auteurs inattendus qui vous marqueront à vie. Cette errance a valeur d'initiation, d'éducation affective et esthétique.»

Couple : être (vraiment) authentique n'est pas si bénéfique

Tout dire de soi et tout vouloir connaître de son partenaire amoureux n'est peut-être pas aussi favorable qu'on le croit souvent. Car il s'agit d'être au clair avec ses motivations profondes : entre celui qui veut révéler quelque chose de son intimité pour se faire valoir et celui qui ne se préoccupe guère de l'impact que cela aura sur l'autre, un équilibre est à trouver.

Ce quadra s'est fait une loi d'être toujours sincère et transparent avec sa compagne, et ce afin d'établir une relation « durable et confiante ». Aussi, dans une soirée récente, lorsqu'il croise une ancienne petite amie, il ne peut s'empêcher de dire à sa compagne : « Tu vois cette fille là-bas ? Ça me fait drôle de la revoir... Avec elle, il y a dix ans, j'ai trompé celle avec qui j'étais à l'époque. » Son actuelle compagne ne pipe pas mot. Mais des mois après, lors d'une dispute, elle remet en cause sa confiance en lui : « Avec toi, je ne peux être sûre de ce qui peut arriver... » Et désormais, à la moindre occasion, elle le ramène à cet épisode indélicat de sa vie affective... pour mieux le mettre en tort.

Un exemple de situation qui fait dire au Dr Jean-Christophe Seznec[1] que les incitations à la sincérité tous azimuts que profèrent aujourd'hui de nombreux coachs en communication et thérapeutes de couple ne sont pas forcément bénéfiques. « J'en appelle à la nécessité de faire attention à toute dictature de la parole, explique-t-il. Prenons l'actuel diktat dans le couple, par exemple, qui invite les

1. Dr Jean-Christophe Seznec et Laurent Carouana, *Savoir se taire, savoir parler*, InterÉditions, 2017.

partenaires à "tout se dire". En réalité, la parole peut être instrumentalisée et générer d'incessants conflits émotionnels, comme on le voit avec ce précédent aveu qui depuis est utilisé contre mon patient.»

Voilà des propos qui, dans le «tout transparent» que réclame notre société, paraissent singuliers. Mais actuellement, ces autres voix s'expriment. Quelques spécialistes du couple invoquent abondamment la nécessaire liberté de pouvoir se taire… aussi.

Le Dr Sylvain Mimoun[2], sexologue, en fait partie. Il met lui aussi à mal l'idée d'un partenaire devenant le réceptacle obligé de tous nos états d'âme, souvenirs, désirs, une vision fusionnelle de la relation amoureuse qui, selon lui, reposerait essentiellement sur l'égoïsme de celui qui veut parler. «Si l'on est dans "Je dis ce que je veux, je fais ce que je veux" sans tenir compte de l'autre, on perd ce que j'appelle le "droit chemin" et qui est un partage de bonheur à deux», estime-t-il. En ce sens, le sexologue invoque la nécessité de distinguer transparence et complicité. «Dans la seconde, les deux partenaires éprouvent du plaisir.»

Quelques spécialistes du couple invoquent abondamment la nécessaire liberté de pouvoir se taire... aussi.

À l'heure des réseaux sociaux, des confessions obligées, la question de l'authenticité intéresse les psychologues. Ainsi, une chercheuse de l'université de Pékin, Yi Nan Wang, explore l'«authenticité équilibrée» et, pour définir les ressorts de celle-ci, elle a soumis ses participants à un questionnaire de dix-sept entrées qui vont de «Je n'ose pas dire la vérité aux autres par souci de leurs émotions» à «J'ai l'habitude de dire la vérité aux autres sans me préoccuper de la manière dont ils réagiront». Chaque participant devait évaluer chacune de ces assertions comme le concernant peu, beaucoup ou pas du tout.

En conclusion de cette étude[3], la chercheuse définit trois formes d'authenticité : l'«authenticité distordue», c'est-à-dire altérée par la trop grande importance accordée au regard de l'autre ; l'«authenticité égocentrique», justifiée par le seul bon plaisir de l'émetteur ; enfin, précieuse entre toutes, l'«authenticité équilibrée», capable de prendre en compte les sentiments de l'autre tout en sachant exprimer sa vérité.

---

2. Dr Sylvain Mimoun et François Ducroux, *L'Égoïsme partagé*, Eyrolles, 2018.
3. Yi Nan Wang, «*Balanced Authenticity Predicts Optimal Well-Being: Theoretical Conceptualization and Empirical Development of the Authenticity in Relationships Scale*», *in Personality and Individual Differences*, 94, 2016, p. 316-323.

Découverte importante de Yi Nan Wang : l'un des leviers de cette « authenticité équilibrée » est un sentiment de bien-être, une bonne estime de soi qui fait que la personne ne craint pas, par ses révélations, de froisser l'autre et ne tient pas absolument à lui faire plaisir. Cet équilibre raffiné, pas toujours accessible, permet d'atteindre un but défini par le Dr Sylvain Mimoun : « rester authentique sans menacer l'équilibre du couple ».

Autre procédé porteur : s'interroger sur ses motivations profondes à mettre au jour certains ressentis. « Notre vie intérieure et personnelle est aussi faite de fantasmes, de jardins secrets, de rêves, explique le sexologue. Certaines choses, très précieuses à protéger, nous concernent dans notre solitude et notre autonomie, alors pourquoi vouloir en parler à l'autre ? »

Si l'un des leviers de l'amour durable est la curiosité, préserver un certain mystère se révèle essentiel pour maintenir l'intérêt de l'autre.

Et si l'un des leviers de l'amour durable est la curiosité, préserver un certain mystère se révèle essentiel pour maintenir l'intérêt de l'autre. « Se dire tout, c'est souvent devenir compagnon de son partenaire, mais en perdant l'érotisme subtil qui vivifie l'union, observe en ce sens le Dr Jean-Christophe Seznec. Nous avons tous une “arrière-cuisine”, et c'est heureux. Et si nous l'exposions à tout bout de champ, nous aurions moins envie “d'y manger” ! »

Cesser de râler, ça change tout !

On dit de la râlerie qu'elle est notre sport national. Pas de quoi en être fiers, car ronchonner et critiquer à tout-va, si ce n'est suivi d'actions concrètes, reste stérile et toxique. Pour ceux qui en sont les victimes comme pour celui qui s'y adonne. En revanche, renoncer à ses plaintes aurait des effets bénéfiques majeurs. Notamment celui de provoquer une vraie « révolution intérieure ».

Le dessinateur Georges Wolinski, dans les années 1970, en avait fait des héros nationaux : deux personnages accoudés à un comptoir de zinc qui râlaient tout le temps, sur tout – la marche du monde, leur femme, les impôts, la météo... L'archétype du Français râleur, déjà très présent dans *Astérix*, trouvait là une nouvelle manière de s'exprimer. Aujourd'hui, ce personnage ronchon, récriminant et amer est toujours très actif. Il suffit de faire un tour sur la Toile pour mesurer sa vitalité. On y apprend qu'il existe un championnat de France des râleurs, incitant qui hait les sens interdits ou la pluie récurrente sur l'Hexagone à venir récriminer auprès d'un fictif « M. le Directeur » et sous l'objectif d'une caméra[1]. On y découvre aussi moult sites entièrement consacrés à ce qui semble y être considéré comme un art : le « raling[2] ».

Au milieu de cette forêt de bureaux des plaintes, le site créé par Christine Lewicki en 2010[3], qui avait suscité la publication du livre *J'arrête de râler !*[4], fait figure de clairière. Il faut dire que la jeune femme, par ailleurs coach auprès de dirigeants, vit aux États-Unis. Une occasion pour elle de mesurer, là-bas, ses comportements quotidiens de « râleuse professionnelle ». « En tant que Française, j'avais

1. www.youtube.com/championnatraleurs
2. http://raleurs.over-blog.com, http://www.leraleur.fr, etc.
3. https://jarretederaler.com
4. Christine Lewicki, *J'arrête de râler !*, Pocket, 2014.

cette habitude de prendre le contre-pied des idées ou initiatives qui m'étaient racontées, explique-t-elle. Attention toutefois : il ne faudrait pas croire qu'à Los Angeles, où je vis, personne ne se plaint. Au contraire, les Américains râlent beaucoup : sur les profs, les sociétés de services, etc. ; mais, contrairement aux Français, eux multiplient les critiques proactives, c'est-à-dire toujours accompagnées d'un acte concret : lettres au service clientèle, réclamations auprès du directeur de l'école, etc. »

> *Râler vient combler un besoin dont on n'a pas conscience et qui cherche à être satisfait.*

La plainte clairement exprimée, accompagnée d'une revendication concrète à la bonne personne, est en effet un geste positif. En revanche, râler de manière chronique en mettant tout sur le même plan (la météo, ses enfants et les bouchons sur la route…) ne peut avoir qu'un effet : diffuser une négativité stérile. Lassée de voir ses relations et son moral se détériorer, Christine Lewicki avait décidé d'entamer un « marathon d'abstinence », vingt et un jours sans râler, qu'elle a raconté sur son blog.

On y apprend ainsi que renoncer à ses petites récriminations quotidiennes n'est pas facile : « C'est que râler, ça fait du bien ! explique la coach. Cela vient combler un besoin dont on n'a pas conscience et qui cherche à être satisfait. »

On a en effet découvert que l'un des premiers bénéfices que retire celui qui a pris l'habitude de blâmer au quotidien est la création de liens. Jennifer Bosson, chercheuse en psychologie sociale de l'université de Floride du Sud, a montré que lorsque deux étrangers se rencontrent, ils développent plus d'intimité entre eux s'ils partagent des opinions négatives sur un objet tiers. « Nous le constatons tous, ajoute Christine Lewicki : lorsque nous entrons dans un ascenseur et que le silence entre nous et les personnes qui l'occupent se fait pesant, rien de mieux que de trouver quelque chose à critiquer, du genre "Que c'est long entre les étages !" ou "On étouffe là-dedans !"… Une attitude à mesurer toutefois, car le "raling" a aussi des effets pervers sur celui qui s'y adonne trop : il éloigne les proches et fait mariner dans un sentiment d'impuissance préjudiciable. »

> *Ce qui importe, c'est de savoir remplacer une râlerie stérile par une démarche efficace.*

Ce qui importe, c'est de savoir remplacer une râlerie stérile par une démarche efficace. Ainsi, le psychologue Guy Winch rappelle que « toute plainte, même la plus justifiée ou la plus personnelle, la plus intime, est une demande de coopération ou d'aide adressée à autrui[5] ». L'un des premiers comportements substitutifs aux perpétuelles jérémiades : savoir demander de l'aide.

Pour Christine Lewicki, qui parle d'une « véritable réorganisation neuronale » chez ceux qui décident de ne plus avoir recours à cette tendance stérile au grief, voici une autre solution efficace : « Puisque l'on sait que dans la vie, on est nécessairement frustré, mieux vaut baisser son niveau d'exigence et prendre l'habitude d'aller puiser dans toutes les ressources qui nous entourent ! » Savoir apprendre à regarder davantage le verre comme à moitié plein. Un changement à 180° qui s'appuie sur les dernières découvertes en psychologie positive : « Plus on remarque ce qui va bien, plus ce qui va bien se déploie dans notre existence. »

LE REGARD DE :

Dr Robert Neuburger, psychiatre et psychanalyste

« Les râleurs plongent leur interlocuteur dans un grand sentiment d'impuissance, même leur psy ! Car, en fait, leur revendication vide recouvre une plainte qui ne comporte aucune solution. Au fond, ce que veulent les râleurs, c'est que rien ne change. Leurs récriminations sont des stratégies stériles qui n'ont qu'un bénéfice : elles permettent aux râleurs de ne pas se poser les bonnes questions, les plus importantes, à savoir : "Quelle est ma place dans le monde ? Comment exister vraiment, dans ma dignité, par quels actes concrets ?" Râler leur sert aussi à détourner leurs peurs : peur de parler à leur femme et de mettre leur couple en danger, peur de parler à leur patron et de perdre leur travail... D'ailleurs, prendre conscience de ses craintes profondes permet *illico* d'arrêter les protestations vaines, tout comme se demander ce que l'on pourrait faire si l'on prenait vraiment son problème au sérieux. Enfin, leurs complaintes à répétition leur servent aussi, et c'est essentiel, à culpabiliser leur entourage. Mais, contrairement à la culpabilisation "pure" qui cherche à apitoyer l'autre, cette stratégie vise à justifier notre impuissance. C'est une manière de dire à l'autre : "Dis-moi que je ne peux rien y faire, s'il te plaît." »

5. Guy Winch, *L'Art de se plaindre... et de se faire entendre*, Payot, 2011.

Être plutôt « chien » ou « chat », ce n'est pas si simple !

Indépendance ou fidélité, sensualité ou énergie… les différences de qualités que nous projetions sur nos animaux domestiques préférés ont tendance à s'effacer. Tout comme les différences de personnalité entre leurs propriétaires… Ce qui va grandissant, en revanche, c'est l'amour attentif que nous leur portons !

Si vous voulez animer une soirée, vous pouvez toujours lancer la question qui met le feu aux poudres. Au choix : « Vous préférez les Beatles ou les Rolling Stones ? », « La mer ou la montagne ? », mais surtout : « Les chats ou les chiens ? » Ces alternatives dessinant de vraies scissions dans l'humanité, elles déclenchent souvent des débats passionnés entre « pro-chat » ou « pro-chien », qui, en réalité, ne font que parler d'eux-mêmes.

Quelques études se sont d'ailleurs attachées à montrer des différences entre ces amoureux d'animaux si divergents. Sam Gosling, psychologue à l'université du Texas, a interrogé plus de 4 500 personnes sur Internet autour de la question : « Êtes-vous amateur de chiens, de chats, des deux ? » Il a ainsi établi que les premiers étaient à 15 % plus extravertis, 13 % plus conciliants, 11 % plus organisés et consciencieux que les seconds. Les propriétaires de chats, eux, se révélaient être à 12 % plus névrosés et inquiets (*sic*), mais à 11 % plus originaux et ouverts à l'imagination, l'art, l'aventure… que le clan d'en face, décidément plus conventionnel.

Cette enquête a déclenché tout un buzz sur le site de l'université où travaille Gosling, la plupart des commentaires contestant l'emploi de termes tels que « névrosés » ou « extravertis », jugés insuffisamment scientifiques, ou la brièveté de la synthèse. « Est-ce que les fans de Snoopy et de Garfield seraient d'accord avec de telles découvertes ? », ironise un internaute.

En réalité, pour des professionnels comme Patricia Rérolle, directrice d'un centre du bien-être animal à Paris[1], les différences réelles entre propriétaires d'animaux domestiques s'établissent suivant les motivations de l'adoption : « On peut vouloir vivre avec un chien pour faire garder son habitation ou pour avoir un compagnon de jogging dans la forêt, observe-t-elle. Mais la plupart de ceux qui adoptent un chien aujourd'hui le font pour le materner. »

L'attachement et le lien entre la race canine et ses maîtres, argument si souvent évoqué, sont d'ailleurs étayés par de nombreuses études. Ainsi, Miho Nagasawa et Tekafumi Kikusui, de l'université Azuba au Japon, ont montré que des propriétaires de chiens regardant leur animal dans les yeux lorsqu'ils jouent avec lui voyaient leur taux d'ocytocine (dite aussi « hormone de l'amour ») augmenter sensiblement. Cette réaction chimique expliquerait pourquoi jouer avec les chiens peut améliorer l'humeur et diminuer les symptômes d'inquiétude et de dépression. « On observe même une forme d'addiction chez les amoureux des chiens, estime Alexandra Couture, vétérinaire comportementaliste et membre de Zoopsy, association de zoopsychiatrie française. Leur attachement à l'animal est tel qu'ils disent : "Je ne peux plus vivre sans chien[2]." »

La plupart de ceux qui adoptent un chien aujourd'hui le font pour le materner.

Ceux qui, pensant y gagner en termes d'indépendance, adoptent plutôt un chat en seront pour leurs frais. « Le chat est extrêmement sensuel, car il conserve des comportements juvéniles comme le pétrissage, le frottement, le ronronnement, toutes formes de caresses qui apaisent et comblent son maître », commente Alexandra Couture. Difficile alors de considérer cet animal comme une boule d'indifférence. « Aujourd'hui, beaucoup prennent un chat parce qu'ils pensent que celui-ci peut se débrouiller seul, constate Patricia Rérolle. Or il est essentiel de jouer beaucoup avec son chat, surtout lorsque celui-ci est encore jeune et urbain. Comme il ne chasse plus dans la nature, il a besoin de faire travailler ses réflexes de prédateur. » D'où l'existence de nombreux jouets pour chats à faire rouler, à griffer, etc., et le refus de cette professionnelle de vendre des distributeurs automatiques de croquettes programmés sur quinze jours : « Un chat isolé

1. http://www.centredubienetreanimal.fr – 76, rue de Lourmel, 75015 Paris – 01 40 59 49 49.

2. Alexandra Couture et Laurence Dillière-Lesseur, *Chien gentil, mode d'emploi*, Odile Jacob, 2013.

si longtemps peut s'ennuyer et développer des troubles du comportement. »

Autre déconvenue : celle des propriétaires de chiens qui pensent qu'il est possible d'élever ceux-ci… comme des chats ! « Contrairement au félin, il faut donner au chien des consignes éducatives claires, notamment en lui signifiant précisément qui est le maître dans la maison, précise Alexandra Couture. Le matin, il est juste que ce soit d'abord l'homme qui prenne son petit déjeuner. Et c'est lui seul qui autorise l'animal à grimper sur le canapé… »

Les bons propriétaires sont ceux qui approfondissent leurs connaissances éthologiques.

Ainsi, les bons propriétaires sont ceux qui approfondissent leurs connaissances éthologiques, et aujourd'hui plus que jamais, car « on voit arriver de plus en plus de maîtres qui n'ont jamais vécu avec un animal », observe la vétérinaire. Pour savoir si l'on est plus « chat » que « chien », pas de meilleur moyen que d'en apprendre davantage sur chacun. Cela évitera le pire pour eux : que l'on puisse un jour les confondre.

Non, les psys ne sont pas des nounous !

Une fausse image des psychologues et psychothérapeutes se répand, en grande partie *via* les médias, qui transformeraient ces alliés existentiels en passeurs de bien-être. Or « aller voir quelqu'un » ne revient pas à trouver refuge et se faire cocooner. Parfois, la psychothérapie peut même s'avérer « bousculante », car elle suppose un art exigeant de la part des professionnels de la psyché : celui de questionner et d'aider l'autre à se transformer, quitte à ce qu'il traverse des zones inconfortables de son histoire et de la relation.

Bien sûr, ils écoutent, accompagnent et soutiennent. Bien sûr, leur cabinet doit être un lieu refuge semblable à aucun autre. Mais de là à penser que les psys ont réponse à *toutes* les situations de la vie, il y a maldonne. Et croire qu'ils savent comment nous devons aimer, travailler, nous relaxer ou éduquer nos enfants pour aller bien est une conception hygiéniste et normative de la psychothérapie. «Trop, c'est trop!», affirme en ce sens la journaliste Armelle Oger, qui a écrit une passionnante enquête[1] dans laquelle elle démontre comment, «de la maternelle à la carte senior, les psys s'immiscent dans nos vies»...

Pourtant, cette psychophile aguerrie, qui est elle-même passée par les bancs de la fac de psycho et le divan, se déclare être un «pur produit du système» et toujours respectueuse d'une discipline qu'elle a aimée comme un accompagnement à l'autonomie. Mais aujourd'hui, elle est effarée : «Je ne remets pas en cause l'intérêt de la matière, mais la multiplication de ses dérives qui, ajoutées les unes aux autres, donnent une image fausse de ce qui est au départ

1. Armelle Oger, *Vous devriez voir quelqu'un... De la maternelle à la carte senior, les psys s'immiscent dans nos vies*, L'Artilleur, 2018.

un itinéraire socratique visant à redonner force et liberté. Or là, je vois une France victimisée et “sous emprise”. »

En cause, des psys hyperbavards ayant un mot à dire sur tout dans les médias : de l’arbitrage d’un match de foot au dernier look d’une star de la téléréalité, ils commentent, analysent, définissent. « Rien à voir avec ce qui est l’essence de leur métier, rappelle Armelle Oger : impulser le déclic qui vous aidera à changer de vie, à prendre les décisions importantes pour vous, à “apprendre à faire seul”, comme disait Maria Montessori, dont l’enseignement lui-même se retrouve dévié par des donneurs de “trucs éducatifs”. »

En cause, des psys hyperbavards ayant un mot à dire sur tout dans les médias.

Autre dérive : un vaste « gloubi-boulga » de spécialités dans lesquelles, faute de pédagogie, le public ne peut faire le tri : des psychiatres qui déclinent sur des applis quelques modes d’emploi pour se nourrir ou aimer en « dix points clés » ; des psychologues qui enseignent comment parler à son conjoint…

Ces psys, mis en position de « sachants », ne sont évidemment pas seuls responsables de cette situation. « Les parents d’élèves paniqués, les employés en burn-out, les couples qui divorcent… tous veulent être pris en charge, avoir tout de suite une réponse à leur malaise comme on avale un tranquillisant », observe la journaliste, se demandant pourquoi les gens même les plus intelligents forment aujourd’hui une société aussi passive ?

Mais il est un autre contresens, plus préjudiciable à cette belle profession. Selon Didier Pleux, psychologue et psychothérapeute existentiel qui démontre dans son ouvrage[2] comment contraintes et frustrations aident à réellement avancer, c’est de l’art psychothérapeutique que l’on donne une fausse image : « Si l’écoute est fondamentale dans les thérapies par la parole, si bien sûr les séances ont un effet “soupape” au mal-être de la personne qui doit se sentir comprise, on ne peut en rester là, à l’écouter se plaindre et à lui prescrire quelques tranquillisants ou des séances de relaxation, explique-t-il. La psychothérapie n’est pas un endroit de mieux-être. »

La psychothérapie n’est pas un endroit de mieux-être.

Et le psychothérapeute d’évoquer le rôle d’« agent de déséquilibre » que le professionnel de la psy doit assumer. « Il y a une phase

2. Didier Pleux, *Le Complexe de Thétis. Se faire plaisir, apprendre à vivre*, Odile Jacob, 2017.

de la thérapie où l'on doit amener les patients qui se sentent victimes à plonger dans cette émotion désagréable pour qu'ils la comprennent vraiment et acceptent de s'en débarrasser.» Cela relève, selon Didier Pleux, d'une forme de «dispute» entre le patient et son psy, et d'une directivité de ce dernier bien éloignée de la tendance actuelle à caresser dans le sens du poil celui qui est dans la plainte, sans croyance en ses capacités à se relever.

«On n'a pas à être un "psy nourricier" – pour ne pas dire "nounou" – qui délivre des stratégies pour vivre mieux, ajoute Didier Pleux, mais on pratique un art du questionnement et du vécu émotionnel qui donne accès au processus inconscient dont le patient pourra se libérer seulement après s'y être confronté.»

Comment sortir d'une telle méprise concernant l'un des plus beaux métiers du monde? Pour Armelle Oger, il est temps que les psys, toutes approches confondues, mutualisent leurs savoirs, travaillent ensemble pour effacer la caricature qui dénature actuellement leur action. «Parfois, certains devraient refuser des sollicitations médiatiques, estime la journaliste. Après tout, c'est là l'un de leurs projets dont ils parlent le plus: apprendre à leurs patients à savoir dire non!»

La rêverie régénère notre cerveau et tout notre être

Longtemps décriée (rappelez-vous vos souvenirs d'école...), la capacité à rêvasser est aujourd'hui en pleine réhabilitation. Est-ce parce que le stress et la pensée binaire appauvrissent notre créativité et notre liberté intérieure ? Aujourd'hui, c'est un fait avéré, notamment par les neurosciences : permettre à son esprit de divaguer n'est pas seulement source de plaisir, cela accroît aussi toutes nos facultés de réflexion et de créativité.

Pour vous, cet été, ce sera peut-être au creux d'un hamac accroché entre deux arbres, sous l'effet du bercement et de l'instabilité ; pour d'autres, avec le roulis du train ; d'autres encore, après avoir randonné plusieurs heures, sentiront cet élargissement joyeux que procure la mise au repos de l'esprit : pensées fluides, se tissant les unes aux autres pour mener à de nouvelles idées, intuition rafraîchie, remémoration et mises en lien d'événements ou de paroles perçus dans les mois précédents... C'est tout le bien que l'on peut se souhaiter en vacances : une activité psychique libre que le grand Jean-Jacques Rousseau sut nommer et décrire dans ses *Rêveries du promeneur solitaire* comme une source inégalable du sentiment d'être.

Une étude menée par Mary Helen Immodino-Yang, neurologue et psychologue à l'université de Californie du Sud, a démontré scientifiquement les immenses bienfaits de cette mise au repos de l'esprit[1]. Car en réalité, en pleine rêverie ou plein vagabondage de la pensée, notre cerveau n'est pas passif, mais simplement en mode différent. « Le fait de se promener ainsi à l'intérieur de soi impacte

1. Mary Helen Immordino-Yang *et al.*, « *Rest Is Not Idleness: Implications of the Brain's Default Mode for Human Development and Education* », *in Perspectives on Psychological Science*, 2012.

notre manière d'élaborer nos souvenirs, de trouver du sens et de transposer ces aptitudes à de nouveaux savoirs», affirme la neuroscientifique.

Ces ressources mises au jour par la science n'étonnent en rien les professionnels de la psyché qui, dans les démarches notamment d'hypnose *(cf.* interview Rebonds*)* ou de psychanalyse, favorisent chez leurs patients l'accès à ce précieux état de conscience modifié. «Grâce au dispositif du divan, nous permettons aux divagations mentales, associations libres et autres rêveries de l'analysant d'émerger avant d'être mises en mots, explique la psychanalyste Monique Zerbib, qui signe un passionnant article sur le sujet dans la revue de l'Association de relaxation psychanalytique Sapir[2]. C'est notamment pour lui permettre de vivre cette expérience que le psychanalyste se tait autant que possible.»

En pleine rêverie ou plein vagabondage de la pensée, notre cerveau n'est pas passif, mais simplement en mode différent.

Ces «échappées belles» mentales mêlant du familier et de l'étranger, comme dans le rêve, sont la marque de l'enfance et de la croissance intérieure. En effet, lorsqu'il acquiert sa capacité à être seul, jouant près de sa mère, occupée à autre chose, le petit, en imaginant des scénarios et en se racontant des petites histoires, fait en réalité le tri dans tout ce qu'il vit. «Et mieux, c'est la rêverie de sa mère, lorsque celle-ci est présente mais en train de penser, pas seulement de "faire", qui lui permet d'apprendre», précise Monique Zerbib.

Liberté et capacité de construction intérieures mais aussi plus grande connaissance de soi et de sa singularité sont favorisées par la rêverie. Le psychanalyste Carl Jung, disciple dissident de Freud, en fit l'expérience sur lui-même. Alors que, plongé dans une grande dépression, il découvrait les pouvoirs de cette immersion dans ses images intérieures, il posa les fondations de l'une de ses découvertes essentielles: l'«imagination créatrice». «Lorsque l'on rêvasse, on entre en contact avec le grand fond de l'imaginaire collectif présent en chacun de nous, explique Carole Sédillot, formatrice d'orientation jungienne en symbolisme et mythologie. Personnages archétypaux, bribes mythologiques... Mais aussi, à côté de ce grand réservoir cognitif, notre fonction d'imagination individuelle va puiser et produire des images uniques[3].»

---

2. Monique Zerbib, «Promenade de la rêverie au rêve», *in* «Rêve(rie)», *Champs du corps*, n° 3, AREPS (L'Harmattan), 2016.
3. Carole Sédillot, *ABC de la psychologie jungienne*, Grancher, 2003.

Images éparses de paysages, visages de vos proches, imprimés de robes qui vous ont marqué… L'imagination créatrice débouche peu à peu sur une création personnelle, qu'elle favorise et qu'elle aide à développer. « Il s'agit aussi de se demander ce que l'on ressent lorsqu'émergent ces puzzles si singuliers, ajoute Carole Sédillot, car alors des révélations sur soi sont possibles. »

Aussi fructueuses qu'elles soient, ces promenades à l'intérieur de soi sont parfois empêchées. « Elles sont possibles dans les meilleurs des cas, rappelle Monique Zerbib. Mais beaucoup aujourd'hui, comme les personnalités de type obsessionnel, dans l'hypercontrôle, ne savent pas s'autoriser à “lâcher” leurs pensées. » Et des contraintes contextuelles sont aussi difficiles à déjouer : le stress, le manque de temps, les pressions normatives… Oui, profiter vraiment de ses vacances, ce pourrait bien être, d'abord, explorer ses plages intérieures.

LE REGARD DE :

Dr Manuelle von Strachwitz, psychiatre et psychothérapeute spécialiste de l'hypnose

« La rêverie, c'est l'état hypnotique sans le savoir. L'être humain a en effet plusieurs manières possibles d'être au monde. Il peut expérimenter tout un continuum d'états de conscience, qui vont de la veille au sommeil profond, en passant par la rêverie, justement, et d'autres expériences simples de dissociation vécues à l'état conscient. Lorsque l'on conduit, par exemple, on est à la fois ici et ailleurs en même temps, on pense aux courses à faire, à sa journée de travail, et cependant on n'a pas d'accident ! Nous vivons la plupart du temps avec un moi conscient très présent. Mais il est important pour notre équilibre d'avoir accès à notre intériorité, de nourrir un dialogue entre notre inconscient et notre conscient, et de pouvoir être dans le mouvement de la vie et de changer. L'état d'hypnose ou de rêverie induite, avec ce moi plus lointain et une dissociation modérée, entraîne une mise en mouvement comme lorsque vous laissez un enfant s'ennuyer : au bout d'un certain temps, il “lâche intérieurement” et va se mettre à un nouveau jeu… il devient créatif. Lorsque l'on joue à certains jeux vidéo ou lorsque l'on se perd dans un “solitaire” pendant des heures, on est non créatif. Seul le fait de lâcher l'état conscient permet de laisser advenir de nouvelles idées. »

Ceux que nous admirons nous stimulent

Nous avons tous des « phares », des idoles ou des modèles dont le destin, la personnalité ou la pensée nous inspirent. S'y connecter est un puissant moteur d'élévation et une formidable source de connaissance de soi. Car les qualités de ces êtres qui nous attirent sont aussi celles que nous avons intérêt à faire grandir en nous.

Rappelez-vous : dès sa mort, et pendant le mois qui a suivi ce triste jour de décembre 2013, l'« effet Mandela » a été planétaire, global, universel. L'influence de sa personnalité à la fois courageuse et bienveillante semblait avoir touché chacun d'entre nous. Ses comportements à différents moments de son histoire étaient sur tous les médias du monde, son parcours raconté dans les écoles… L'humanité semblait soudain adouber sans réticences un modèle, une source d'inspiration.

En réalité, chacun d'entre nous a dans son for intérieur ses « Mandela » à lui, panthéon de personnes célèbres, vivantes ou non, personnages de fiction ou proches existant vraiment, qu'il admire et qui l'aident à se construire. Ces personnes sont appelées « rôles modèles » (*role modeling*), car des études ont montré qu'elles ont une influence significative sur nos choix professionnels, notamment, ou notre manière d'être parents.

En réalité, chacun d'entre nous a dans son for intérieur ses « Mandela » à lui, panthéon de personnes célèbres, vivantes ou non, personnages de fiction ou proches existant vraiment, qu'il admire et qui l'aident à se construire.

Alors que les recherches sur cette question, assez rares, étaient d'ordre sociologique, aujourd'hui, la psychologie positive et le développement personnel s'y intéressent, car les rôles modèles sont à la fois des balises à travers lesquelles chacun peut mieux se connaître et des éclaireurs qui aident à progresser.

La coach et psychanalyste Florence Lautrédou, qui remotive dirigeants et cadres, en a conçu certains moments clés de ses séminaires. «Au début de certaines sessions en groupe, je fais passer un diaporama de grandes figures archétypales, passées ou présentes, explique-t-elle. Des politiques comme de Gaulle ou Che Guevara, des inventeurs comme Einstein ou Freud, des artistes comme John Lennon... Je réactive ainsi la capacité des participants à admirer.» Puis chacun est appelé à parler devant le groupe des personnes qu'il apprécie le plus, qu'il s'agisse de célébrités ou de proches, comme un grand-père ou un professeur. La métamorphose est alors tangible: «Quelqu'un qui parle de son rôle modèle a les yeux qui brillent et semble se déployer sous l'effet de l'enthousiasme», constate la coach. C'est que cette admiration révèle des éléments importants chez celui qui en est agité: «Nous ne pouvons admirer chez les autres que des qualités qui sont en germe chez nous, affirme Florence Lautrédou. Sinon nous y serions insensibles.»

C'est justement pour aider au développement de potentiels en germe que la psychologie positive s'intéresse aux influences stimulantes. «Dans un premier temps, un chercheur comme le Canadien Albert Bandura, qui travaillait sur l'apprentissage social, a montré l'importance des modèles "techniques" lorsqu'on les prend avec des objectifs précis», explique Jacques Lecomte, président d'honneur de l'Association française de psychologie positive.

Ce qui importe, c'est l'opportunité d'observer un individu similaire à soi-même exécutant une activité donnée. Se constitue alors une source d'information importante influençant la perception d'auto-efficacité et appelée «expérience vicariante». Ainsi, c'est le jeune footeux qui vénère Zidane et s'inspire de ses passes. «Mais si le modèle est trop différent, trop éloigné de nous, cela ne marche pas, précise Jacques Lecomte. Un senior qui voudra continuer à pratiquer le foot aura plus intérêt à fréquenter les clubs de vétérans de sa région qu'à se repasser les matchs de Zidane!»

Il est cependant un domaine où les modèles peuvent être plus éloignés de nous: le domaine moral. Ce sont alors des porteurs d'idéal, comme des lumières, qui nous permettent de nous «élever». C'est ce qu'illustre le livre du sportif Lilian Thuram, *Mes étoiles noires. De Lucy à Barack Obama*[1].

Jonathan Haidt, professeur de psychologie à l'université de Virginie, a choisi de nommer «élévation» cette émotion que nous éprouvons lorsque nous voyons des personnes incarner pleinement

1. Lilian Thuram, *Mes étoiles noires. De Lucy à Barack Obama*, Points/Seuil, 2011.

des valeurs de liberté, de courage ou de compassion. «Selon Haidt, l'élévation produit des émotions chaleureuses et motive les gens à agir de manière plus vertueuse, explique Jacques Lecomte. Plusieurs études ont montré que lorsqu'une personne visionne un petit film ou lit un récit décrivant une action menée par une personne altruiste, cela l'incite à se montrer elle-même généreuse et altruiste[2].»

Florence Lautrédou confirme: «Ceux qui identifient le mieux leurs "rôles modèles", qui les "fréquentent" régulièrement – en lisant des articles ou des biographies les concernant ou en pensant souvent à eux –, sont aussi ceux qui évoluent le mieux dans leur vie.» Qu'ils se fondent sur l'humour de leur vieil oncle ou sur la résilience d'un Primo Levi, l'important est qu'ils soient alors capables de répondre à cette question récurrente: «Comment mes phares feraient-ils dans une telle situation?»

LE REGARD DE:

Pierre Angel, professeur de psychologie, psychiatre, coach et directeur du centre Pluralis à Paris

«Au Canada, en matière de prévention des drogues ou de la délinquance, on a largement utilisé des leaders charismatiques, à savoir des jeunes qui s'en étaient sortis ou de grands sportifs, pour faire passer des messages aux populations. Ici, dans nos cultures latines attachées à un individualisme forcené, on est tellement allergiques à l'idée même de leadership que l'on ne favorise pas ce type de références.

«L'esprit français craint la reproduction irréfléchie des mêmes attitudes. Pourtant, tout individu se construit *aussi* en rejetant les modèles auxquels il s'était d'abord identifié. D'où l'importance de ceux-ci, notamment dans la famille, qu'il s'agisse des parents ou des modèles dans la fratrie... Si l'on n'encourage pas le mélange des générations, les jeunes ne peuvent se construire qu'à partir de leurs propres valeurs. Même s'ils sont très créatifs, il leur manquera toujours l'apport essentiel de ceux qui ont fait leurs expériences avant eux. Quant à celui qui a choisi d'être mentor, il doit avoir le goût d'expliquer. Il ne faut pas que la relation devienne de type "maître/élève" mais que les deux partenaires soient mutuellement, l'un pour l'autre, des aimants d'admiration et que les juniors, de leur côté, veillent toujours à rester autonomes. D'ailleurs, les mentors sont eux aussi très souvent aidés par ceux-là mêmes qu'ils aident!»

2. Jacques Lecomte, *La Bonté humaine. Altruisme, empathie, générosité*, Odile Jacob, 2014.

Familles recomposées : chacun cherche sa place

Pas toujours facile d'éviter tensions et luttes de territoire dans une nouvelle famille où beaux-enfants et beaux-parents apprennent à vivre ensemble ! Pourtant, l'enjeu en vaut la peine : il invite chacun à se définir dans ces nouveaux liens aux autres et à profiter de ce qui s'ajoute au lieu de rester dans le manque de ce qui était. En ce sens, toute tribu ainsi formée peut devenir un passionnant laboratoire social !

Pour Lætitia, 45 ans, maman d'une fille de 22 ans et belle-maman de celles de son compagnon (16 et 19 ans), les dîners où tout le monde se réunit dans le living-room n'ont aujourd'hui rien de la « grande tablée heureuse » dont elle avait pu rêver avant : « Je fais bonne figure, je réponds quand on me parle, j'ai concocté les plats qu'elles aiment… Mais, en fait, je ne fais qu'observer. Elles parlent essentiellement à leur père, et moi, je prends de la distance par rapport à ce que j'entends. J'ai de toute façon décidé de ne plus commenter le style éducatif de mon conjoint. » Tristesse et agacement percent dans les propos de cette femme, par ailleurs très accomplie professionnellement. Jusqu'à ce qu'elle « lâche » le morceau : « En réalité, dans ce jeu où tout le monde compose, il y a beaucoup d'hypocrisie, juge-t-elle. Nous vivons dans un ensemble recomposé qui a l'apparence d'une famille et qui cache en réalité un couple fragilisé. » Pourquoi un tel malaise ? « Ces deux garces font tout pour m'écarter, avoue-t-elle… Je suis si différente de leur mère ! »

Filles, jeunes adultes de surcroît, à l'âge où elles se cherchent, à qui veulent-elles ressembler ? À leur mère, au style de vie et au look très « classiques » ? Ou plutôt à leur belle-mère, plus « bohème » et occupée à toutes sortes d'activités créatrices ? Mariette Mignet, psychanalyste qui s'intéresse à la «filiation plurielle», estime que se joue là une «complexité moderne»: «Le sentiment de filiation, indispensable à la vie humaine, se construit dans l'enfance à travers les identifications possibles, explique-t-elle. Les adultes en sont les supports qui permettent à l'enfant de devenir ce qu'il est. Ainsi, pour accéder à ce qu'il est lui-même, il aura à se définir en imitant ou en rejetant, à y confronter ses désirs selon les différents moments de sa structuration.» Et quand il a déjà un père et une mère auxquels «se frotter», qu'en est-il des beaux-parents?

C'est à l'adolescence que la plupart des difficultés surviennent, car le rejet du parent naturel peut insidieusement se jouer, masqué, contre le beau-parent. «Leur crise d'ado, c'est avec moi qu'elles l'ont faite», pense Lætitia. Et si c'était «contre leur père» que ces jeunes filles agissaient, en lui faisant indirectement du mal, à lui, alors même qu'elles agressent le nouvel amour de sa vie?

Des moments délicats intensifiés par la propre difficulté de cette belle-maman à trouver sa manière d'être désormais en famille: «Pour chacun des adultes concernés, toute la difficulté, mais aussi toute la subtilité, consiste en ce que chacun tienne bien sa place vis-à-vis de chaque enfant, estime Mariette Mignet. Si l'enfant sait qui est qui par rapport à lui, nous pouvons lui faire confiance, il saura se situer et se construire une identité propre face à la diversité des adultes.»

Nous manquons de mots actuellement pour dire ces nouvelles familles.

Cette diversité, si l'on en croit le vocabulaire, semble encore difficile à intégrer pour tous. En 2011, ils étaient 1,5 million d'enfants à vivre dans une famille recomposée, dont 940 000 vivant avec un parent et un beau-parent. Comme le fait remarquer la psychanalyste, nous manquons de mots actuellement pour dire ces nouvelles familles: «Les termes "beau-père", "belle-mère" ne disent pas la réalité (qui était jusque-là celle des parents du conjoint); encore moins "belle-sœur" pour la demi-sœur qui n'en est pas une non plus! En Afrique, on entend des expressions comme "mon frère même père même mère" ou "même mère pas même père", etc. C'est un peu long mais efficace!»

Dans cet «équilibre instable dans lequel chacun se cherche», le lien familial est soumis à un *double bind*, ainsi que l'a noté la démographe Catherine Bonvalet: «Nous sommes face à deux mouvements contraires: d'un côté, un lien conjugal qui prend la forme d'un contrat révocable si les liens disparaissent, de l'autre, un lien de filiation qui s'est renforcé et qui, par son caractère indissoluble, donne une place nouvelle à l'enfant[1] ».

Mais alors, le couple ? Comment peut-il se tirer d'une situation où les enfants peuvent être tentés de se vivre comme éléments fondateurs de la famille ? Lætitia reconnaît que pour ceux qui s'engagent dans la recomposition familiale, l'attention à leur partenaire doit vraiment rester la priorité : « Après tout, même si certaines manipulations des enfants laminent le lien amoureux entre les adultes, elles peuvent aussi solidifier celui-ci. Car il faut se le rappeler : tout ce que je fais et supporte, c'est toujours par considération et par amour pour cet autre. Le seul que j'aie vraiment choisi. »

Pour ceux qui s'engagent dans la recomposition familiale, l'attention à leur partenaire doit vraiment rester la priorité.

LE REGARD DE :

Dr Christophe Fauré, psychiatre et psychothérapeute

« Chacun peut gagner du fait de vivre dans une famille recomposée : pour l'enfant, avoir dans sa vie un adulte ni "papa" ni "maman" qui peut lui proposer une autre vision du monde, être un agent "pacificateur" entre lui et ses parents, est un plus ; pour le beau-parent, faire la différence dans la vie d'un enfant peut être vu comme un accomplissement ; pour le parent, découvrir que l'on peut reconstruire après une rupture et montrer cette capacité à rebondir à ses enfants a beaucoup de valeur. Quant au nouveau couple, bien sûr, c'est une réelle preuve d'engagement et d'amour entre les partenaires... Mais il faut s'y engager en connaissance de cause, en ne niant pas les forces potentiellement conflictuelles ! Anticiper, oser parler argent, relations avec l'ex, exercice de l'autorité ou pas avec les enfants de l'autre... Tous ces sujets qui fâchent doivent être mis à plat et discutés avant même que l'aventure ne commence ! »

1. Voir « Familles. Se construire, s'entraider », *in L'École des parents* n° 609, ERES, juillet-août 2014.

Parfois, le besoin d'aider est trop fort

Sauver et prendre en charge ceux qui souffrent sont les faits de belles personnes, que l'on dit humaines et dévouées. Mais, parfois, on en vient à s'interroger : quelles sont leurs motivations profondes ? Pourquoi une telle intensité dans leur manière d'être présentes et pleines de sollicitude ? Les psychologues ne sont pas dupes, cherchant à déceler dans quelle mesure ces « sauveurs » ne souffrent pas eux-mêmes d'une incapacité à... recevoir.

« Du plus lointain que je m'en souvienne, j'ai toujours eu un côté Jeanne d'Arc, confie Carla, 50 ans. Je voulais sauver ma propre mère de son enfance malheureuse, qui me choquait tant, lorsqu'elle me la racontait, la réconforter d'avoir sacrifié sa vie pour mes sœurs et moi... J'étais comme totalement prise dans cette lignée de femmes "surresponsables" de la santé et du bien-être des autres. » Une histoire personnelle qui entraîne peu à peu Carla à n'être attirée que par des amies, des collègues ou des partenaires amoureux mal en point. « Même dans une fête foraine où l'on gagnait un lapin en peluche, je choisissais en priorité le dépoilé, celui qui semblait le plus malheureux ! »

« Pourquoi pas ? » aurait-on envie de dire à Carla. Pas question de valoriser l'égocentrisme, si fréquent aujourd'hui. Après tout, ce qui fait la grandeur de l'humain, c'est son altruisme, sa capacité à aider son prochain, sa bienveillance. Certes. Dans les meilleurs des cas, cette tendance donne d'ailleurs de belles vocations de soignants... et de psychanalystes.

Mais, parfois, cette face lumineuse d'une personne, sa générosité et son abnégation légendaires se transforment en sources de problèmes et de souffrance, autant pour elle que pour les autres. Les conflits, notamment avec un entourage lassé d'être pris en charge avant même de réclamer quoi que ce soit, se multiplient: «J'ai l'impression que je fais toujours tout pour mes proches, et eux jamais rien pour moi», ne cesse de répéter cette bonne âme.

Cette phrase, fréquemment prononcée en séance de psychothérapie, a tendance à alerter les professionnels de la psyché. Mary C. Lamia et Marylin J. Krieger, deux psychologues californiennes, y détectent l'évolution presque systématique de celui qui n'a de cesse de voler au secours des autres: «Au tout début d'une relation, le sauveur semble bienveillant et satisfait de son propre altruisme, mais à mesure que le temps passe, il se montre de plus en plus malheureux, déçu, critique et impuissant[1]», écrivent-elles. Une souffrance qui a trouvé un nom: la codépendance, désormais prise en charge dans les psychothérapies familiales ou les groupes d'entraide[2], mais toujours pas répertoriée dans la bible des diagnostics, le DSM V[3].

> *Mais, parfois, cette face lumineuse d'une personne, sa générosité et son abnégation légendaires se transforment en sources de problèmes et de souffrance, autant pour elle que pour les autres.*

Quelles sont les racines d'un tel comportement? À un premier niveau, elle est presque évidente: un besoin de reconnaissance et d'être renarcissisé pousse la personne à voler au secours des autres... et à le faire savoir. Plus subtile encore, une quête de pouvoir caché. Quand l'abnégation donne place et importance, pourquoi ne pas en profiter? Le sauveur nourrit, habille, héberge, prend en charge plus fragile que lui... et, ainsi, il le contrôle totalement. «Une manière d'apaiser la propre peur de l'abandon qui le mine[4]», estime la psychologue Gene Ricaud-François.

C'est alors un niveau d'explication plus profond qui s'impose. Pour Stéphanie Haxhe, psychothérapeute exerçant en tant que psychologue clinicienne auprès des familles au Service verviétois d'accompagnement et de guidance, en Belgique, le sauveur a souvent pris l'habitude de se faire passer après les autres dès sa petite enfance. Elle y a d'ailleurs consacré sa thèse et a mené des études de terrain pour cerner cet «enfant parentifié»: «C'est celui qui a dû se concentrer sur les besoins des adultes avec qui il vivait: une mère

---

1. Mary C. Lamia et Marylin J. Krieger, *Le Syndrome du sauveur. Se libérer de son besoin d'aider les autres*, Eyrolles, 2017.
2. Infos: http://analanon.wordpress.com/co-dependance
3. *Diagnostic and Statistical Manual of Mental Disorders* («Manuel diagnostique et statistique des troubles mentaux»), publié par l'*American Psychiatric Association*.
4. Gene Ricaud-François, *Se sacrifier, à quoi ça sert?*, L'Archipel, 2013.

fragile psychiquement après une rupture, ou anorexique, un père alcoolique..., l'ont installé dans ce rôle de pourvoyeur de soins, explique-t-elle. Il est donc devenu à son insu l'adulte de la famille[5].»

Au fil des années, ses besoins n'étant jamais sa priorité, il recherchera un partenaire qui a lui aussi besoin de soins. Une formule qui, le plus souvent, ne peut fonctionner bien longtemps. «La difficulté majeure de ces personnes programmées pour prendre en charge l'autre, c'est qu'elles ne savent pas s'abandonner, explique Stéphanie Haxhe. Elles n'ont jamais été enlacées dans des bras qui les rassuraient, et ce qu'elles réclament à l'autre, c'est la part d'amour infantile qu'elles n'ont jamais reçu. Une quête insatiable, forcément.»

> *La difficulté majeure de ces personnes programmées pour prendre en charge l'autre, c'est qu'elles ne savent pas s'abandonner.*

Ces enfants parentifiés sont heureusement de plus en plus souvent repérés par les services sociaux, et un travail thérapeutique en famille peut alors être envisagé. Pour Clara, le fait de devenir mère a un peu rééquilibré sa tendance naturelle à prendre en charge les autres: «Avec deux garçons à éduquer, j'ai déjà pas mal à faire dans mon escarcelle, avoue-t-elle, avant de citer un autre signe de progrès selon elle. J'ai de nouveaux amis qui vont bien et n'ont pas besoin de mon secours... Ça veut certainement dire que je vais mieux!»

---

5. Stéphanie Haxhe, *L'Enfant parentifié et sa famille*, Érès, 2013.

Pour mincir, observer ses émotions… sans les diaboliser !

Et si nous déplacions notre attention aux kilos à perdre vers les sautes d'humeur déclenchant l'envie de grignoter ? Depuis quelques années, les recherches sur les prises de poids intempestives se concentrent sur la vie émotionnelle du mangeur, car l'on observe que la raison ne peut pas grand-chose en matière d'amincissement. Mais attention : réguler ses mouvements d'humeur, observer ses émotions, ne veut pas dire les condamner !

Il fallait bien essayer de comprendre l'incompréhensible : pourquoi des personnes sensées, informées – voire surinformées – par une quantité de livres ou d'émissions de télé les éduquant à une alimentation saine et amincissante continuent-elles de grossir? Comment expliquer psychologiquement cet effet « rebonds » qui fait que, même après des mois de régime réussi, soudain, l'amaigri se remet à manger deux fois plus?

Les chercheurs habitués jusque-là à traiter des troubles alimentaires chez des personnes compulsives (boulimiques ou anorexiques) se sont naturellement orientés vers la vie émotionnelle des personnes souffrant de surpoids. Si, malgré des semainiers alimentaires bien établis et précis, celles-ci « craquent » et « rechutent », c'est bien que leur raison est impuissante à les retenir. Et par quoi, sinon par l'irrationnel de nos émotions, la raison peut-elle être neutralisée?

Aussi s'est-on beaucoup intéressé aux « crises de nourriture », a-t-on parlé d'« alimentation émotionnelle ». Et aujourd'hui, l'on étudie les liens entre vie affective et poids. L'avantage est que beaucoup s'y reconnaissent, car ils en ont fait l'expérience : après un entretien difficile au travail, quelle meilleure thérapie que de s'acheter une religieuse au chocolat sur le chemin du retour chez soi? Et lorsque la frustration vient cogner l'esprit sous forme de ruminations mentales, quoi de plus efficace que le grignotage pour les calmer?

Si cette grille de lecture est assez simple à comprendre, elle présente certains risques. D'abord, celui de dessiner peu ou prou le «portrait psychologique type de la personne en surpoids». Une étude américaine de 2011 s'y est employée, s'intéressant plus particulièrement à ceux qui sont pris dans l'enfer du «yo-yo» pondéral, passant quelques mois très minces avant de reprendre moult kilos, et vice versa.

Après un entretien difficile au travail, quelle meilleure thérapie que de s'acheter une religieuse au chocolat sur le chemin du retour chez soi?

Menée par une équipe du *National Institute on Aging* auprès de 2 000 personnes suivies pendant plus de cinquante ans, elle nous apprend que celles qui ont un haut pourcentage d'impulsivité dans leur caractère pèsent 10 kg de plus que celles qui ont un niveau minimal et que les plus agressives, qui ont un taux de cortisol (dite «hormone du stress») plus élevé, prennent aussi plus de poids que les «personnalités conciliantes». Des découvertes qui, selon la neurologue Angelina Sutin, responsable des recherches, devraient mener à créer des régimes conçus pour être réellement efficaces, suivant des profils émotionnels types.

«De là à penser que les émotions sont néfastes lorsque l'on veut perdre du poids, il n'y a qu'un pas[1]», estime la psychanalyste Catherine Grangeard, membre du think tank Obésités. Pour cette spécialiste, la conception plus ou moins diabolisante des émotions vient d'un contre-transfert des soignants: «En réalité, ils ont l'idée, dans un coin de leur tête, qu'une personne grosse est quelqu'un qui s'est laissé aller.» Or, selon elle, ce n'est pas l'émotion qui doit être en cause, mais plutôt la désarticulation entre affects et raison: «La personne qui se réfugie dans la nourriture lorsqu'elle est envahie d'émotions a introjecté un avis négatif sur elle, du type: "Ce n'est pas bien d'être en colère, ou stressée, etc.", et tente de recouvrir ce malaise avec des couches de sucreries ou de gras.»

Plus néfaste, aussi, que la tristesse ou la peur est l'alexithymie, difficulté à reconnaître et à exprimer ses émotions. Et de citer le cas de cette patiente qui, quelques heures avant un entretien d'embauche,

1. Catherine Grangeard, *Comprendre l'obésité. Une question de personne, un problème de société*, Albin Michel, 2012.

allait «au placard» – pour engloutir les confiseries qu'elle y trouvait – et était incapable de dire à son compagnon qu'elle stressait.

Autre erreur commune : penser que seules les émotions négatives sont à risque lorsque l'on souhaite rester mince. La grande joie ou l'euphorie non reconnues peuvent s'avérer tout aussi destructrices : «On pense tout maîtriser, alors on se jette sur la nourriture pour fêter cela, observe Catherine Grangeard... Là encore, c'est un hiatus entre pensée et émotion qui l'emporte.»

Ce ne sont donc pas les mouvements émotionnels qui mènent le plus souvent à une prise de poids, mais bien plutôt les humeurs extrêmes.

Ce ne sont donc pas les mouvements émotionnels qui mènent le plus souvent à une prise de poids, mais bien plutôt les humeurs extrêmes. «Si l'on prend une échelle d'estime de soi de 1 à 10, la personne qui se situe dans le niveau de 0 à 2 et se déprécie ("je suis nulle") et celle qui, se sentant toute-puissante, est entre 8 et 10 ("je peux tout contrôler") courent le même danger : "aller au placard" pour s'apaiser.» Pour éviter cette spirale infernale ? En devenir conscient et trouver d'autres solutions. Aller marcher dans un parc, par exemple, ou jouer un moment avec ses enfants.

Le chagrin d'amour de l'ado, un cap pour ses parents

Beaucoup d'adolescents se montrent accablés, perdus : c'en est fini de leur histoire d'amour. Pire, ils ont été quittés ! À cet âge tout juste pubère, et si fragile, on flanche pour moins que ça. D'où l'inquiétude des parents, qui, bien qu'ils soient aux premières loges de cette crise existentielle, sont aussi les plus mal placés pour l'apaiser. Finalement, c'est toute la famille qui s'en trouve bouleversée.

« Ça a été l'une des périodes les plus difficiles de ma vie de mère », se rappelle Myriam. Quand elle en parle, son inquiétude est encore perceptible. Il y a deux ans, sa fille Noémie, alors âgée de 17 ans, était quittée par son petit copain de l'époque. « Elle l'adorait, ne pensait qu'à lui, poursuit Myriam. Et puis, un jour, je l'ai retrouvée en larmes sur son lit, soutenue par deux copines. Elle ne voulait rien dire. Je n'ai pas posé de questions, ce qui était très éprouvant, et, peu de temps après, elle m'a dit que T. avait rompu avec elle. » Commencent alors pour cette mère célibataire de longues semaines où elle voit dangereusement changer son adolescente : « Noémie est devenue sombre et très agressive avec moi… Elle s'est même teint les cheveux en noir, les profs du lycée m'ont convoquée pour savoir ce qui se passait… Je ne vivais plus, je ne comprenais pas pourquoi ça prenait de telles proportions et, surtout, je ne savais pas où tout cela allait la mener. »

> *L'amour que l'adolescent éprouve est d'une autre nature que celui qu'ils lui connaissaient jusque-là, il aime d'une manière nouvelle.*

Cette incertitude mâtinée d'angoisse se retrouve chez de nombreux parents confrontés à une telle situation. Avec, en filigrane, la peur du pire, dont personne ne parle mais qui hante les esprits : « Et si notre enfant allait jusqu'à mettre sa vie en danger ? » (Le suicide reste la deuxième cause de mortalité chez les 15-19 ans.) Car, en plus d'éprouver de la peine à voir souffrir leur «grande fille» ou leur «grand garçon», les parents sont pris d'un fort sentiment d'impuissance. Pour le psychanalyste Patrick Avrane, cette intense déstabilisation s'explique par la nouveauté de la situation: «Cette première peine de cœur qui affecte leur enfant vient en rupture avec tout ce qui s'est passé avant, explique le psychanalyste: l'amour que l'adolescent éprouve est d'une autre nature que celui qu'ils lui connaissaient jusque-là, il aime d'une manière nouvelle, et quelqu'un qui n'est pas de "leur monde"... Jusque-là, on avait pu lui donner son doudou quand il pleurait en allant à l'école, ou on avait pu le réconforter quand il s'était fâché avec des copains, mais comment consoler quand il arrive quelque chose à laquelle on ne sait pas répondre[1]?»

C'est alors que l'empathie, avec l'écoute profonde qu'elle suppose et les échanges qu'elle permet, se révèle de la plus grande utilité.

La tentation de raconter ses propres chagrins d'ado, du style «Moi aussi, tu sais, j'ai eu beaucoup de peine quand mon premier petit copain m'a quittée...», semble une solution pour certains parents, mais, en réalité, l'adolescent se débat dans la singularité de son histoire à lui et donc ne peut que penser: «Nous deux, c'était différent.» Face à cette impossibilité d'agir, beaucoup de parents se retrouvent alors désemparés: «Le plus difficile, c'est de ne pas poser de questions, de retenir sa langue, car on risque à chaque fois de refermer la porte du dialogue, se rappelle Myriam. En revanche, dès que votre enfant semble avoir envie d'en parler, il faut foncer! Surtout, ne jamais lâcher!»

Cette épreuve a permis à l'adolescent de prendre un peu plus de distance avec l'idéal.

C'est alors que l'empathie, avec l'écoute profonde qu'elle suppose et les échanges qu'elle permet, se révèle de la plus grande utilité. «J'ai senti que Noémie mettait dans ce chagrin-là tous les chagrins qu'elle avait vécus depuis l'enfance, raconte Myriam: la séparation d'avec son père, les mauvaises relations avec sa belle-mère... C'était tout cela que sa peine disait. Et parfois, la nuit, quand elle sortait, elle m'envoyait des textos "Je t'aime, maman". Ça me bouleversait. Mais je lui ai toujours manifesté mon soutien infaillible.»

Puis, peu à peu, avec le temps, on peut tirer les leçons bénéfiques de cet événement si éprouvant pour le noyau familial. «Cette épreuve a permis à l'adolescent de prendre un peu plus de distance

1. Patrick Avrane, *Les Chagrins d'amour*, Seuil, 2012.

avec l'idéal, estime Patrick Avrane, car les jeunes, malgré tout ce que l'on peut entendre sur la libération sexuelle, etc., restent très attachés à l'image romantique de leur amoureux(se) – n'oublions pas qu'ils ne vivent pas encore le quotidien à deux. Après un tel chagrin, celui ou celle qui a souffert sait que même s'il y a des coups de foudre, la réalité l'emporte un jour. Il apprend alors à moins se fier à ses élans immédiats. » « Le rêve d'amour absolu qui animait ma fille a été brisé, c'est sûr, et elle est restée assez fragile, observe Myriam. Mais elle a survécu à cette épreuve initiatique et elle a su rencontrer ensuite d'autres garçons. » C'est là l'autre découverte importante : dans la grande majorité des cas, ce qui n'a pas tué l'enfant chéri l'aura rendu plus fort et lui aura permis de mieux se connaître. Autant de leçons que la vie évite aux parents d'avoir à donner.

LE REGARD DE :

Didier Lauru, pédopsychiatre et psychanalyste

« La banalité de la situation ("une amourette qui s'achève", diraient certains) fait écran au vécu spécifique du jeune, un vécu réellement très éprouvant puisqu'il lui laisse penser que le monde est fini pour lui, qu'il ne sera plus jamais aimé par personne, etc. Être "largué" pour la première fois, alors que l'on pensait avoir trouvé celui qui nous était complémentaire, ce n'est pas rien ! Cette perte de l'autre attaque les bases narcissiques de l'adolescent, fait vaciller son estime de soi... Les parents ne doivent pas minimiser ce qui se passe. Mais en même temps, tous les adolescents ne plongent pas dans la dépression à cause d'un chagrin d'amour. Quand il y a persistance du mal-être dans la durée (plus de deux, trois mois), qu'une constellation de petits signes s'est mise en place (diminution de l'investissement scolaire, troubles du sommeil, désintérêt pour la vie sociale...), il peut être judicieux de proposer un accompagnement en quelques séances avec un pédopsychiatre. Mais dans ces cas, nous-mêmes, professionnels, sommes face à un diagnostic très difficile à poser : distinguer la dépressivité, ce mal-être quasi "normal" à l'adolescence, d'une réelle dépression. »

Se recentrer, un essentiel

Surstimulés par la multiplication des écrans et les incitations à consommer et travailler plus, nous courons le risque de perdre le lien avec nos états d'âme, notre corps… et les autres. Aussi, déconnexion, méditation et contemplation se révèlent désormais hautement bénéfiques, ainsi que toutes les pratiques nous permettant de renouer avec silence, immobilité et intériorité. Il devient urgent de retrouver la lenteur.

Lorsque, chaque jour, il part faire du kayak sur l'étang de Thau, près de chez lui, Thierry Crouzet lève régulièrement les pagaies pour laisser l'embarcation glisser en silence sur l'eau. «Je retrouve alors le sentiment d'un temps qui dure, ancestral», confie-t-il. Ce «moment de pure présence à soi et à la nature» est tout le contraire de ce qu'il a vécu pendant des années. Thierry Crouzet, ancien journaliste scotché à Internet et auteur de plus d'une vingtaine d'ouvrages de vulgarisation informatique, a en effet usé et abusé des écrans de toutes tailles. «Sur mon blog, j'ai aligné plus de 5 millions de signes, l'équivalent de deux volumes de la Pléiade. Je ne pouvais plus m'arrêter, je ne faisais plus que ça», raconte-t-il. Une dépendance qui le conduit à un sévère burn-out en avril 2011 et à la décision de suspendre toutes ses connexions pendant six mois. Cette expérience d'abstinence aux alertes mails, pop-up et réseaux sociaux, il la raconte dans *J'ai débranché. Comment revivre sans Internet après une overdose*[1].

> *De plus en plus d'actifs sursaturés cherchent à réintroduire immobilité, silence et lenteur dans leur quotidien.*

L'arrêt, la pause, le retrait… Tous ne les vivent pas de manière aussi radicale que Thierry, mais de plus en plus d'actifs sursaturés

1. Thierry Crouzet, *J'ai débranché. Comment revivre sans Internet après une overdose*, Fayard, 2012.

cherchent à réintroduire immobilité, silence et lenteur dans leur quotidien, car ils les voient comme des sources d'équilibre.

C'est le cas d'Hélène, traductrice dans l'édition. Cette jeune femme reste environ six heures chaque jour devant son écran. Son esprit, concentré sur son travail, ne connaît guère de repos pendant cette durée. « À la fin de la journée, j'ai le mental en vrille, explique-t-elle. Mes pensées s'entrechoquent à un rythme accéléré, je me sens comme polluée. Alors j'installe mon coussin sur le tapis et je m'assois une demi-heure. » Un rendez-vous avec elle-même qui est devenu quotidien et qu'elle appelle son « temps de décrassage » : le dos droit, les yeux mi-clos, elle adopte l'immobilité totale pendant quelque trente minutes et observe sa respiration. « Rien d'autre, la recherche du vide et c'est tout ! C'est-à-dire le plus difficile », ajoute-t-elle en riant.

Fabrice Midal, éditeur et auteur spécialiste de la méditation, voit arriver chaque semaine près de 150 personnes dans ses séminaires d'initiation à l'assise silencieuse[2]. Le point commun de ces personnes qui forment *a priori* un public disparate ? « Elles vont mal. Elles souhaitent apprendre à méditer parce qu'elles pensent que cette pratique va leur fournir une réponse autre que celle des psychothérapies ou des techniques de développement personnel », explique l'enseignant. Dégagée de son aspect religieux, la méditation suscite cependant quelques croyances irrationnelles : « Attention, elle n'a rien à voir avec la relaxation, qui entraîne un apaisement rapide, prévient Fabrice Midal. S'asseoir le dos bien droit, les yeux mi-clos et porter son attention sur sa respiration amène certes à une détente, mais surtout à voir de manière de plus en plus claire ses mécanismes de pensée et ses comportements face au réel. Une conscience affûtée qui peut aussi se révéler inconfortable avant de rendre plus libre et plus lucide. »

Bien loin de permettre la fuite dans une « zénitude » consolante, le fait de méditer, de faire souvent silence ou de s'abstenir de certaines consommations favoriserait donc au contraire un retour à la réalité. « Quand on coupe toutes ces sollicitations extérieures qui nous envahissent et altèrent notre rythme naturel, comme Internet ou l'hyperactivité, on retrouve trois données fondamentales que l'on avait tendance à dénier, témoigne Thierry Crouzet : le temps de la vie réelle, beaucoup plus long que dans le monde digital, la présence aux autres et la connexion avec son corps. »

---

2. Voir École occidentale de méditation, http://www.ecole-occidentale-meditation.com/fr/penser-la-communaute.html

L'expérience directe avec le vide n'étant pas facile pour tous, notamment les plus anxieux, certains préfèrent passer par des techniques de recentrage plus corporelles, comme le yoga, le qi gong ou le taï-chi. Ces pratiques amènent notamment à développer son sens de la « proprioception », l'aptitude à prendre conscience des informations envoyées par le corps lui-même : zones tendues ou au contraire très vivantes, points de crispation ou de fatigue... La proprioception permet d'entrer dans une sensibilité de plus en plus profonde de son corps et favorise ainsi une autre forme de retour à soi.

Certains préfèrent passer par des techniques de recentrage plus corporelles, comme le yoga, le qi gong ou le taï-chi.

Salvatrices et nécessaires pour un nombre de plus en plus grand de personnes, ces parenthèses vitales courent cependant toujours le risque de faire partie du système d'accélération lui-même : une récente étude vient de montrer que méditer régulièrement permet d'être moins stressé lorsque l'on se livre au « multitasking ». S'asseoir en silence chaque jour, donc, pour devenir de plus en plus capable d'envoyer des mails tout en parlant sur son Smartphone... ? Une telle proposition mérite réflexion.

Parfois, il faut savoir haïr

Non, nous ne vivons pas dans un monde de Bisounours pour lesquels tolérance et bienveillance seraient habituelles. Aussi peut-il se révéler nécessaire, parfois, d'oser la haine. Car la détestation et la férocité peuvent être des « moteurs psychiques », des moyens de se défendre et de résister, ou tout simplement de rester debout face à l'horreur… à condition de ne pas durer et de s'installer de façon permanente.

D'une telle calamité, on préfère évidemment s'éloigner : en psychologie, la haine est sans doute l'émotion qui a été la moins étudiée. Certes, depuis quelques années, le fonctionnement psychique des terroristes, pervers narcissiques et autres sociopathes est devenu un objet important de recherche, tant leur recrudescence interroge. Mais sur la haine ordinaire, affect glacé qui envahit celui qu'elle habite tout en ne débouchant pas forcément sur des actes malveillants, on s'est jusqu'à présent peu attardé.

On a du mal à envisager que la haine, élaboration post-émotionnelle, puisse servir à autre chose qu'à détruire, y compris celui qui la nourrit.

Il y a probablement une raison à cela : si l'on sait désormais que toutes nos émotions sont utiles (la peur nous avertit d'une menace, la tristesse nous aide à traverser nos pertes, etc.), on a du mal à envisager que la haine, élaboration post-émotionnelle, puisse servir à autre chose qu'à détruire, y compris celui qui la nourrit. Pourtant, comprendre les « bénéfices secondaires » de ce sentiment permettrait sans doute de circonscrire, voire amoindrir, ses pouvoirs.

Dans les situations extrêmes – guerre, génocide… –, elle s'est parfois montrée essentielle pour rester vivant. Ainsi le psychologue Gustave-Nicolas Fischer décrit-il dans son essai *Le Ressort invisible*[1]

1. Gustave-Nicolas Fischer, *Le Ressort invisible*, Dunod, 2014.

à quel point la lutte pour la survie peut abaisser le niveau de moralité et d'empathie d'un individu pourtant moral jusqu'alors, jusqu'à devenir pure lutte contre les autres, car alors «chacun est désespérément, férocement seul», comme en a témoigné Primo Levi après son retour des camps. Haïr, avec son lot de pensées obsédantes et de ruminations, et parce que cela fait perdre conscience de sa propre vulnérabilité, peut parfois juste permettre de ne pas s'effondrer, de garder du «jus» psychique, de rester vaillant.

C'est que la haine est sans doute – avec l'amour, émotion que l'on perçoit souvent comme «son contraire» – l'un des sentiments éprouvés les plus précoces et fondateurs de l'être humain. La psychanalyste Mélanie Klein a montré comment le bébé qui, ayant faim, ne voit pas arriver le sein ou le biberon se trouve pris par de violents sentiments d'envie et d'hostilité envers sa mère. Ceux-ci lui servent surtout à se protéger intérieurement de l'effondrement psychique qui le submerge. Mais, une fois rassasié, il retrouve en lui des mécanismes de réparation, mus par cette forme de remords qui lui permet de se réadapter à son environnement dont il a tant besoin. Ainsi, la haine primitive, considérée par Mélanie Klein comme un processus d'adaptation psychologique totalement «normal», reste une étape presque nécessaire lorsque nous devons nous adapter à des bouleversements majeurs.

> *Haïr peut parfois juste permettre de ne pas s'effondrer, de garder du «jus» psychique, de rester vaillant.*

Le Dr Jean-Albert Meynard, chef d'un service de psychiatrie au centre hospitalier de La Rochelle, rattache à cette réponse animale à la frustration ce qu'il appelle le «drame des bacs à sable»: «Observez les enfants de 3 ou 4 ans qui jouent dans les squares et notez leur extrême férocité dès qu'un camarade de jeu leur chipe une balle; ils lui tirent violemment les cheveux ou lui donnent un coup de pied, avant de revenir jouer avec lui dix minutes après, comme s'ils avaient tout oublié. Il n'y a en eux rien de réfléchi[2].» Mais ces actes quasi automatiques et régis par le cerveau reptilien et limbique d'enfants «tyrans fracasseurs», comme les appelait Freud, peuvent se transformer en méchanceté. C'est alors l'arrivée, souvent à la puberté, de la haine véritable, sentiment plus tardif et néocortical. «Nourrie de rancune – ce que ne connaissent pas les animaux –, elle permet à l'individu d'élaborer des stratégies froides, observe le Dr Meynard.

2. Dr Jean-Albert Meynard, *Le Complexe de Barbe-Bleue. Psychologie de la méchanceté et de la haine*, L'Archipel, 2006.

Cela donne une sorte de monoïdéisme passionnel qui, à un degré extrême, peut rejoindre la paranoïa.»

Haïr un autre revient alors à canaliser toute son énergie, à se concentrer sur un seul but, et en ce sens, cela se révèle parfois très productif. La formidable série documentaire *Duels* diffusée sur France 5 montrait ainsi comment certains ennemis se sont motivés mutuellement dans leur course folle: Éric Tabarly contre Alain Colas, Mitterrand contre Rocard... Dans ces couples de «frères ennemis», la détestation a servi de véritable moteur, entraînant pour chacun d'eux un processus d'émulation et d'accélération.

Heureusement, en psychologie aussi, la morale est sauve: «Les plus haineux gagnent souvent, admet le Dr Meynard. Mais seulement à court terme. À l'échelle d'une vie, ou d'une génération, ils rencontrent forcément l'échec et le rejet, et ce jour-là, ils s'effondrent, car la haine se retourne contre eux.» L'histoire elle-même le confirme: «Des grands haineux, on retient essentiellement les crimes, tandis que des "gentils" – et de citer Gandhi ou Luther King –, on voit qu'ils ont transformé le monde.»

LE REGARD DE :

Lytta Basset, écrivaine et professeure honoraire de théologie à l'université de Neuchâtel

«Il me semble que la haine peut faire partie de l'amour. Elle est nécessaire quand, parfois, elle permet de mettre l'autre à une certaine distance, ce qui nous sauve d'un risque de confusion. Il nous arrive ainsi de passer par un temps de "haine provisoire", incontournable pour nous différencier et pour que chacun retrouve son territoire. Observez les enfants, les adolescents... Parfois ils ont besoin de dire "je te déteste" à un parent trop intrusif. La haine positive est celle qui s'inscrit à l'intérieur d'une relation pour que celle-ci progresse et s'améliore. Quand, en revanche, elle s'installe *ad vitam aeternam*, elle peut devenir pure méchanceté, inutile et néfaste pour nous aussi, car elle nous enferme. On nous a martelé – et l'Église la première – que nous étions par nature mauvais et coupables. Mais je constate un peu partout combien les gens sont assoiffés de bienveillance, à recevoir et à donner. Pour moi, l'être humain n'est ni "bon" ni "mauvais". Il s'agit de croire en ses potentialités, qui sont extraordinaires. D'ailleurs, les dernières recherches scientifiques le confirment: un regard bienveillant peut faire des miracles, même sur un délinquant haineux.»

La relation hiérarchique, c'est tout un monde !

S'observer dans sa manière de se comporter avec des figures d'autorité ou des n-1 est riche d'enseignement. Cela nous renvoie à nos liens familiaux premiers, à nos envies de nous rebeller ou de contrôler les autres. Complexe mais à ce jour incontournable, le lien pyramidal, notamment dans l'entreprise, génère forcément des soubresauts, mais aussi des opportunités de relancer efficacement les projets communs et le goût de la collectivité.

Les coachs en entreprise appellent ça un « court-circuitage » : au lieu de se référer à son n+1 pour être guidé dans sa mission, un employé va directement chercher la réponse chez son n+2. Conséquence : son chef direct, se retrouvant pris en tenaille entre les instances directes avec lesquelles il doit travailler au quotidien, est d'une certaine manière nié.

Les façons de détériorer une relation professionnelle hiérarchique sont multiples et variées.

Un leader, lui, peut être pris dans une pathologie de la tyrannie. « Celle-ci peut prendre la forme de comportements agressifs, décrit la consultante Madeleine Laugeri. Mais elle peut aussi se manifester subtilement par des bouderies hostiles, des oublis, la rétention d'informations, l'absence[1]... » Toute une panoplie de nuisances qui, évidemment, peuvent aussi être utilisées par un n-1 rebelle : à force de dire du mal de son chef, il canalise sur ce dernier toute la frustration des équipes, subtile façon d'échapper, lui-même, à une remise en question par ses pairs...

On le voit, les façons de détériorer une relation professionnelle hiérarchique sont multiples et variées. Cela tient-il à l'existence du

1. Madeleine Laugeri, *Les Clés du dialogue hiérarchique*, InterÉditions, 2015.

système pyramidal lui-même, aujourd'hui particulièrement mis à mal par – en vrac – le désir général d'émancipation, le déboulonnage des pouvoirs élitistes, l'horizontalité relationnelle sur les réseaux sociaux… ?

« Il est vrai que la hiérarchie est de manière générale souvent contestée aujourd'hui, observe Marc Traverson, psychanalyste et coach, codirecteur du cabinet Acteus. Cependant, celle-ci reste incontournable. 98 % des organisations sont construites sur ce système, car à un moment donné, par quelque bout que l'on prenne celui-ci, il y a toujours une personne responsable qui doit piloter, porter le projet collectif… Mais c'est un fait : cette configuration est tellement complexe qu'elle représente la majorité des interventions que nous menons dans des entreprises en crise. »

Lorsque la relation hiérarchique fonctionne bien, lorsqu'elle est fluide, elle est la condition sine qua non *d'un quotidien heureux à son travail.*

Attention à elle, insistent donc tous les coachs ! Car lorsque la relation hiérarchique fonctionne bien, lorsqu'elle est fluide, elle est la condition *sine qua non* d'un quotidien heureux à son travail. « Cet accordage est tellement précieux que l'on voit la plupart des managers emmener avec eux le n-1 avec qui la collaboration s'est révélée fructueuse », rappelle le consultant.

Mais cette relation n'est-elle pas nécessairement complexe ? Oui, bien sûr, et notamment pour la majorité des psychologues, qui y voient un ersatz souvent inconscient de notre rapport le plus ancien à l'autorité. « Face à un chef, les employés projettent le plus souvent les stratégies de survie, souvent manipulatoires, qu'ils ont apprises dans leur famille », analyse Madeleine Laugeri. D'ailleurs, l'une des grandes obligations des managers – ils devraient être formés dans ce sens – est de faire la part entre ce qui, ramené d'un lointain passé, est projeté sur eux et la relation réelle qui se vit avec leurs équipes. « Sans aller dans le complexe œdipien cher à la psychanalyse, relève Marc Traverson, nous sommes tous marqués par des modèles d'autorité – professeurs, premiers managers… – qui nourrissent, quelle que soit notre position, notre manière de vivre la relation hiérarchique. »

Faudrait-il nécessairement en passer par une psychanalyse personnelle pour clarifier notre façon de vivre un tel lien et ainsi le débarrasser de ce qui, malgré nous, l'encombre ? « Cette relation professionnelle est en tout cas une opportunité assez rare d'identifier et de résoudre certains problèmes hérités de l'enfance, car dans ce cadre, "on répète" ou "on répare" ! », estime Madeleine Laugeri.

L'issue de secours préconisée dans la plupart des difficultés rencontrées entre managers et équipes de terrain, c'est le recours au collectif. Pas nécessairement la force syndicale, mais l'appui des pairs, qui, dans le cas du manager comme dans celui de ses subordonnés, constituent une vraie force tierce équilibrante.

« Alors que les rapports aux parents allaient de soi, rappelle Madeleine Laugeri, il est essentiel dans l'entreprise de créer des espaces de dialogue ritualisés entre les leaders et les équipes de terrain, à l'occasion desquels chacun peut livrer son *feedback* sur les termes du contrat respectés ou non par son partenaire + ou –1. » Selon Marc Traverson, même remède : c'est en remettant du « collectif » entre les uns et les autres que la régulation peut se faire. « Rien à voir avec le manager copain, précise le coach, mais celui qui sait s'adresser à l'entité "équipe", et ne divise donc pas pour mieux régner, permet à la pression d'être relâchée et à la motivation générale de remonter. »

Nous pouvons rattraper le temps perdu

Si nos journées semblent nous échapper, si nous avons l'impression de vivre dans un temps toujours en fuite, les déséquilibres qui s'ensuivent dans notre existence doivent nous alerter et nous motiver à changer : il s'agit, rien de moins, d'apprivoiser la temporalité dans laquelle nous voulons vivre. Elle est sans doute là, l'urgence.

Tous les agendas, électroniques ou papier, que nous mettons à jour à chaque rentrée et qui nous donnent l'illusion de maîtriser le cours de nos journées, mois, années, n'y changent rien : la plupart d'entre nous vivent désormais sous la pression de l'urgence, avec l'idée que le temps, si précieux (rappelons que le temps, c'est de la vie, tout simplement), nous échappe.

Les sondages confirment ce vécu mesuré depuis quelques années : 54 % des Français déclarent manquer de temps[1]. Mais ce qui semble nouveau, c'est que cette carence est devenue source de mal-être pour une majorité d'entre nous et dans des catégories de populations jusque-là préservées : les enfants (pensons notamment à la réforme des rythmes scolaires, qui montre l'inquiétude des parents et des institutions), les jeunes (34 % se plaignent en premier lieu du temps passé dans les transports, 49 % du temps passé à étudier !) et les personnes âgées (45 % d'entre elles déclarent passer plus de temps derrière un écran qu'à effectuer des tâches ménagères). Ainsi, dans nos sociétés hyperactives, même les retraités, pourtant dans une période où ils pourraient vivre sans contraintes, et dotés d'une espérance de vie jamais égalée jusqu'à présent, déplorent de voir s'échapper leurs heures.

1. Voir notamment l'étude Opinion Way « Les Français et le rapport au temps » réalisée en juillet 2015.

Les conséquences psychologiques de cette impression de vivre dans l'urgence sont bien connues des psychologues et relèvent des troubles liés au stress : anxiété, sentiment de ne jamais bien faire, donc chute de l'estime de soi, frustration, irritabilité et perte de la confiance en l'autre… Mais de nouveaux dysfonctionnements, affectant désormais notre sentiment d'exister et notre vie affective, se font jour. Au point que l'on peut parler désormais d'un syndrome du manque de temps et que certains analystes n'hésitent pas à considérer la maladie d'Alzheimer comme emblématique, entre autres, d'une désorientation temporelle générale[2].

Premier symptôme d'une vie ressentie comme une course contre le temps : le « présentisme ». Celui-ci naît d'une valorisation extrême d'un temps soudain mythique : le présent. Si la capacité à vivre intensément dans un instant-refuge, lieu à la fois d'action possible et de ressourcement, est bénéfique, cette tendance poussée à l'extrême peut elle aussi devenir fuite. « Vivre dans le présent implique en réalité d'être relié à un mélange de passé, présent, futur, estime François Delivré, consultant en relations humaines. Lorsqu'une personne s'étourdit pendant 3 heures à visionner des émissions télévisées débiles, elle a l'impression de vivre au présent, mais en réalité, elle fuit un sentiment de vide qu'elle retrouvera ensuite[3]. » Autre dysfonctionnement : le « court-termisme », qui entraîne l'individu comme la société à ne plus être capable d'envisager l'avenir dans ses décisions du moment. Résultat : des chocs et des prises de conscience douloureuses qui arrivent… trop tard.

> *Vivre dans le présent implique en réalité d'être relié à un mélange de passé, présent, futur.*

Mais c'est au niveau des relations que cette vie ancrée dans l'immédiateté fait le plus de dégâts. Avez-vous remarqué comme, actuellement, certaines personnes, qui semblent très proches l'espace d'un instant, ne manifestent plus aucun signe mutuel d'intérêt quelques heures plus tard et semblent incapables de maintenir une décision dans la durée ? « C'est la recherche d'une intensité relationnelle au présent qui l'emporte alors, explique François Delivré, mais du coup, ce présentisme relationnel ne génère que des situations factices. »

Au milieu de ce chaos restent quelques bonnes nouvelles : des chercheurs ont montré que « manquer de temps » est d'abord une

2. Voir l'essai de Fabrice Gzil, *La Maladie du temps. Sur la maladie d'Alzheimer*, Puf, 2014.

3. François Delivré, *Les Quatre Visages du temps. Manuel du temps de vivre – avec exercices*, InterÉditions, 2014.

impression qui s'installe dans nos têtes et qui n'est pas liée au décompte chronologique. Elle naît notamment de notre tendance à avoir des activités très différentes dans une journée. Plus nous changeons de tâches (lire, puis surfer sur Internet, puis parler au téléphone, etc.), plus nous avons l'impression que le temps file. Installer des « tranches de temps monochrome », consacrées à une seule activité, permet donc d'intensifier le sentiment de durée.

> *« Manquer de temps » est d'abord une impression qui s'installe dans nos têtes et qui n'est pas liée au décompte chronologique.*

Le véritable secret d'un temps plus confortable reste ainsi celui qui semble le plus difficile à mettre en œuvre dans nos sociétés de l'« hyperchoix » : renoncer. « L'organisation ne suffit plus, estime François Delivré. Il faut désormais sélectionner : dans ses relations, dans ses activités... et même dans ses potentiels. Admettre qu'à notre époque, il est possible de s'accomplir dans tout un tas de dimensions, mais pas dans toutes. » Une bascule intérieure qualifiée par cet observateur de « sagesse du temps ».

LE REGARD DE :

Michel Billé, sociologue

« Notre rapport au passé immédiat devient de plus en plus fragile. Demandez à quelqu'un la date de la chute du mur de Berlin par exemple, et il y a toutes les chances pour que vous n'obteniez pas la bonne réponse. En effet, aujourd'hui, avec nos gigantesques capacités de stockage d'informations sur Internet (Google, Wikipédia...), nous n'avons plus besoin d'apprendre par cœur ni de mémoriser des données essentielles. Résultat, nous avons beaucoup de mal à retenir des faits même récents. Notre mémoire immédiate en est affectée. Or vivre dans un temps éphémère, sans trop de culture du souvenir, induit une pression plus grande de l'urgence. En effaçant nos capacités de mémoire comme nous y invitent les progrès technologiques – qu'il ne faut pas diaboliser par ailleurs –, nous confondons l'information stockée dans la mémoire morte des ordinateurs et les souvenirs construits que nous, humains, pouvons faire vivre. Un souvenir, c'est non seulement le fait de retenir un événement, mais l'aptitude à relier celui-ci à des personnes, des lieux, des parfums... une compétence mise à mal lorsque l'on vit toujours dans le temps de l'éphémère. »

Savoir dire est un talent majeur

Sans doute l'avions-nous délaissé... et voici que l'Éducation nationale elle-même remet un grand oral dans l'actualité : désormais, l'art oratoire revient sur le devant de la scène. Savoir s'exprimer, certes, mais surtout parler aux autres, les faire vibrer, les conquérir. Plus que jamais, présence, cohérence et style original, si prisés aujourd'hui, méritent une initiation. Il y va de la libération de paroles singulières et nouvelles.

Il est courant de dire que nous vivons sous le règne de l'image. En réalité, de nombreux éléments nous montrent que, depuis quelques années, nous sommes insidieusement passés de la gestion de l'image à l'ère de la parole. Discours, débats, « pitchs », conférences se multiplient… Et l'éloquence, si l'on en croit l'immense succès des Ted Talks sur la Toile, est en passe de devenir le talent décisif.

Aux dernières élections présidentielles, en France comme aux États-Unis, le retour des tribuns et virtuoses du langage s'est imposé. Dans le cas de Donald Trump, son registre verbal a été remarqué comme « outrancier », tandis que chez Emmanuel Macron, la solennité et la dimension littéraire l'emportent. Ainsi l'écrivain Sophie de Thalès décrit-elle dans un facétieux ouvrage[1] les procédés qui marquent le style des discours du candidat comme du président : l'art de la répétition, l'emploi d'un rythme crescendo ternaire… et l'usage d'un vocabulaire juste ce qu'il faut de désuet – référons-nous à la fameuse « poudre de perlimpinpin » assénée à ses rivaux politiques.

> *Le bon exposé oral se révèle donc aujourd'hui aussi inévitable que... redouté.*

1. Sophie de Thalès, *Le Petit Macron de la langue française*, Tut-Tut, 2017.

Le bon exposé oral se révèle donc aujourd'hui aussi inévitable que... redouté. Sarah Hassine, coach, consultante et sophrologue qui accompagne dirigeants d'entreprise et étudiants préparant de grands oraux, l'observe : «Tous ont de grandes habitudes des écrits, des rapports, mais l'oral leur fait peur. Ils se jugent, se trouvent trop petits ou n'aiment pas leur voix, car ils se comparent sans cesse aux ténors de la Toile.»

Mais sur quoi s'appuie-t-elle réellement, cette précieuse éloquence que tous convoitent? «La dimension non verbale – l'attitude, les gestes, la posture... – détermine 55 % de la prestation, explique la coach. Aussi travaille-t-on sur la présence, l'habitation de l'espace, autant que sur la voix et l'élocution.»

Ce travail d'engagement du corps – notamment affiné grâce à la sophrologie et à la visualisation – s'avère d'autant plus nécessaire aujourd'hui que la plupart de nos relations aux autres sont médiatisées par l'outil technologique. «Nous sommes habitués à exprimer nos émotions par symboles interposés – des smileys –, relève Sarah Hassine, ce qui entraîne une raréfaction des expressions émotionnelles, pourtant si nécessaires lors d'une prestation orale.»

L'émotion, la présence... Pour Abyale Nan Nguema[2], chanteuse de soul et de jazz, formatrice en *team building* par le travail vocal, celles-ci relèvent du «souffle», dans tous les sens du terme. «Lorsqu'on relit les grands discours, ceux de Mandela, par exemple, on note l'usage qu'il faisait d'images fortes, en référence à la nature, notamment : "À mes compatriotes, j'affirme que chacun d'entre nous est aussi intimement lié à la terre de ce beau pays que le sont les célèbres jacarandas de Pretoria et les mimosas de la brousse", relève la formatrice. Quant à Simone Veil, son grand discours pour la loi IVG avait dès les premières phrases la puissance de l'empathie. C'est une règle : quand on parle *vraiment* aux autres, on leur parle aussi d'eux.»

C'est une règle : quand on parle vraiment *aux autres, on leur parle aussi d'eux.*

Est donc performant celui qui s'adresse pleinement à son auditoire, car il a à la fois l'envie de faire passer un message et la conviction de l'importance de celui-ci.

«Le socle de l'éloquence, c'est l'authenticité de la motivation», estime Sarah Hassine. Aussi la coach fait-elle travailler son client dans ce sens, notamment à travers quelques questions : «En quoi est-ce

2. Abyale Nan Nguema, *L'Art délicieux d'apprivoiser sa voix. Parce qu'aimer sa voix, c'est s'aimer soi*, Leduc. s, 2016.

essentiel pour vous de dire cela? Avez-vous plutôt envie d'être aimé ou d'avoir raison?» «Peu à peu, la personne isole et précise les messages clés qui seront en adéquation avec ce qu'elle veut faire passer.»

C'est ainsi que s'impose la cohérence entre son discours et soi, ce sur quoi on va s'appuyer pour choisir les mots. Ainsi, la solennité des discours d'Emmanuel Macron était-elle, dès le début, en phase avec la solennité de la fonction qu'il briguait. «Le style Macron, fleuri et parfois désuet, signe bel et bien un retour à l'autorité présidentielle et verticale tant souhaitée par notre président», écrit Sophie de Thalès.

Le socle de l'éloquence, c'est l'authenticité de la motivation.

Reste le talent oral maximal : trouver son style, sa singularité. «Mettre de soi dans sa prise de parole est essentiel, explique Abyale Nan Nguema. Or nous n'avons pas été éduqués à cela et sommes plutôt conformés à ce que les autres attendent de nous.» Une véritable rééducation à sa propre parole s'impose donc. Pas d'inquiétude, celle-ci passe souvent par le plaisir : plaisir des mots que l'on aime s'entendre dire, que l'on aime «avoir en bouche» et faire résonner dans tout son corps. «Ne l'oublions pas, rappelle la chanteuse, la juste parole, c'est du plaisir partagé.»

Il faut tant pour nous consoler…

Quand le bât brûle, que l'adversité pointe son nez, quand nous souffrons, qu'est-ce qui peut nous aider à nous relever ? Ou qui, comment ? Un simple geste, une caresse, l'évocation de l'avenir…, mais bien souvent aussi, et surtout, une présence authentique et intègre, sont autant d'appuis pour aider à traverser l'épreuve. Comme l'est également la foi en la capacité de résilience de tout un chacun.

On sait depuis longtemps que les grands singes se réconfortent entre eux lorsque l'un des leurs va mal. Ils le font au moyen de grandes embrassades. Ce que l'on prenait pour une spécificité humaine, l'empathie et la capacité à la manifester, ne l'est donc plus. Plus récemment, des chercheurs du Yerkes National Primate Research Center de l'université Emory en Georgie ont démontré (à travers une étude publiée dans le magazine *Science* en 2016) qu'un rongeur, le campagnol des prairies, prolongeait le toilettage de son partenaire quand celui-ci était stressé. Mieux, son taux d'ocytocine et d'autres marqueurs biologiques se mettaient à s'élever au point d'influer sur les taux de son alter ego, qui s'en trouvait apaisé.

Que dire, en effet, à celui qui vient de vivre l'impensable, un deuil tragique, l'annonce d'une maladie fatale ?

Ainsi les animaux savent-ils naturellement se consoler. Mais nous, humains dotés de la conscience et du langage, sommes souvent embarrassés. Que dire, en effet, à celui qui vient de vivre l'impensable, un deuil tragique, l'annonce d'une maladie fatale ? Et nous-mêmes, pouvons-nous nous « autoconsoler » quand nous sombrons ?

Sans doute faut-il en premier lieu accepter pleinement la peine et savoir qu'il restera toujours de l'« inconsolé », comme les philosophes

Michaël Fœssel[1] et André Comte-Sponville[2], chacun à sa manière, l'ont écrit. Le pire, en effet, ne consiste-t-il pas à répéter « Ce n'est rien » à celui qui souffre ?

Mais pas question non plus d'« en rajouter ». Quelques semaines après le séisme et le tsunami qui ont ravagé le Japon (en 2011), le moine zen Koike Ryûnosuke rédigeait un texte à l'usage de ses compatriotes, qu'il jugeait trop affligés pour pouvoir s'entraider réellement. Rappelant la notion d'équanimité bouddhique, il écrivait : « La bienveillance s'adosse nécessairement à un certain sang-froid. Lorsque l'on tâche d'accompagner les victimes d'un drame qui souffrent, si on se laisse aller au tapage émotionnel, rien ne va. C'est une fois nos propres émotions maîtrisées et notre moi ouvert à la bienveillance que l'on peut tendre l'oreille à la souffrance des autres[3]. »

Paradoxalement, c'est en s'appuyant sur ses propres expériences de désespoir, et en les dépassant, que l'on semble pouvoir aider au mieux celui qui est encore dedans. Prenez la Britannique Jodi Ann Bickley, créatrice d'un site[4] original qui a pour vocation de redonner espoir à ceux qui sombrent. Elle avait seulement 23 ans quand on lui a découvert une encéphalite due à une morsure de tique. Sortie paralysée de cette contamination, elle était déterminée à se connecter avec d'autres qui endurent comme elle de sales périodes. Pour s'en sortir, Jodi Ann Bickey s'est mise à envoyer des lettres d'encouragement manuscrites, et à chaque fois singulières. On en découvre quelques dizaines, traduites, dans son livre publié en France. Que dit-elle à ses correspondants d'un genre particulier ? Qu'ils sont uniques, courageux, qu'ils ont le contrôle, qu'ils ont droit au bonheur... Bref, elle fait résonner une musique agréable qu'ils ne savent plus composer par eux-mêmes. « Nous sommes tous capables de nous entraider en devenant la voix positive, la "bonne voix" de quelqu'un d'autre [...] nous ne nous écoutons pas assez, nous avons donc besoin des autres pour nous rappeler que nous sommes exceptionnels[5] », écrit-elle.

> *Paradoxalement, c'est en s'appuyant sur ses propres expériences de désespoir, et en les dépassant, que l'on semble pouvoir aider au mieux celui qui est encore dedans.*

1. Michaël Fœssel, *Le Temps de la consolation*, Seuil, 2015.
2. André Comte-Sponville, *L'Inconsolable et autres impromptus*, Puf, 2018.
3. Koike Ryûnosuke, *L'Art de la consolation*, Éditions Philippe Picquier, 2017.
4. www.onemillionlovelyletters
5. Jodi Ann Bickey, *Un million de lettres d'espoir*, Leduc. s, 2018.

Certes. Mais celui qui a été brisé, quelles forces intérieures lui permettront d'encaisser sa peine, voire de la transcender? Le parcours d'Élie Buzyn – le père d'Agnès Buzyn, notre actuelle ministre de la Santé – est en ce sens passionnant. Dans *J'avais quinze ans*[6], il dévoile, après un long temps de silence, les ressources qui lui ont permis de «vivre, survivre et revivre» après son expérience des camps de la mort et la perte de sa famille alors qu'il n'avait que 15 ans. Comme source d'inspiration fondatrice, il y eut d'abord une phrase que sa mère lui avait glissée à l'oreille au moment où la menace nazie rôdait : «Tu dois tout faire pour rester en vie.» Cette injonction maternelle fonctionna comme un ressort invisible quand le jeune Élie fut capturé. Elle l'invitait sans cesse à regarder devant lui, vers l'avenir. De même, quelques rencontres fondatrices qui le réconcilièrent avec le genre humain. Aujourd'hui, s'il reste de l'inconsolé en lui, celui qui est devenu chirurgien orthopédiste alors même qu'il avait eu les pieds gelés à Buchenwald (comment ne pas y voir une consolation profonde?) «répare les autres», et témoigne et transmet à ses enfants, ses petits-enfants, devenus les preuves vivantes que le projet nazi a échoué. En cela, et autant à lui-même qu'aux autres, il montre cette capacité définie par le philosophe Michaël Fœssel : «Consoler revient à convaincre l'autre qu'il est possible de vivre au-delà du point où cela semble impossible.»

LE REGARD DE :

Marie de Hennezel, psychologue clinicienne, pionnière du développement des soins palliatifs en France

«L'épreuve n'est pas forcément une catastrophe qui vous tombe dessus, elle porte en elle un secret auquel nous désirons secrètement avoir accès. En cela, elle prend un caractère "captivant" qui peut nous aider. C'est une première consolation, car cela met un peu de lumière en ces périodes de désespoir dont nous comprenons qu'elles ne sont que des étapes, des moments. Bien sûr, être serré dans les bras des autres, recevoir de l'affection, peut aider. Mais cela ne suffit pas. Bien sûr, nous pouvons aider à "recoudre", désinfecter le psychisme de celui qui souffre. Nous pouvons lui faire sentir qu'il n'est pas seul dans l'épreuve, que nous sommes tous vulnérables et que les humains savent faire cela, s'occuper les uns des autres. Chacun

6. Élie Buzyn, *J'avais quinze ans. Vivre, survivre, revivre*, Alisio, 2018.

d'entre nous a d'ailleurs les capacités d'accompagner et de soutenir. Il s'agit d'être vraiment là, dans une vraie présence. D'écouter la personne, de lui tendre la main. Mais ce qui fait la différence, c'est d'avoir vraiment confiance en ses capacités à se relever. Une posture que l'écrivain Christiane Singer désignait par cette capacité à dire : "Avance, traverse, et tu vas découvrir en toi la force dont tu as besoin." On ne le sait que trop peu, il faut donc à la fois de la présence et de la confiance pour consoler. »

Le désir masculin, bien plus complexe qu'on ne le pense

En termes de baisse de libido, on s'est jusque-là beaucoup intéressé à la frigidité des femmes. On commence désormais à s'interroger sur la perte d'appétit sexuel chez l'homme, jugée presque impossible, tant l'aspect mécanique de l'érection était évident. Mais il faut bien d'autres facteurs pour qu'un homme désire et, surtout, pour le rendre heureux sexuellement. Un second « continent noir » reste donc à explorer.

Difficile de mettre des mots sur ce que l'on n'imaginait même pas. Ainsi pour ces hommes qui, soudain, n'ont plus envie de faire l'amour. «Au lit, c'est plutôt moi qui ai la migraine…», résumait l'un d'eux lors de sa première consultation chez un sexologue.

C'est que, dans l'imaginaire collectif, les hommes sont plutôt «toujours prêts» au coït – on met surtout le focus sur les addicts et compulsifs sexuels aujourd'hui –, et lorsqu'ils «n'y arrivent pas», cela relève de mécanismes (impuissance, anorgasmie…) assez faciles à décrire. Comment pourraient-ils même être conscients de l'affaiblissement de leur désir et l'exprimer? «C'est davantage une problématique féminine, analyse le psychiatre Philippe Brenot, directeur des enseignements de sexologie à l'université Paris V. Elles savent ce qu'est le désir, pas les hommes. Ils en connaissent avant tout sa manifestation première : l'érection.» Ce mécanisme réflexe a donc depuis toujours retenu l'attention de tous, à la manière de ce qu'en disait Coluche : «Je n'ai pas besoin de te dire que je t'aime puisque ça se voit.»

Dans l'imaginaire collectif, les hommes sont plutôt « toujours prêts » au coït.

On commence à étudier les troubles du désir au masculin. Première constatation : ces difficultés, lorsqu'elles se présentent chez quelqu'un qui n'avait pas eu de problème jusque-là, sont assez difficiles à diagnostiquer. «Ceux qui en souffrent consultent souvent très tard, après des années de déni et de contournement du problème, explique le Dr Ghislaine Paris, sexologue. Lorsqu'ils se décident à demander de l'aide, la perte assez mystérieuse de leur désir reste pour eux plongée dans un grand flou. Alors je leur demande : "Quelles sont vos hypothèses[1]?"»

Une fois écartées les causes purement médicales, il faut plusieurs séances pour arriver à cerner des cas très différents (le patient vit-il depuis longtemps en couple ou pas, quel est son âge, quelles sont ses habitudes autoérotiques?...), mais aussi des manifestations confondues. «Comment savoir si ce sont des difficultés érectiles qui ont entamé le désir ou si c'est le manque de désir initial qui provoque l'impuissance?», analyse le Dr Ghislaine Paris.

Généralement, les causes psychologiques sont multifactorielles. Emblématique, cet homme de 53 ans, R., en plein burn-out professionnel. Il vient de créer son entreprise et n'est pas en accord avec son associé. Il vit aussi une relation conflictuelle avec son fils aîné, ce qui crée des tensions avec sa femme. Depuis trois ans, il accumule les entraves à dépasser dans sa vie sociale et ne consacre plus guère d'énergie à son couple. D'ailleurs, il n'éprouve plus aucun appétit sexuel.

Pour Philippe Brenot, «cet affaiblissement de l'humeur, et parfois la dépression qui s'impose lorsque l'homme éprouve un décalage entre ce qu'il avait rêvé et ce qu'il vit, constitue la première cause des troubles». Ajoutez à ce tableau quelque recours aux psychotropes, à l'alcool ou au cannabis pour avoir l'impression «de se donner des forces», et le symptôme ne fait que s'accentuer.

Respecter leur compagne et pouvoir l'aimer sexuellement est contradictoire.

Il existe aussi des causes psychologiques plus profondes, qui doivent mener à une prise en charge psychothérapeutique. Ce peut être un passé d'enfant abusé, ou une peur inconsciente du passage à l'acte dans une pratique perverse, qui bride le désir, ou une homosexualité refoulée. Ce peut être aussi, clivage inconscient assez fréquent, la difficulté qu'ont certains hommes à considérer leur partenaire régulière autrement que comme la mère de leurs enfants ou une Vierge imprenable. «Ils peuvent alors avoir envie de prostituées, mais pas de leur épouse, explique le Dr Ghislaine Paris, car pour eux, respecter leur compagne et pouvoir l'aimer sexuellement est contradictoire.»

---

1. Dr Ghislaine Paris et Bernadette Costa-Prades, *Faire l'amour pour éviter la guerre dans le couple*, Albin Michel, 2010.

Dans le cas de R., ce n'est qu'après plusieurs séances à la fois individuelles et en couple – car sa compagne était bien décidée à l'aider – qu'il avoua l'élément déclencheur de sa panne de désir : il avait, au plus fort de sa crise professionnelle, eu une relation sexuelle avec une jeune collaboratrice. Et même si cette liaison n'avait été que furtive, elle l'empêchait de recouvrer ses forces quand il était avec sa femme, car sa grande culpabilité inconsciente l'inhibait.

Ce sont donc, à chaque fois, pour les sexologues, de véritables «investigations» à mener sur des cas très particuliers, même si, selon Philippe Brenot, qui a mené une grande enquête en 2011 sur «les hommes, le sexe et l'amour[2]», il faut aussi tenir compte des évolutions sociétales : «Les nouvelles générations d'hommes ne vivent pas vraiment une baisse de désir, observe-t-il, mais affirment celui-ci dans une certaine hésitation, car il leur faut à la fois être doux (proches affectivement des femmes) et solides (physiquement). Cela crée une posture incertaine, qui les désoriente.» Et le psychiatre d'espérer un jour une école qui parlerait aux garçons de leur désir : ce qui le fait naître, ce qui l'entrave. Toute une pédagogie à inventer, en quelque sorte.

2. Philippe Brenot, *Les Hommes, le sexe et l'amour*, Les Arènes, 2011.

Nous pensons davantage... mais pas vraiment mieux

Avec l'arrivée de la notion de « surcharge » mentale, la psychologie s'est mise à s'intéresser à la régulation de nos pensées, que les neuroscientifiques appellent « cognitions ». Le constat est alarmant : nos modes de vie favorisent l'« outre-penser ». Ruminations mentales, *to-do lists*, commentaires... envahissent nos esprits aussi pleins que des Caddie dans un supermarché. Mais « trop » veut-il dire « mieux » ? Pas sûr. Là aussi, un allègement s'impose.

Il y a ceux qui, mentalement, se cramponnent au moment présent ; ceux qui tentent d'éliminer de leur raisonnement les «je devrais», «j'aurais pu» et autres participes passés inutiles et encombrants... Toutes sortes de stratégies finement élaborées pour échapper et survivre au nouveau mal contemporain que l'on pourrait appeler l'«hyperpensée» (*overthinking*).

Pendant longtemps, les patients consultaient les psychanalystes parce qu'ils voulaient se libérer de fantasmes inavouables. Désormais, ce n'est pas la teneur morale de leurs pensées qui les inquiète, mais leur incessante activité. C'est une spécialiste des troubles de l'humeur et de l'anxiété, Susan Nolen-Hoeksema[1], du département de psychologie de l'université de Yale, qui, étudiant les mécanismes cognitifs menant à la dépression, a été la première (au début des années 2000) à mettre le focus sur ces «ruminations mentales». D'après une étude menée sur 1 300 personnes choisies au hasard, elle a découvert que 63 % des jeunes adultes et 52 % des quadras pouvaient être considérés comme des *overthinkers*, avec une population féminine davantage touchée par ce trouble.

---

1. Susan Nolen-Hoeksema, *Pourquoi les femmes se prennent la tête? Et comment rendre leur vie plus légère*, Marabout, 2006.

Mais depuis ces travaux, le phénomène s'est probablement accentué, car de nombreux professionnels de la psyché constatent la difficulté à «mentaliser» à bon escient chez de plus en plus de patients. La révolution numérique, l'infobésité et le manque de temps nécessaire pour récupérer de tant de stimulations cognitives en seraient les principales causes. Philosophe et fondateur de l'École occidentale de méditation, Fabrice Midal l'observe : «Beaucoup de nos contemporains ont le sentiment de "penser trop", mais en réalité, ils sont surtout la proie de pensées incontrôlables, estime-t-il. Ces avis, jugements nés à foison dans notre société du commentaire, entravent l'expérience directe qu'ils pourraient avoir des événements. "Ça parle" sans cesse en eux et c'est cet envahissement passif qui est dommageable.»

De nombreux professionnels de la psyché constatent la difficulté à « mentaliser » à bon escient chez de plus en plus de patients.

Selon lui, l'actuel engouement pour la méditation, dont il est l'un des passeurs les plus compétents, naît de cette prise de conscience : «Beaucoup se rendent compte de ce bavardage intérieur qui les coupe de la vie. Dès lors, ils cherchent à s'en délivrer.» Pour eux, l'enseignant a d'ailleurs conçu des méditations guidées[2]. «Comme je parle et partage pleinement avec eux l'expérience de méditation que je suis en train de vivre, grâce à cette écoute, ils sont un temps libérés de leur discours mental envahissant.»

Dernièrement, les livres consacrés à l'*overthinking* ont été les best-sellers du rayon «psychologie». Parmi ceux-ci, ceux de Christel Petitcollin, formatrice en communication et développement personnel : *Je pense trop. Comment canaliser ce mental envahissant*[3] et *Je pense mieux. Vivre heureux avec un cerveau bouillonnant, c'est possible !*[4]. De son point de vue, ce n'est pas le contexte sociétal qui accentue le phénomène, mais plutôt la reconnaissance nouvelle de personnalités à «pensée complexe».

Ceux qu'elle appelle les «surefficients mentaux» représenteraient, selon elle, 12 à 15 % de la population. «Là où les normo-pensants ont une pensée séquentielle et linéaire, les surefficients

---

2. Coffrets de CD de méditations guidées sur la confiance ou l'amour bienveillant (Audiolib).
3. Christel Petitcollin, *Je pense trop. Comment canaliser ce mental envahissant*, Guy Trédaniel Éditeur, 2010.
4. Christel Petitcollin, *Je pense mieux. Vivre heureux avec un cerveau bouillonnant, c'est possible !*, Guy Trédaniel Éditeur, 2015.

ont une pensée en arborescence où tout est connecté avec tout, explique-t-elle. Dans leur cerveau, c'est comme s'ils avaient dix ordinateurs branchés en même temps.» Ainsi, en cas de décision à prendre, les «normo-pensants» explorent les options possibles dans une suite plutôt logique, les unes après les autres, alors que les «surefficients mentaux», tiraillés par de multiples possibilités, font face au chaos intérieur. «Ils donnent trop d'importance à certaines situations», ajoute Christel Petitcollin. Principales victimes de ce fouillis cognitif? Les hypersensibles, les hyperdoués, les bipolaires, et même les autistes Asperger! Point commun? «Tous, ils s'ennuyaient à l'école et entendent depuis toujours leur entourage leur répéter : "Tu te poses trop de questions! Tu penses trop!"»

Principales victimes de ce fouillis cognitif? Les hypersensibles, les hyperdoués, les bipolaires, et même les autistes Asperger!

Se poser sans cesse des questions? N'est-ce pas là l'un des enjeux de la philosophie? «Tout dépend du type de questions que l'on se pose. La philosophie interroge ce qui est et nous délivre ainsi du ressassement centré sur moi, moi-même et mes problèmes, rappelle Fabrice Midal. Ainsi, elle nous aide à penser "pour de bon", c'est-à-dire sous forme d'une expérience qui vise à s'ouvrir à soi, aux autres et au monde.» Et de rappeler, comme nous y invitait Platon, que se libérer de ce piège des opinions est le fruit d'un long travail. Cela s'appelle «sortir de la caverne».

LE REGARD DE :

Laurie Hawkes, psychologue clinicienne et psychothérapeute

«Je crois plutôt qu'aujourd'hui, la plupart de nos problèmes naissent d'un certain manque de pensée. Par exemple, dans la vision à court terme. On peut constater qu'en matière d'écologie ou de soin de soi à travers une nutrition ou un habitat sains, beaucoup ne veulent pas envisager les effets à l'avenir de leurs choix de vie. Ils restent scotchés dans l'immédiat. D'autres sont dans une pensée très catégorisante, par "étiquetage", blanc contre noir ou rouge contre blanc et noir... Ce que le psychiatre Boris Cyrulnik nomme la "pensée paresseuse". Bref, ils apparaissent incapables d'embrasser les nuances, ce qui leur semblerait compliquer les choses. Ou bien, en cas de fonctionnement sectaire, comme dans la radicalisation ou certains discours politiques à l'emporte-pièce, nous voyons bien des adeptes qui ne pensent pas par eux-mêmes, mais agissent selon des cognitions prescrites. Dans tous ces cas de figure, nous sommes bien loin de cette belle faculté de penser qui distingue normalement les humains. »

Aujourd'hui, la marque d'un bon manager est l'humilité

Dans un contexte de crise économique, de diffusion massive de l'information, de réseaux sociaux, certaines compétences relationnelles sont plus que jamais nécessaires aux dirigeants. Ils doivent changer de regard sur leur rôle, mais aussi sur leurs collaborateurs, savoir valoriser et faire confiance, encourager plutôt que juger. Des postures qui mettent à mal toute tentation égotique.

«Un renard, alors qu'ils préféreraient un saint-bernard.» C'est ainsi qu'une majorité de salariés français voyaient leur patron dans une enquête de 2011[1]. Autant dire une personnalité rusée, politique, plutôt que protectrice et fidèle. Plus récemment encore[2], ils étaient 84 % à avouer qu'ils préféreraient avoir un autre patron! La situation des managers ne s'est donc guère arrangée. Comment le pourrait-elle dans une période où, l'entreprise étant en grande difficulté, ce sont justement les qualités intérieures du manager qui font la différence? Les nombreux consultants et autres coachs mandatés au chevet des organisations pour rebooster le moral des dirigeants et des cadres l'affirment.

Xavier Camby[3], consultant en management et formateur, a ainsi rencontré près de 8 000 «chefs» et confirme : «Jamais le management n'a été aussi crucial, et jamais on n'a pris aussi peu de temps pour former les managers, alors que l'accélération de tout, le climat général et le turnover des équipes nécessiteraient vraiment d'anticiper toute progression dans la hiérarchie.»

---

1. Enquête *online* réalisée en janvier 2011 par Entreprise et Mediaprism Group.
2. Enquête réalisée en juin 2013 sur le site d'emploi Monster.
3. Xavier Camby, *48 clés pour un management durable*, Yves Briend Éditeur, 2013.

Jean Pagès, coach, chercheur en sciences sociales et directeur d'Appreciative Inquiry, qui diffuse une approche inspirée de la psychologie positive, estime lui aussi que la conception traditionnelle d'un chef essentiellement organisateur, voire «contrôleur», n'a plus lieu d'être. «Les dirigeants ne peuvent plus être dans une attitude planifiante et directive, car l'environnement général n'appelle pas cela, estime-t-il. L'information est tellement partagée que tout ce que font les salariés est désormais visible (et de citer cette entreprise où, dès qu'un contrat est signé, une clochette sonne pour l'annoncer à l'ensemble du personnel). Cela disqualifie ceux qui étaient tentés de maîtriser l'info afin de la garder pour eux.»

De nouvelles aptitudes s'imposent donc aujourd'hui à celui qui doit diriger. En tout premier lieu, la compétence relationnelle, que Xavier Camby prétend détecter dès la première poignée de mains avec un manager. «Le bon chef a une forme de relation assez simple, déliée, et surtout une aptitude à la communication interpersonnelle positive», observe-t-il. Entendez : ayant naturellement un regard positif sur l'autre, il cherche avant tout à le valoriser. Une attention et une présence à ses équipes, «qu'il sait encourager», font aussi partie du profil idéal. «Il sait ouvrir des perspectives qui donnent du sens et font croire à ses collaborateurs qu'ils sont dans un endroit où il fait bon vivre», ajoute Jean Pagès. À l'heure des plans sociaux et des fermetures d'entreprises, on imagine combien cette dernière compétence est difficile à mettre en œuvre.

La conception traditionnelle d'un chef essentiellement organisateur, voire « contrôleur », n'a plus lieu d'être.

Autre qualité désormais incontournable, et pourtant basique, la générosité. «Alors que l'on employait auparavant le mot "délégation" à tout-va, c'est plutôt une aptitude à former, à aider les autres à se déployer qui s'impose désormais», explique Xavier Camby, ajoutant que la *baseline* du manager compétent est devenue : «Ce que j'ai, je peux te le donner, et j'y gagnerai.» Principal obstacle à un tel altruisme, la peur, bien sûr, qui incite le manager à penser de ces coéquipiers : «Si je leur donne trop, ils m'évinceront.» La plupart des accompagnements en coaching sont d'ailleurs consacrés à l'identification et à la libération de ces peurs irrationnelles.

Lâcher tout en accompagnant, faire confiance tout en restant responsable, valoriser les compétences des autres tout en n'ayant plus à prouver les siennes... Pas facile de tenir la barque, surtout quand elle tangue! Une nouvelle qualité se révèle donc aujourd'hui indispensable : l'humilité. Celle du roseau qui sait ployer, se mettre à ras de terre s'il le faut, et avec les autres, pour mieux coopérer. «Actuellement, pour être reconnu par ses équipes, le pouvoir de l'humilité est bien plus grand que celui du contrôle», affirme Jean Pagès. On est alors bien loin des recettes miracles de certains coachs américains qui recensent plus de dix-neuf qualités pour faire un bon manager. «Celui-ci crée un climat de coopération non pas en la prônant à tout bout de champ... mais en coopérant lui-même», estime le consultant.

Pas facile de tenir la barque, surtout quand elle tangue !

Alors que de nombreux managers ont longtemps cru trouver du pouvoir en exerçant un potentat qui leur était donné par le haut, ils doivent y renoncer aujourd'hui pour, au contraire, acquérir une réelle autorité, celle qui leur est reconnue par leur base. À la question «Qu'appréciez-vous le plus chez votre patron?», Jean Pagès a eu un jour la surprise d'entendre toute une équipe s'exclamer d'une seule voix : «Il ne nous empêche pas de travailler!» Et de comparer l'influence positive de ce patron à celle d'un bon jardinier qui sait «laisser croître les plantes diverses... de son service».

LE REGARD DE :

Jacques-Antoine Malarewicz, psychiatre, consultant et psychothérapeute

«Le bon manager ne cultive pas le conflit mais est capable de confronter les autres, car il sait se mettre en position basse, se tenant à la fois dans la hiérarchie et dans la parité avec les autres pour pouvoir vraiment les rencontrer. Une humilité bien éloignée du "leader charismatique" qui, lui, n'a de cesse de se rendre indispensable, de s'affirmer comme "chef" et d'engendrer des catastrophes après son départ, notamment parce que la posture qu'il cultive empêche ses collègues de se déployer.

«Ceux qui, peu clairs, mélangent contexte privé et contexte professionnel en feront les frais. Car la dimension affective dans l'entreprise n'est pas assez prise en compte et peut mener à de graves malentendus, voire à une forme de maltraitance. Les managers doivent donc aujourd'hui avoir à la fois des compétences techniques, savoir gérer des situations, mais surtout ils doivent faire preuve d'un talent relationnel, toutes compétences qui, très différentes, demandent à être réunies... Un sacré défi ! En tout cas, devenir un bon chef demande du temps.»

Parler aux enfants, un art simple

Pédopsychiatres et psychanalystes d'enfants sont formés au dialogue avec les petits, parfois même avec les bébés. Mais l'essentiel ici ne relève pas de la technique. Ce sont l'écoute et la considération, la certitude que la parole dénoue et soigne, qui peuvent guider les adultes. Et ce, qu'il s'agisse de professionnels… ou de parents.

Les plus grandes œuvres naissent parfois de frustrations quotidiennes presque invisibles. Prenez une petite fille, Françoise, âgée de 5 ans. Alors qu'elle est dans la cuisine d'une maison de vacances, en été, elle entend les adultes dire régulièrement autour d'elle : « Les crevettes demandent à être cuites vivantes. » Un jour, de plus en plus intriguée, elle interroge ces grandes personnes : comment est-il possible de comprendre la langue des crustacés? Réponse en forme d'humiliation pour elle : « Mais qu'est-ce qu'elle est bête, celle-là ! »

Quoique petits, leurs enfants ne sont-ils pas déjà des « personnes » ?

De ces décalages entre la parole des adultes et ce qu'en comprennent les enfants, du manque d'écoute dont sont victimes les petits, et encore plus les bébés, Françoise Dolto fera l'axe central de ses recherches et de sa clinique. Après elle, et d'abord dans les services de pédopsychiatrie et les consultations d'analystes, on ne s'adressera plus de la même manière aux enfants. Une révolution qui, bien que parfois mal comprise, a incité aussi les parents à être vigilants sur les mots qu'ils emploient pour expliquer le monde à ces êtres humains en devenir. Quoique petits, leurs enfants ne sont-ils pas déjà des « personnes »?

La psychanalyse des bébés est sans doute le domaine où le soin psychique par la parole revendiqué par Françoise Dolto est le plus impressionnant. Encore faut-il s'entendre sur ce terme de « parole ».

Albert Ciccone, psychanalyste, professeur de psychologie clinique à l'université Lumière-Lyon II, rappelle que la psychanalyse a parfois tendance à idéaliser l'usage des mots. «Il y a des manières de parler qui empêchent de penser, bouchent les "trous". En réalité, ce qui soutient la communication avec un bébé pendant la séance, ce qui apaisera les troubles, c'est la qualité d'attention qu'on lui porte, ainsi qu'à ses parents[1].» Et le psychanalyste de préciser qu'«écouter un bébé», c'est se rendre particulièrement réceptif à tout ce qui relève du paraverbal, voire de l'infraverbal. «Pour s'exprimer, le nourrisson n'a pas le langage, mais il dispose de tout son vécu corporel : troubles somatiques, pleurs, contractions... Certains bébés se raidissent brutalement quand on leur parle, d'autres coulent, glissent.»

Après avoir observé avec attention ces mimiques, l'analyste doit se faire «traducteur» : «Nous "traduisons" aux parents ce que nous comprenons de ce que le bébé exprime, et nous "traduisons" au bébé la souffrance ressentie par ses parents devant son trouble, refus de s'alimenter ou insomnie», explique Albert Ciccone. Pour être un bon «interprète», une règle se révèle essentielle : s'identifier au nourrisson en se reconnectant à «la part bébé de son soi, à ses propres expériences de souffrance infantiles».

Le fil rouge de la communication avec les jeunes patients, c'est l'empathie.

Cette capacité à se retrouver «au même âge que son patient», le Dr Olivier Revol, neuropsychiatre et chef du service de psychiatrie de l'enfant à l'hôpital neurologique de Lyon, l'expérimente notamment dans les séances avec les petits de 3 à 5 ans. Là, le support de la communication est souvent le jeu ou le dessin. «Je me retrouve par terre, à jouer avec eux à des jeux qui les intéressent, explique-t-il, et si j'ai pu exprimer une assurance rassurante, créer un climat chaleureux, l'alliance thérapeutique devient possible[2].»

Pour le Dr Revol, le fil rouge de la communication avec les jeunes patients, c'est l'empathie. Une donnée qui ne s'apprend pas sur les bancs de la faculté : «On a de l'empathie ou on n'en a pas, malheureusement. Mais c'est elle qui permet à l'enfant de quitter la séance en ayant retrouvé un certain confort psychique.»

Avec les adolescents, l'exercice s'avère plus délicat. «Il y a toujours le risque qu'ils nous prennent pour un copain, et ils nous testent sans cesse pour voir s'ils ont affaire à un vrai professionnel, explique

1. Albert Ciccone (dir.), *La Part bébé du soi. Approche clinique*, Dunod, 2012.
2. Dr Olivier Revol, *J'ai un ado... mais je me soigne. Quand rien ne va plus, des solutions existent*, JC Lattès, 2013.

le neuropsychiatre. Le danger, c'est de glisser de l'empathie à la sympathie.» Un usage très maîtrisé du tutoiement («Si on l'adopte, il faut le garder jusqu'au bout»), un refus d'utiliser leur jargon, l'explication précise des limites dont on leur parle..., autant de balises qui permettent au psychiatre de parler à ces ados de manière à devenir auprès d'eux «un adulte neutre à la fermeté bienveillante, et qui, parce qu'il ne les engueule pas, peut leur servir de GPS émotionnel». Ce qu'une petite patiente du Dr Revol a su exprimer à sa manière, à la sortie de sa première séance : «Finalement, c'est trop de la balle, un psy! C'est comme un carnet secret qui vous répond.»

LE REGARD DE :

Claude Halmos, psychanalyste formée par Françoise Dolto, spécialiste de l'enfance

«Quand un parent écoute son enfant, répond à ses questions, il lui signifie qu'il est un interlocuteur valable, digne de confiance et d'intérêt. Et il l'assure que son désir de savoir, loin d'être coupable, est au contraire légitime et positif, puisqu'il lui permet de développer son intelligence. Parler à son enfant a toujours été difficile pour les parents, car ils craignent de le perturber en ne trouvant pas les bons mots, en en disant trop ou pas assez, etc. Mais ils se sentent, me semble-t-il, plus démunis encore aujourd'hui. Parce que le statut de l'enfant a changé, mais surtout à cause de l'inflation de "conseils psy" qui envahissent les médias et qui tendent à leur faire croire qu'il y aurait, pour chaque problème, pour chaque âge, une "bonne façon de dire". C'est un leurre.

«Je crois que ce qui permet au parent de se sentir une légitimité, c'est de se souvenir de l'enfant qu'il a été, des questions que cet enfant se posait et de la souffrance éprouvée quand elles restaient sans réponse. C'est cette conviction de la nécessité de la parole qui peut permettre au parent de dépasser ses craintes et de parler.»

On peut négocier les virages de la vie

Quelle existence en est protégée? Ruptures, déménagements, nouvel emploi... Toutes sortes d'événements plus ou moins prévisibles viennent bousculer notre certitude que la vie devrait être un long fleuve tranquille. Et ce, qu'il s'agisse d'opportunités heureuses ou de débâcles. Dans tous les cas, mieux vaut se reconnecter à ses ressources pour aborder ces moments de transition.

Certains sont annoncés (une naissance, une fin de contrat...). D'autres arrivent de manière inattendue (une maladie, une rencontre amoureuse...) et nous détournent parfois brutalement de la voie dans laquelle nous étions engagés. Tous ces «tournants de la vie», heureux ou non, nous déstabilisent et nous plongent dans une désorientation psychique plus ou moins facile et plus ou moins longue à dépasser. Avec l'évolution de la société, ces changements de trajectoire sont de plus en plus fréquents. C'est ce que constate la psychanalyste et coach Luce Janin-Devillars : «Aujourd'hui, les notions de pérennité affective, familiale ou professionnelle n'existent plus. En se mariant, beaucoup de couples savent qu'ils divorceront probablement, observe-t-elle. Disons que nous devons être prêts à vivre plusieurs vies dans une seule existence[1]!»

La psychanalyste et psychosociologue Anasthasia Blanché, quant à elle, anime des séminaires sur ce thème des transitions. Pour elle, il y a d'une part l'événement extérieur (que celui-ci soit familial, historique ou professionnel...), mais surtout ce qu'il fait vaciller et résonner intérieurement. «En psychologie, on a beaucoup étudié les étapes de transformation chez l'enfant et l'adolescent, mais peu chez

---

1. Luce Janin-Devillars, *Être mieux au travail. Comment s'épanouir dans son métier... ou en changer*, Michel Lafon, 2011.

l'adulte, regrette la psychanalyste. Or les périodes de trouble, parfois de tempête, provoquées par certains changements ont des répercussions intérieures. Celui qui y est confronté meurt à ce qu'il était, va ressusciter, mais pendant une certaine période intermédiaire, il est là, ayant perdu ses repères et n'ayant pas encore intégré sa nouvelle identité. Les ateliers – de trois jours – fonctionnent alors comme un sas où il peut récupérer ses esprits.»

Les périodes de trouble, parfois de tempête, provoquées par certains changements ont des répercussions intérieures.

Désorientée, cette jeune femme qui vient d'accoucher et ne sait pas si elle doit se rapprocher géographiquement de ses parents. Dubitative, cette autre qui, à 52 ans, vient de rencontrer un nouvel amour : faut-il s'installer avec lui au risque de perdre sa liberté si chèrement acquise? Découragé, cet homme qui vient de finir une formation tardive et doit trouver un nouvel emploi.

Grâce à un travail sur le passé de chacun, des exercices collectifs et un appel à la créativité, tous repartiront du séminaire mieux armés pour faire face à ces temps troublés. «Surtout, je leur rappelle que s'ils sont vivants aujourd'hui, c'est qu'ils ont déjà su traverser des périodes déstabilisantes, explique Anasthasia Blanché. Ils ont donc en eux les ressources pour y parvenir à nouveau. Celles-ci sont comme enkystées, gelées sous le boisseau, mais il suffit souvent de peu pour les réveiller. Parfois, la simple question "Comment vous avez fait dans le passé?" suffit.»

Les dernières recherches sur les processus de résilience, cette capacité à se relever de périodes difficiles, mentionnent comme ressources individuelles éprouvées dans la majorité des cas : l'estime de soi, le sentiment de contrôle sur sa vie, la capacité à susciter de la sympathie, la créativité, l'humour, etc. Autant d'armes qui permettent d'avancer malgré le doute et la peur de l'inconnu.

La ressource essentielle dont nous disposons dans ces moments de déstabilisation se résume le plus souvent en un seul mot : le tiers.

Pour Luce Janin-Devillars, la ressource essentielle dont nous disposons dans ces moments de déstabilisation se résume le plus souvent en un seul mot : le tiers, que celui-ci soit un groupe d'accompagnement, un coaching, une association de personnes en recherche d'emploi… «Nous avons alors besoin de quelqu'un qui, de manière neutre, parce que non pris dans notre histoire comme certains proches qui ont peur pour nous, peut nous renvoyer à nos forces et nos faiblesses», affirme la coach.

Ces personnes qui peuvent maintenir, sur une longue période de temps, des liens significatifs, des relations affectives positives et stables avec celui qui vit une situation d'adversité, sont souvent désignées comme des «points d'ancrage personnels», des «mentors» ou des «tuteurs de résilience». On constate ainsi l'apport éminemment positif des réseaux de soutien formés d'amis, de camarades d'école ou de travail, de regroupements associatifs, etc. Ceux-ci tissent alors comme un véritable «filet de protection» autour de la personne prise dans les soubresauts de sa vie. «C'est alors, paradoxalement, qu'en osant renoncer un temps au contrôle de sa trajectoire, on peut se reconnecter à son désir le plus profond», constate Luce Janin-Devillars. En matière de changement, une évidence semble pérenne : c'est en lâchant l'ancien que l'on peut, enfin, accueillir le nouveau.

En osant renoncer un temps au contrôle de sa trajectoire, on peut se reconnecter à son désir le plus profond.

La nature nous sauve

Est-ce parce qu'on le sait désormais menacé que le monde vivant végétal et animal nous semble aussi précieux ? Même les psychologues et les neuroscientifiques étudient aujourd'hui ses effets bénéfiques sur notre psychisme et nos comportements. Toute occasion de nous relier à cette nature généreuse doit être privilégiée... Si, bien sûr, on sait aussi la respecter.

C'est à l'occasion d'un burn-out, avec obligation de se mettre en retrait pendant de longs mois, que le ténor Vincent Karche, lui qui avait pourtant été garde forestier dans les Vosges, s'est vraiment rapproché des forêts. Mais ce sont surtout les arbres, devenus pour lui des alliés, qui l'ont aidé à récupérer. « J'ai réalisé combien ils traversent tout, explique-t-il. Il suffit d'observer : dépouillés à l'automne, ils renaissent encore plus beaux avec le printemps. Et on les voit revivre malgré des épreuves comme la foudre ou la maladie. Ils nous montrent que l'on peut survivre à de graves blessures. On peut n'être plus qu'une souche, on peut avoir l'impression d'être coupé de ses racines..., et pourtant, en soi, un bourgeon peut encore naître, nous montrant que l'on peut s'en sortir. »

De cette intimité grandissante, il est ressorti transformé. Dans son livre[1], il décrit les leçons de résilience que lui ont ainsi « transmises » sapins, hêtres ou épicéas et, s'appuyant sur le chant, son autre ressource, il a conçu des « randolyrics[2] » : un à trois jours pendant lesquels chacun est invité à un voyage sensoriel au cœur de la forêt, écrin idéal pour respirer, contempler et chanter.

De telles initiatives de « connexions » à la nature se multiplient aujourd'hui. Si l'on y trouve le pire et le meilleur, cette tendance révèle à quel point les citadins affairés et surstimulés par Internet

1. Vincent Karche, *Les Douze Sagesses des arbres*, Leduc. s, 2017.
2. https://www.randolyric.com

ont besoin de ce qui était du simple bon sens jusqu'à présent : passer du temps *outdoor*.

Laurent Tillon, chargé de mission à l'Office national des forêts, le constate chaque jour : « Depuis une dizaine d'années, sur les 600 millions de visites en forêt comptabilisées par an, nous sommes passés dans cette population de 80 % de cadres de grandes entreprises en 2016 à plus de 91 % aujourd'hui. »

Lui aussi témoigne d'une transformation personnelle née de l'immersion régulière dans la nature. « Y passer du temps implique de réfléchir aux cycles de la vie et aux moyens de s'y adapter pour se "recaler", estime-t-il. À force de repérer chez les oiseaux ou les végétaux des phases de naissance, de maturation ou des difficultés de reproduction, même ma manière d'appréhender la mort a évolué. »

Y passer du temps implique de réfléchir aux cycles de la vie et aux moyens de s'y adapter pour se « recaler ».

Pour Laurent Tillon, la nécessité d'apprendre à se comporter de manière spécifique pour venir observer les animaux est une école de civilité. « La génération nouvelle a été élevée dans un regrettable oubli de la nature, constate-t-il. Ils ont donc besoin de clés pour s'y reconnecter. Car lorsque l'on veut vraiment savourer celle-ci, il faut s'initier à la patience, à l'immobilité, à l'attention… et c'est alors, beau cadeau entre tous, que des mésanges ou des rouges-gorges s'approchent au plus près de vous[3] ! »

Cette « attention délicate » générée par la fréquentation régulière du monde naturel, la psychologue Catherine Mercier ne peut que la confirmer. Il y a plus de vingt ans, cette passionnée de cheval a créé une société d'équithérapie. Outre sa grande expérience dans la prise en charge des victimes ou des personnes en burn-out, elle fait régulièrement entrer ses pur-sang arabes en milieu carcéral. Là, elle a développé des programmes de médiation équine pour accompagner les personnes détenues vers la resocialisation[4].

« À un moment de ma pratique, je me suis rendu compte que la prise en charge psychologique traditionnelle par l'écoute et la parole atteignait ses limites, explique-t-elle. Avec des personnes qui ont du mal à reconnaître leurs émotions et disposent d'un stock lexical très pauvre, le contact avec l'animal vient réveiller la sensorialité,

3. Laurent Tillon, *Et si on écoutait la nature ?*, Payot, 2018.

4. Ces programmes de médiation animale à l'Établissement pénitentiaire pour mineurs d'Orvault (44) ont été récompensés par les Lauriers 2018 de la Fondation de France.

l'émotionnel, la conscience du corps... Le cheval reconnecte la personne à un moi authentique et à l'essentiel de la vie. »

> *Le contact avec l'animal vient réveiller la sensorialité, l'émotionnel, la conscience du corps...*

Lorsque les participants à ces ateliers sont invités à toucher le cheval, à le panser, à en prendre soin, c'est toute leur estime de soi qui s'en trouve boostée. « Je me souviens d'un jeune qui se peignait les cheveux et arrivait coiffé quand il y avait atelier, raconte Catherine Mercier. Et certaines femmes se maquillaient ! » Autre apport notable du contact avec le cheval : ces populations ne se sentent pas jugées, ce qui prépare indirectement le moment où elles sortiront et devront se réinsérer.

Pour Laurent Tillon, toutes les expériences d'immersion dans le monde du vivant permettent surtout de cultiver l'espoir. « Dans des temps où l'on relève surtout ce qui va mal pour la nature, mettre l'accent sur les réussites qu'elle nous montre chaque jour nous renforce ! »

LE REGARD DE :

Marie Romanens, psychiatre et psychothérapeute

« Au début des années 1960, Harold Searles, psychanalyste américain travaillant avec les psychotiques, a estimé que si notre structuration psychique se fait dans les liens que nous tissons avec les autres, notre famille, nos proches, l'école ou la culture, elle se fait aussi par notre lien avec notre environnement non humain et notamment la nature. La nature ravive l'archaïque en l'homme. Cela peut donner le meilleur, un sentiment de bien-être, d'apaisement, l'impression d'être "nourri" et revivifié. Mais cela peut aussi générer une régression et une idéalisation massive donnant lieu à toutes sortes de dérives, comme nous avons pu le constater dans quelques ateliers d'"immersion dans la nature". Peut s'ensuivre alors une coupure avec le réel. Car si la nature est belle, si elle prodigue de nombreuses ressources à l'humain, si elle est bénéfique à sa santé physique et psychique, elle peut aussi être destructrice et violente. Ce qui importe est de maintenir un lien avec elle, car la déconnexion dans laquelle nous vivons aujourd'hui tue le vivant. Quand notre existence est fondée sur une vision séparant l'homme de la nature, elle devient mortifère. »

L'intuition est une alliée à apprivoiser

De quoi est-il donc fait, ce sixième sens qui voit, jauge et comprend plus vite que le reste de notre être ? Faculté longtemps qualifiée de mystérieuse, fumeuse pour les esprits rationnels ou message divin pour les plus enthousiastes, l'intuition est désormais décodée par les scientifiques et travaillée par les coachs. De là à penser qu'elle aura de plus en plus de place dans nos vies, il n'y a qu'un pas.

C'est un plaisir auquel on s'adonne souvent dans l'enfance : «Je parie que la prochaine voiture à passer sera... rouge!» Ce jeu des devinettes est devenu, pour la coach et écrivaine Catherine Balance, un entraînement de l'esprit. Dans les stages[1] qu'elle anime depuis 2001, les participants, qui cherchent à développer leur intuition, sont invités à deviner, par exemple, la profession de leur voisin de chaise ou le plat que celui-ci aime particulièrement. «Plus on pratique ce genre de questionnement intérieur, plus on est attentif aux réponses qui arrivent spontanément en soi, plus on nourrit la plasticité de son cerveau et plus on développera ses visions personnelles si nécessaires quand il faut prendre des décisions», affirme Catherine Balance.

Elle-même, qui a écrit *La Voix de l'intuition*[2], a vécu cette intensification : «Au début, dans certaines situations, je percevais une petite voix intérieure ou ressentais une sorte d'évidence joyeuse, raconte-t-elle. Maintenant, je vois des images symboliques, comme un grand rectangle lumineux qui m'a annoncé l'appartement que je cherchais depuis des semaines.» Pratiquer la méditation, tenir un

---

1. http://www.catherinebalance.com
2. Catherine Balance, *La Voix de l'intuition. L'entendre, la reconnaître, la suivre*, Éditions de l'Homme, 2013.

« journal d'intuitions », s'observer et donc grandir en connaissance de soi sont parmi les recommandations de la coach Catherine Balance pour affûter son intuition. Selon elle, les moments particulièrement propices à ces expériences intuitives sont le matin au réveil et le soir au coucher, car alors « nous pensons moins et captons mieux ».

Grand récepteur et informateur de ces expériences : le corps. Décoder comment celui-ci réagit face à certaines interrogations est souvent fructueux. Des palpitations inattendues, les mains moites ou le souffle qui se suspend de manière inhabituelle sont autant de manifestations d'une connaissance fulgurante qui cherche à se faire entendre.

Ces modifications physiologiques ont d'ailleurs été scientifiquement mesurées. Une expérience[3] des chercheurs Antonio Damasio et Antoine Bechara à la fin des années 1990 a ouvert la voie : avec des parieurs invités à retourner des cartes pour gagner ou perdre des points, ils avaient utilisé un dispositif permettant de mesurer les réactions physiologiques – et notamment la sécrétion de sueur. Les joueurs, bien évidemment, tiraient les cartes sans savoir si elles leur étaient favorables ou non. Or, au bout de dix tirages seulement, il a été observé des réactions de stress dès que leurs mains se dirigeaient vers une carte perdante, au point même que, sans qu'ils en soient conscients, les joueurs se mettaient peu à peu à s'orienter vers des cartes gagnantes.

Les moments particulièrement propices à ces expériences intuitives sont le matin au réveil et le soir au coucher, car alors « nous pensons moins et captons mieux ».

Cette étude est l'une des sources de la théorie actuelle de l'intuition, fondée sur les systèmes de pensée théorisés par le prix Nobel Daniel Kahneman. Elle postule que notre système de pensée 1, s'appuyant sur le cerveau inconscient, est une puissante et rapide machine à traiter les informations. Les comparant à nos expériences passées et capable d'en tirer des conclusions sans passer par les cognitions, il oriente nos comportements et nos décisions avant même que notre système de pensée 2, analytique et donc beaucoup plus lent, n'entre en jeu et ne nous fournisse une connaissance consciente.

---

3. A. Bechara, H. Damasio, D. Tranel et A. R. Damasio, « *Deciding Advantageously Before Knowing the Advantagous Strategy* », *in Science* n° 275, février 1997, pp. 1293-1294.

C'est l'une des expériences citées par Christelle Lauret, docteur en chimie qui a publié une belle enquête[4], guidée par son témoignage personnel d'hyper-rationnelle à la découverte de son sixième sens. Elle y raconte notamment comment la reconnexion avec son corps l'amène peu à peu à sentir avec acuité, devant une décision, quel choix la fait davantage «vibrer». À partir de ses questionnements et de son décryptage des dernières avancées scientifiques, nous savons que, désormais, l'intuition n'a plus à être reléguée dans l'obscurantisme propre au New Age mais se rattache aux dernières découvertes sur le cerveau.

Reste que, pour être de plus en plus intuitif, certains obstacles psychologiques sont à dépasser. À travers l'histoire d'Anna, héroïne hypersensible qui n'arrive pas à faire le tri dans la masse de sensations et d'émotions qui la submergent souvent, la psychothérapeute Géraldyne Prévot-Gigant[5] rappelle que le chaos intérieur peut empêcher d'avoir des visions claires. «Plus on est capable de faire le ménage en soi – discerner et dépasser les blessures du passé, les projections que l'on fait sur certaines personnes suite aux expériences relationnelles que nous avons eues –, plus on saura distinguer la "bonne fréquence" à écouter du parasitage courant qui encombre notre mental», estime-t-elle. Et, bien sûr, ce qui rend de plus en plus réceptif à l'intuition est aussi ce qui peut grandir grâce à elle : la confiance en son for intérieur.

Pour être de plus en plus intuitif, certains obstacles psychologiques sont à dépasser.

4. Christelle Lauret, *Les Petites Voix. Quand l'intuition toque à la porte d'un cerveau rationnel*, Carnets Nord, 2019.

5. Géraldyne Prévot-Gigant, *Écoute les signes que la vie t'envoie. Le roman initiatique des synchronicités*, Leduc. s, 2019.

Mères et filles, plus fusionnelles que jamais ?

Est-ce un lien entre résilientes qui ont intérêt à se « supporter » pour continuer à évoluer et s'émanciper dans un monde d'hommes ? Toujours est-il que la complicité entre mères et filles ne cesse d'être mise en avant. Les campagnes publicitaires et les films diffusent à profusion des images de cette fusion, sans doute intensifiée par l'évolution socio-économique. Mais attention, pour se construire, la fille a aussi besoin de se détacher de la première femme de sa vie.

Évelyne a 49 ans et vit avec ses trois filles, de 9, 15 et 22 ans. Une joyeuse tribu que l'on a du mal à séparer : quand elle est invitée chez des amis, Évelyne y va «avec les petites», et toutes les vacances sont consacrées, avec elles, à la rénovation d'une maison en Bretagne. «Depuis que leur père est parti, nous revivons!», se félicite-t-elle. Quant à Marie, 35 ans, documentaliste et maman de Margaux, 3 ans, elle avoue appeler sa mère tous les jours au téléphone pour lui demander de l'aide : passer chercher la petite à l'école, lui préparer une recette de cuisine… «Elle vient souvent en week-end avec nous, précise la jeune femme. Comme ça, elle me déleste de tout ce qu'il y a à faire dans la maison et je peux me reposer de ma semaine.» Une organisation qui commence à agacer Bruno, son concubin, qui «n'en revient pas de découvrir à quel point Marie est collée à sa mère»!

Des études ont montré que les jeunes couples habitent plus près du domicile de la mère de la femme. Les mères sont mises au premier plan.

Collées, ces génitrices et leurs filles? Plus qu'auparavant?

Annik Houel, chercheuse en psychologie sociale à l'université Lumière-Lyon II et spécialiste des relations féminines, notamment au travail, confirme : «Des études ont montré que les jeunes couples habitent plus près du domicile de la mère de la femme. Les mères sont mises au premier plan. »

Cette intensité du lien n'est pas nouvelle. Elle a même un fondement historique, puisqu'au XIXe siècle, n'étant pas scolarisées, les filles étaient confinées au domicile parental auprès de leur mère, qui s'occupait de leur éducation. « Puis, quand les femmes ont pénétré le marché du travail, dans la seconde moitié du XXe siècle, il a souvent fallu qu'elles confient leurs petits à leur mère », observe Annick Houel.

Jusque-là, donc, rien que de très logique : des motivations d'accommodements éducatifs et économiques expliquent souvent que les deux générations de femmes se trouvent si proches.

Mais il y a eu la révolution des années 1970. « À ce moment-là, les filles n'ont eu qu'une envie : quitter leur père, leur mère et inventer d'autres manières de vivre une vie de femme, observe Anasthasia Blanché. Aujourd'hui, les filles semblent en manque, reviennent dans le giron des mères pour renouer un lien dont elles semblent avoir à nouveau besoin. »

Les professionnels du marketing se sont évidemment emparés de cet air du temps, et voici quelques années que l'on parle notamment du « syndrome du Comptoir des cotonniers » pour évoquer ces images de fusion renouée entre des femmes de la cinquantaine et leurs filles adolescentes, aux physiques et garde-robes, semble-t-il, interchangeables. Pour Annik Houel, la fascination des hommes de marketing pour cette complicité des femmes entre elles est viscérale… et ambivalente : « Ils en ont un peu peur, commente-t-elle. D'ailleurs, dans le monde du travail ou la politique, ils insistent davantage sur les rivalités féminines, une façon de diviser pour mieux régner. »

> *Aujourd'hui, les filles semblent en manque, reviennent dans le giron des mères pour renouer un lien dont elles semblent avoir à nouveau besoin.*

Isabelle Decoopman, enseignante-chercheuse en marketing à la Skema Business School de Lille, a mené différentes études sur les mécanismes inhérents aux comportements de co-consommation et d'échanges de vêtements au sein de la dyade mère-fille. Elle en a conclu que « la proximité fusionnelle était surtout recherchée par les mères, qui n'ont pas l'intention de passer le flambeau en renonçant à leur féminité. 40 % d'entre elles préconisent donc l'échange de vêtements avec leur fille ».

Mais un mouvement général de distanciation est déjà en marche : les professionnels travaillent désormais à « décoller » les images d'un lien trop fort entre mères et filles. « Ils ont entendu la levée de boucliers des psychanalystes, qui rappellent combien les filles ont besoin de se différencier de leurs mères, explique la chercheuse. Résultat : une nouvelle campagne des “Cotonniers” où mères et filles ont été clairement présentées différemment, avec des couleurs en contraste, dans des espaces de vie distincts… »

Pour les jeunes femmes d'aujourd'hui, le combat de l'émancipation loin du giron maternel n'est cependant pas gagné : « Elles ont eu pour mères des baby-boomeuses ou des Wonder Woman des années 1980. Des femmes fortes et fascinantes, qui se sont construites sans les hommes, analyse Anasthasia Blanché. Elles ont du mal à quitter la protection un peu envahissante de ces génitrices. »

Pour les jeunes femmes d'aujourd'hui, le combat de l'émancipation loin du giron maternel n'est cependant pas gagné.

Une difficulté à se séparer et donc à se construire d'autant plus intense que l'on demande aux jeunes femmes d'aujourd'hui un haut niveau d'excellence : être à la fois femme sexy, engagée dans sa vie professionnelle et mère parfaite. Et la psychanalyste de constater : « L'injonction actuelle, c'est “trois en une, parce que je le vaux bien”, alors qu'avant, c'était juste “tu seras une mère, ma fille”. »

LE REGARD DE :

Malvine Zalcberg, psychologue, psychanalyste et docteur en psychanalyse

« Dès qu'elle naît, la petite fille a besoin de s'identifier à sa mère pour savoir comment devenir femme. Or la féminité est un secret singulier, qui ne se transmet pas comme un objet tangible. Chaque femme doit inventer sa féminité, ainsi que Simone de Beauvoir l'a résumé dans sa célébrissime formule : “On ne naît pas femme, on le devient.” Donc la petite s'accroche à sa mère, et plus elle s'accroche à elle, plus sa mère peut être tentée de prendre possession d'elle, de cette enfant qui la comble de tant de câlins, de complicité, de tendresse. Or la fille cherche une femme, pas une mère maternante et possessive ! Et cette dernière ne comprend pas non plus cette demande, parce que, trop souvent, elle-même n'a pas pu recevoir de réponses sur la féminité de sa propre mère... Alors elle souhaite que sa fille les lui donne ! C'est un paradoxe : la femme ne trouve pas le secret de sa féminité dans la fusion avec sa mère, mais en empruntant un trajet qui passe par une certaine solitude. C'est cette solitude qui va lui permettre de s'inventer elle-même. »

Écrire sur sa vie, une thérapie ?

C'est une déferlante : aujourd'hui, chacun veut faire le récit de sa vie. Dans les ateliers d'écriture, en e-book ou dans les romans ou essais, le besoin de revisiter son histoire s'impose toujours plus. Tous ne cherchent pas le succès, mais beaucoup sentent que mettre en mots et transmettre donne du sens à leur existence.

«Longtemps, je me suis couché de bonne heure»... Après tout, à la manière de Marcel Proust, et sans même être romanciers, combien d'entre nous ont le désir de se faire autobiographes? Reprendre par l'écriture le fil conducteur de sa vie, mettre à plat, comprendre les points de bascule, «rencontrer» à nouveau les personnes qui ont été importantes... Comment résister à une telle possibilité d'«éternel retour»?

Il suffit de voir le nombre croissant de témoignages, récits de vie et «tutos» sur Internet aidant à relater l'expérience personnelle pour en mesurer l'attrait. Encore une preuve de l'individualisme triomphant? Mais n'est-ce pas plutôt l'aspect bénéfique, voire thérapeutique, de la démarche qui s'exprime?

Pour Jean-Louis Servan-Schreiber, l'exercice, qui prend la forme d'un dialogue fécond entre celui qu'il était à mi-vie (le Quadra) et celui qu'il est devenu (l'Octo), relève davantage de la philosophie que de la littérature. Car tout comme les Grecs recommandaient de revoir mentalement sa journée, avec ses impairs et ses succès, avant de s'endormir, il est ici question de revisiter les grands domaines de l'existence (le parcours professionnel, les relations aux autres, la famille...) au soir de sa vie.

On y découvre un esprit sans cesse au travail, attaché à rester au plus près du réel, et capable à la fois de détachement et d'autocritique. Difficile de ne pas être touché par une telle recherche, qui amplifie et en même temps remet l'ego à sa place. Car si, comme le dit l'homme de presse, «mieux vaut reconnaître d'emblée qu'une vie ne peut être qu'une symphonie inachevée», pourquoi se mettre à l'écrire? «Je pourrais m'en passer et vivre enfin un pur loisir. Mais je pressens qu'il me manquerait le sens dont j'ai besoin au jour le jour, confie l'auteur. [...] C'est ma manière de me sentir exister au monde, et jusqu'à maintenant, ça n'a fait de tort à quiconque[1].»

Pour d'autres, écrire sa vie est encore davantage une manière de se faire du bien. À l'école d'écriture Les Mots[2], qui propose des ateliers d'un week-end ou hebdomadaires, et même «au long cours» pendant plusieurs mois, l'un des thèmes suscitant le plus d'inscriptions est «Écrire sur soi: par où commencer?».

C'est ma manière de me sentir exister au monde, et jusqu'à maintenant, ça n'a fait de tort à quiconque.

L'écrivain Gilles Sebhan[3] est intervenant-animateur autour de ces thématiques de l'autofiction ou autobiographie qui attirent de plus en plus de participants et, selon lui, davantage de femmes. «Elles ne viennent pas forcément pour publier, mais plutôt pour produire un texte sur elles-mêmes, observe-t-il. C'est là que certaines mises au point sont nécessaires, car ce public est disparate: certaines pensent qu'il suffit de raconter leurs exploits, leurs aventures; d'autres viennent pour se confier, d'autres pour se distraire comme dans un club de bridge. Et je dois les amener à comprendre que, au fond, peu importe l'histoire que l'on a à raconter, il n'y a pas de "bonne histoire". C'est la manière dont elle est écrite qui change tout.»

L'effet de groupe semble particulièrement édifiant. «Lire des textes sur soi devant les autres provoque de réelles émotions chez certaines, observe Gilles Sebhan. C'est positif, car cela signifie que c'est parfois la première fois qu'elles disent avec sincérité une chose tue jusque-là.» Magali Destruel, avocate de 52 ans, y a trouvé de nombreux bénéfices: «Nous évoquons ensemble nos joies, nos deuils, et en ce sens, cela ressemble à un groupe de parole, mais l'écriture – «descendre» dans le détail et la forme – nous permet de passer à autre chose.»

Dans l'écriture sur soi, l'aspect le plus bénéfique naîtrait surtout des surprises. Magali Destruel, qui s'était inscrite à l'atelier pour écrire sur «les liens entre son enfance et sa vie sentimentale actuelle», en a fait l'expérience. «Comme en thérapie, expérience que j'ai

1. Jean-Louis Servan-Schreiber, *80 ans, un certain âge*, Albin Michel, 2019.
2. https://lesmots.co/nous
3. Gilles Sebhan, *La Dette*, Gallimard, 2006.

vécue, on se laisse embarquer dans quelque chose d'inattendu, confie-t-elle. Ainsi, j'ai eu des "flashs" de souvenirs que j'ai approfondis et mis en lien avec d'autres interprétations rendues possibles par l'écriture. »

Le décentrage est aussi l'un des effets positifs de cette démarche. « Écrire sur sa vie empêche paradoxalement de se maintenir dans l'"entretien de la blessure" quand il y a eu un traumatisme, par exemple, observe Gilles Sebhan. De nombreuses participantes découvrent un autre univers en elles, ou une histoire différente qui se cachait derrière celle qu'elles venaient raconter. » Pouvoir ainsi consacrer du temps à son parcours personnel, en thérapie comme grâce à l'écriture, se révèle réparateur, car cela revient, chez certains pour la première fois, à vraiment « s'occuper de soi ».

> *Dans l'écriture sur soi, l'aspect le plus bénéfique naîtrait surtout des surprises.*

LE REGARD DE :

Philippe Grimbert, psychanalyste et écrivain

« Quand les personnes butent dans leur travail analytique, souvent je leur dis : "Écrivez !", car l'écriture peut permettre de mettre en forme quelque chose de l'indicible qui s'expérimente sur le divan. C'est comme ce qui se passe quand on raconte un rêve : le fait d'en faire le récit le révèle, lui donne sens, l'élucide.

« Franchement, je ne pense pas que l'on puisse "apprendre à écrire", car, venant du plus profond de notre être, cette compétence ne peut entrer dans un moule préfabriqué. Les défauts d'écriture, les accrocs eux-mêmes font le charme d'un style, car ils viennent de la névrose. Je crois en revanche que pour écrire tout ce qui est très formaté, comme des scénarios, par exemple, cet entraînement peut être fructueux. Malheureusement, beaucoup veulent écrire pour faire un best-seller et devenir célèbres comme dans la téléréalité. Mais rien de cela n'est "calculable", car ce qui fait un succès littéraire, c'est la rencontre avec le lecteur touché par ce que l'on a raconté de soi et qui devient universel. »

Harcèlement moral : en famille aussi ?

Ainsi, les « pervers narcissiques » seraient-ils désormais partout ? Et les manipulations deviendraient-elles des habitudes ? Désormais, on se harcèle partout : au travail, à l'école, mais aussi à domicile, entre proches. Comment avons-nous pu en arriver là ? En observateurs, les psychothérapeutes l'affirment : après s'être fait connaître dans le monde professionnel, ces violences psychologiques particulièrement insidieuses gagneraient du terrain dans la sphère privée.

Le spot a fait son buzz sur la Toile. Avec le film *Fred et Marie*[1], la fédération Wallonie-Bruxelles de l'Association contre les violences psychologiques a réussi à montrer en 15 minutes ce qui se passe dans un couple où l'homme, « pervers narcissique » selon l'association, harcèle, dénigre et détruit à petit feu sa compagne. Cela passe par d'infimes événements : Fred oblige Marie à changer de robe avant un dîner entre copains, refuse qu'elle y invite sa meilleure amie… mais, quelques instants après, il lui déclare avec passion qu'elle est « son grand amour adoré ». Cette fiction, qui s'appuie sur des travaux psychologiques, réalise la prouesse de faire comprendre des mécanismes insidieux et qui, de surcroît, se déroulent dans le huis clos par excellence : la famille.

Car depuis la révélation d'un « harcèlement moral » par la psychanalyste Marie-France Hirigoyen, le terme et ce qu'il recouvre dans le monde du travail ont bien été décrits. Il fait même l'objet d'un cadre législatif qui vise à restreindre sa propagation. Mais depuis quelques mois, on voit fleurir des études sur les « parents toxiques », les « conjoints manipulateurs » ou l'« emprise » à laquelle

1. www.fredetmarie.be

nous contraindraient certains liens affectifs mal gérés. Le harcèlement moral serait-il en train de se diffuser – après l'entreprise et l'école – dans des espaces censés être plus protecteurs : le couple, la famille ?

Nicole Prieur, psychothérapeute familiale qui a notamment organisé un colloque autour de « L'amour qui fait mal[2] », réfute l'usage trop rapide de ce terme, tout en reconnaissant une augmentation de ce qu'elle préfère appeler les « souffrances en famille ». À quoi attribuer celles-ci ? « La société assigne chacun de nous à être heureux, à devenir soi-même, observe-t-elle. Or cela s'oppose souvent au "vivre ensemble" du groupe familial. Le but de la famille étant de développer le "nous", il y a de fortes tensions entre cet appétit d'épanouissement personnel et le projet familial. »

Christel Petitcollin[3], conférencière spécialiste de la manipulation mentale, le confirme. Selon elle, par exemple, le personnage de la mère de Guillaume Gallienne dans le film *Les Garçons et Guillaume, à table !*, quoique représenté dans une comédie, montre bien le comportement d'une mère manipulatrice, assez typique de notre époque : « Elle nie totalement son fils dans sa vérité, l'identité qu'il se construit avec douleur… » Soit. Mais François Mauriac, avec sa *Thérèse Desqueyroux* des années 1950, montrait bien déjà le poids des injonctions familiales sur celle qui voulait être libre…

« Aujourd'hui, ce qui est nouveau, c'est que les jeunes adultes sont pris dans des loyautés très fortes, analyse Nicole Prieur. Ils savent que leurs parents ont fait des efforts ou que leur mère, déjà seule, ne peut être quittée par eux. Et si elle s'effondrait ? » En arrivons-nous alors à parler ici d'« emprise » ? « En tout cas, l'amour parental est devenu plus "encombrant", estime la psychothérapeute. Les enfants ont du mal à s'en dégager. »

Aujourd'hui, ce qui est nouveau, c'est que les jeunes adultes sont pris dans des loyautés très fortes.

Il faut dire que les parents dits « toxiques » regorgeraient de plusieurs techniques manipulatrices. « Ils sont assez faciles à reconnaître, tant leurs comportements sont stéréotypés, assure Christel Petitcollin. Ils agissent avec leurs victimes en utilisant quatre ficelles, toujours les mêmes : la séduction (en couvrant leurs enfants de cadeaux), la victimisation ("À cause de toi, je vais mal"), les représailles (voire l'intimidation) lorsqu'ils sont contrariés et,

2. Colloque du Ceccof des 29 et 30 novembre 2013 à Paris.
3. Christel Petitcollin, *Enfants de manipulateurs. Comment les protéger ?*, Guy Trédaniel, 2015.

bien sûr, la culpabilisation.» C'est alors une sorte de «colonisation mentale» qui ébranle les rares certitudes de la victime et l'empêche de vivre sa vie. Là encore, un exemple cinématographique est opportun: celui de la mère de l'étudiante dans le film *Oui, mais...*, qui, dépressive, menace de se suicider lorsque sa fille commence à sortir avec un garçon, la laissant donc le soir à sa solitude.

Ces mécanismes apparaîtront communs à beaucoup – André Gide ne disait-il pas déjà en son temps «Famille, je vous hais»...? Cependant, les professionnels de la psychologie estiment que les évolutions sociétales amènent ceux-ci à proliférer.

Chacun attend trop de l'autre aujourd'hui.

«Chacun attend trop de l'autre aujourd'hui, estime Nicole Prieur. D'un côté, des parents qui estiment "donner beaucoup"; de l'autre, des enfants en quête éperdue de reconnaissance... Dans le couple, rien ne va plus non plus: on s'éprend de l'autre à travers un prisme de projections, on attend l'impossible de lui... Et quand celui-ci ne vous reconnaît pas, quand il vous amène dans ses propres désirs en vous niant, on se sent détruit!» Et s'il fallait en effet s'attaquer à ces racines profondes du harcèlement pour le combattre?

En psychothérapie, on change un peu, beaucoup, passionnément…

On pourrait dire d'elle qu'elle est l'art de la transformation accompagnée : la psychothérapie est comme une danse qui entraîne le patient à évoluer sous le regard expert d'un professionnel qui, lui-même, a appris à changer. Mais le rythme, les pas, ne sont pas donnés d'avance, ni réguliers. Parfois, on va trop vite, parfois on recule. Surtout, dans une bonne thérapie, des changements inattendus s'imposent.

C'était devenu un gag pour ses collègues : Évelyne, quadra, assistante administrative dans une petite entreprise, faisait une thérapie depuis quelques mois. Elle y avait notamment découvert sa tendance à la passivité et la nécessité pour elle de s'affirmer davantage. Résultat : pendant quelques semaines, à chaque fois que lui était demandée une tâche (finaliser un dossier, appeler un client…), elle répondait avec zèle : « Non ! » Essuyant quelques difficultés avec sa hiérarchie, elle s'en est ouverte à son psy. Celui-ci l'aida à voir que son attitude était encore trop réactive, que la véritable assertivité viendrait quand elle serait capable d'accepter certains travaux, d'en négocier d'autres, mais qu'il ne s'agissait pas de se transformer en forteresse imprenable.

Les bons psychothérapeutes sont des observateurs vigilants du changement de leurs patients.

Les bons psychothérapeutes sont des observateurs vigilants du changement de leurs patients. Pas question pour eux de se laisser impressionner par des évolutions grandioses trop rapides. Dans le domaine des addictions, notamment, les professionnels savent bien que passer d'une dépendance à une autre (de l'alcool à une relation amoureuse destructrice, ou du tabagisme à la boulimie, par exemple) revient trop souvent à changer de cabine sur le *Titanic*. Pas question non plus de laisser le patient prendre trop de décisions radicales en commençant sa thérapie.

«Nous l'appelons l'"embellie du début", explique Jean-Michel Fourcade, président de l'Association fédérative française des organismes de psychothérapie (Affop[1]). Une personne vient consulter, sur les recommandations de quelqu'un, souvent sans avoir vérifié de quelle technique elle allait bénéficier, et donc au bout de 5 à 10 séances, ce patient va très bien... Il profite des bienfaits incomparables de pouvoir s'exprimer vraiment, d'avoir un espace personnel; sa souffrance diminue sous l'effet immédiat de la qualité d'écoute du thérapeute et, ressentant une telle euphorie... il décide de divorcer, de changer de pays ou d'arrêter de venir aux séances! J'invite les jeunes collègues que je forme à rester vigilants lors de cette phase "à risque" qui peut ramener le patient à la case départ et à son mal-être initial. Mieux vaut qu'il consolide réellement ses progrès.»

Ne pas se contenter des seules améliorations, mais chercher les causes.

C'est même là l'une des dimensions les plus importantes du métier: ne pas se laisser induire en erreur de diagnostic par quelques «points aveugles», que ce soient ceux du thérapeute – il a sa propre histoire affective à prendre en compte pendant la séance – ou ceux du patient. Dans son livre passionnant *Une vie pour être soi*[2], le psychothérapeute William Cornell raconte ces moments subtils où chacun est rattrapé par des motivations inconscientes à mettre au jour si l'on veut pouvoir réellement avancer.

Ne pas se contenter des seules améliorations, mais chercher les causes. Ainsi, cette femme qui consulte Joanna Smith[3], psychothérapeute spécialiste du traumatisme, pour un haut niveau d'anxiété généralisée: «Elle perdait rapidement ses moyens dans certaines situations, appréhendait toute situation nouvelle... Très rapidement, nous avons vu qu'elle réagissait ainsi depuis un accident de voiture qu'elle avait eu deux ans auparavant.» Grâce à la technique d'intégration des cycles de vie (ICV) qu'elle pratique, la thérapeute a aidé

1. http://www.affop.org
2. William Cornell, *Une vie pour être soi*, Payot, 2015.
3. Joanna Smith (dir.) et Roland Coutanceau (dir.), *Psychothérapie et Éducation. La question du changement*, Dunod, 2015.

cette patiente à faire l'expérience psychocorporelle du temps qui avait passé depuis cet événement. «En réintroduisant de la temporalité, nous avons vu que le temps présent était désormais "autre". Ma patiente a commencé à changer, à se sentir mieux… Reste qu'une question s'est ensuite imposée: pourquoi avait-elle, elle *particulièrement*, réagi avec autant de vulnérabilité à cet accident?» Une autre phase du travail a donc commencé, ramenant cette femme à des événements encore plus anciens. Satisfaite d'avoir réussi à passer tant de paliers, cette patiente a même demandé à sa thérapeute de l'aider à arrêter de fumer, un changement en entraînant soudain un autre.

À d'autres moments, la thérapie semble stagner et soudain, après de longs temps de marasme, un progrès inattendu se manifeste.

À d'autres moments, la thérapie semble stagner et soudain, après de longs temps de marasme, un progrès inattendu se manifeste. «Nous avons de bonnes surprises aussi, raconte Jean-Michel Fourcade. Celui qui était en colère contre sa mère se met soudain à éprouver de la gratitude pour elle; chez tel autre, c'est un rêve qui régénère tout le processus thérapeutique…» Des changements peu spectaculaires mais qui, pour le psychothérapeute comme pour le patient, peuvent signifier de réelles avancées.

Des clowns, nous en avons sérieusement besoin !

Depuis plusieurs décennies maintenant, ils interviennent dans les hôpitaux et les entreprises et inspirent également les professionnels de la psyché. En matière de développement personnel notamment, faire le clown est devenu affaire sérieuse : cela revient à retrouver une part d'enfance, de liberté, de poésie, particulièrement mise à mal dans une société du contrôle et de la rentabilité.

Coluche l'avait bien compris : un nez rouge et tout bascule. La réalité change, les relations s'allègent, la tendresse triomphe. Ce « passeport diplomatique du clown », comme l'appelle Jean-Bernard Bonange[1], a ainsi un jour quitté le milieu du cirque pour s'infiltrer dans la société civile.

À partir des années 1980, la « culture clown » s'est répandue dans les organisations un peu endormies (l'entreprise et ses conventions, ses formations...), mais aussi là où l'on souffrait (les hôpitaux et ses enfants malades, les maisons de retraite...). Et aujourd'hui, dans un contexte de crise, cette clown-thérapie sociale serait-elle désuète ? Loin de là. « Bien sûr, avec cette présence décalée, on est bien loin du rire méchant qui triomphe dans les médias actuels, reconnaît Jean-Bernard Bonange. Mais ces intervenants sociaux qui amènent de la vitalité partout où ils passent se sont propagés récemment dans les manifestations politiques (on a vu des "attentats clowns" dans des G20) ou dans des endroits à l'ambiance un peu

Aujourd'hui, dans ce monde angoissant de la représentation, le clown réveille l'espoir.

1. Jean-Bernard Bonange est codirecteur, avec Anne-Marie Bernard et Bertil Sylvander de la compagnie Bataclown, ainsi que rédacteur en chef de la revue bi-annuelle *Culture Clown*.

compassée comme les expos d'art contemporain.» Preuve que le mouvement ne s'est pas arrêté, on compte sur tout le territoire une douzaine de groupes de clowns «activistes militants», et cinq ou six grands organismes professionnels pour les hôpitaux. Ainsi que des thèses de troisième cycle universitaire dédiées à la sociologie du clown. «En notre époque d'importants enjeux sociaux, le mouvement devrait continuer à grandir», assure Jean-Bernard Bonange.

Les stages de développement personnel qui promettent de «réveiller le clown en soi» se sont aussi beaucoup développés grâce à Internet. Certains psychothérapeutes avouent également se servir des «techniques du clown» avec leurs patients, même s'ils ne l'affichent pas ouvertement. C'est le cas de Catherine Dolto ou du psychiatre Jean-Christophe Seznec[2]. Ce spécialiste de la psychopathologie du sport, qui aide ses patients en thérapie à «mettre leur mental de côté pour vivre vraiment et ressentir la vie», se sert aussi, en parallèle de sa formation en TCC (thérapie cognitive et comportementale), de tout ce que lui-même a appris en tant que clown : être pleinement dans son corps et rester dans le moment présent.

«Aujourd'hui, dans ce monde angoissant de la représentation, le clown réveille l'espoir, affirme-t-il. Il permet de s'échapper de façon positive. C'est lui, lorsque tout va mal, qui s'assoit sur le bord du trottoir et regarde tranquillement, comme dans un rêve, ce qui se passe autour de lui.» À travers différents exercices, notamment corporels, ce praticien enseigne donc à ses patients, cadres surstressés ou mères débordées, à «être cons et voir les choses de face, telles qu'elles sont, sans être accablés par leur jugement et leur mental, ce "dealer de pensées" qui n'est jamais rassasié». L'objectif premier : «se retrouver comme un Martien qui arrive sur Terre et s'extasie de tout».

L'objectif premier : « se retrouver comme un Martien qui arrive sur Terre et s'extasie de tout ».

Mais les autres apports de la clown-thérapie sont aussi très nets dans l'entreprise, assure le psychiatre, qui, en compagnie de la comédienne clown Élise Ouvrier-Buffet, a animé des stages auprès de professionnels des relations publiques ou d'employés de sociétés de services. «Quand vous êtes guichetier ou contrôleur SNCF, les techniques de clown vous apprennent à développer votre sens de l'à-propos, votre spontanéité», explique le Dr Seznec.

---

2. Jean-Christophe Seznec, *J'arrête de lutter avec mon corps. Votre thérapie par l'action*, Puf, 2014.

Un enthousiasme que modère Pierre Miraillès, coach d'équipes et consultant qui s'est beaucoup servi, jusqu'à la fin des années 1990, du clown dans ses stages de formation ou séminaires d'entreprise. «C'est un moyen vraiment efficace de créer plus de liens dans une équipe – le fameux team-building –, reconnaît-il. Mais, honnêtement, l'innocence du clown, que l'on atteint pendant quelques heures, a beaucoup de mal à perdurer dans l'environnement actuel de l'entreprise.» Développer son sens critique, comme nous y invite avec ouverture d'esprit le clown? «Oui, c'est bien, admet le coach. Encore faut-il pouvoir l'exercer, ce sens critique, dans un contexte où les postes sont éjectables et les managers manipulateurs et manipulés. Et encore faut-il que l'entreprise ait accepté le stage.» De ce côté, les résistances demeurent fortes: «Qu'est-ce que c'est? Du clown? C'est du développement personnel! Je comprends bien le principe et, dans l'idéal, il n'y a aucun problème... mais quel intérêt opérationnel? Je suis pragmatique, moi, monsieur...» Que les clowns se rassurent donc, ils ont encore beaucoup à faire.

LE REGARD DE :

Catherine Dolto, hapto-psychothérapeute[3]

« L'état de clown m'a toujours fascinée : cette ouverture naïve, curieuse, ce désir constant de découvrir le monde qu'ils expriment, génère de larges espaces de réflexion, tout comme le contact avec les nouveau-nés. Face à l'épreuve, nous devrions avoir la même naïveté que le clown. Il est essentiel de laisser s'exprimer ce qui est clownesque en chacun de nous.

« Tout est expressif chez le clown : le nez rouge, la manière de bouger, de tenir sa tête, ses épaules, tout compte. Le clown, comme le nouveau-né, n'exerce aucun contrôle corporel, ce qui fait que corps et âme se présentent ensemble. Et cette liberté d'être, nous la perdons en grandissant, car nous avons reçu des injonctions de maîtrise du maintien qui, quoique nécessaires, nous ont trop souvent coupés de nous-mêmes.

« Je pense que réveiller le clown en soi est une expérience très intime et singulière... Alors la vivre dans le monde de l'entreprise me semble difficile. À l'hôpital, en revanche, les clowns ont amené des changements formidables : "Étonnez-vous ! Acceptez que la vie soit tragique sans vous prendre au sérieux ! Et voyez comme on peut briser les carcans sans être agressif", voilà leur message. »

3. Catherine Dolto se produit sur scène avec Emma la clown dans différents spectacles : «*La Conférence*» ou «*Z'human's*»

Les grands-parents à la découverte des petits-enfants d'aujourd'hui

Pas toujours facile de s'adapter à l'accélération générale ! C'est le cas parfois pour ces seniors qui ont à faire avec leurs petits-enfants, si différents de ceux qu'ils ont été, et même de leurs propres enfants. En quelques années, les comportements et le langage des plus jeunes se sont transformés. S'y former s'impose parfois aux aînés, ne serait-ce que pour ensuite leur permettre de mieux transmettre ce qui relève de l'universel… et de l'impermanent.

Avec cinq petits-enfants âgés de 5 à 21 ans, Elyette Joubert, 73 ans, est une grand-mère expérimentée. « J'ai là un panel assez large qui me permet de voir qu'entre les premiers-nés et les plus jeunes, cela n'a déjà plus rien à voir, ce qui peut surprendre les grands-parents, commente-t-elle. Les petits sont encore plus sollicités par le monde extérieur et vivent à un rythme encore plus rapide. » Mais elle en convient : « Avec eux, c'est tellement facile ! Ils ont envie de jeux de société, de faire avec nous tout ce qu'ils n'ont plus le temps de faire à la maison avec des parents très occupés, se réjouit-elle. Si l'on installe des rendez-vous réguliers, si la complicité naît, ils continuent à avoir envie de nous voir lorsqu'ils sont ados et jeunes adultes ! Mais pour que la relation reste intéressante, il faut qu'il y ait eu très tôt une vraie relation. » Ainsi, elle confie parler ouvertement de tous les sujets avec sa petite-fille de 16 ans, avec qui, depuis toujours, elle déjeune le mercredi.

> *Pour que la relation reste intéressante, il faut qu'il y ait eu très tôt une vraie relation.*

Une image d'Épinal qui n'est pas le fait de tous les grands-parents d'aujourd'hui. « La majorité de ceux qui appellent notre ligne d'accueil téléphonique n'ont plus de contacts avec leurs petits-enfants à cause d'un conflit avec leurs propres enfants ou sont préoccupés face aux difficultés de leurs petits-enfants : anorexie, addiction au cannabis, chômage des plus grands, explique Marie-Claire Chain, psychologue à l'École des grands-parents européens (EGPE[1]) de Paris. Rappelons que ces seniors n'ont pas de statut légal, et garder la juste place n'est pas toujours facile. »

Ces seniors n'ont pas de statut légal, et garder la juste place n'est pas toujours facile.

Aussi le réseau EGPE – une quinzaine d'Écoles de grands-parents européens dans toute la France – multiplie-t-il les propositions pour aider les seniors à rester une force et un appui pour les plus jeunes, pour favoriser des relations interactives et fructueuses pour les deux générations.

Ancienne enseignante, Elyette Joubert croit en la prévention. Elle qui anime des ateliers intergénérationnels à l'EGPE se félicite d'avoir permis l'engagement de grands-parents dans douze écoles parisiennes, où ils rencontrent des enfants de maternelle. « Nous avons créé ces "ateliers d'aide au langage" pour prévenir de manière précoce la violence, explique-t-elle. En améliorant leur verbalisation, les enfants renoncent aux coups au profit de la parole ! »

Mais pour pouvoir être vraiment aidants, les grands-parents, qui se rendent toujours par deux dans les classes, reçoivent une formation régulière à l'EGPE par des spécialistes de la petite enfance (orthophonistes, psychologues…). « Ils ont notamment besoin d'en savoir plus sur cette tranche d'âge et comment canaliser l'attention de ces enfants qui ont peu de capacité de concentration », explique Elyette Joubert. Il s'agit donc d'installer des rituels pour donner des règles et des repères à cette rencontre, et de toujours commencer par une comptine ou une activité gestuelle avant d'entrer dans l'apprentissage plus « lourd » (enrichissement des phrases, du vocabulaire…), qui ne doit pas excéder des tranches d'un quart d'heure. « Pour qu'ils soient écoutés, nous invitons les seniors à varier sans cesse leurs propositions », explique l'organisatrice de ces rencontres.

Ils ont notamment besoin d'en savoir plus sur cette tranche d'âge et comment canaliser l'attention de ces enfants qui ont peu de capacité de concentration.

1. École des grands-parents européens, 12, rue Chomel, 75007 Paris – Tél. : 01 45 44 34 93 – http://www.egpe.org

Ces grands-parents ont-ils donc tant besoin d'être initiés aux nouveaux comportements des jeunes? «Paradoxalement, les nouveaux grands-parents, ceux qui ont environ 60 ans, sont moins "souples" avec leurs petits-enfants, observe Marie-Claire Chain. Ils sont encore trop actifs eux-mêmes, très proches de l'exigence parentale et plus réfractaires au lâcher-prise... À 75 ans, ils ont fait du chemin, acquis de l'expérience!»

Restent toutefois beaucoup de questions: «Pourquoi ma petite-fille ne dit-elle jamais le nom de famille de sa colocataire?», «Faut-il que j'embrasse sur la joue la copine de mon petit-fils?», «Mon petit-fils, à 6 ans, va encore dans le lit de ses parents, est-ce normal?», «Je n'ai pas Internet à la maison, comment donner envie à mes petits-enfants de venir me voir?...» Pour Marie-Claire Chain, il est alors essentiel que les grands-parents restent dans leur rôle: «Nous leur disons: "N'essayez pas d'être comme vos petits-enfants – vos idées sont vos idées –, mais donnez-leur envie d'en discuter avec vous. Aimez-les comme ils sont."»

Vivre avec toutes les nouveautés technologiques incite paradoxalement les seniors à inventer de nouvelles manières de communiquer avec leurs petits-enfants. Jeanne, 73 ans, confie qu'elle est heureuse du cadeau de Noël qu'elle recevra cette année: «Mes enfants vont m'offrir une tablette... Mais surtout, pour apprendre à l'utiliser, j'aurai droit à quelques heures de "formation" par mon petit-fils de 19 ans. Je m'en réjouis d'avance!»

Se cultiver rend heureux

Nous avons à disposition un trésor et nous n'en sommes pas toujours conscients : la culture, les arts, le patrimoine sont autant de ressources pour goûter la vie, évoluer, se transformer. Désormais, les neurosciences en attestent : un cerveau qui lit ou qui écoute de la musique ne cesse de s'affiner et, dans sa dimension de partage, la culture nous rend plus empathiques. Courons donc aux musées, écoutons des symphonies, relisons Proust..., nous y puiserons le sel de l'existence.

Ça ressemble à une prescription médicale : une heure par semaine, de 25 à 65 ans, voici tout ce que vous avez intérêt à lire, écouter, visionner, visiter pour « affronter au mieux le monde », « vivre mille vies virtuelles », « vous découvrir et avoir accès à de nouvelles dimensions du bonheur et de la réussite ». Quelles sont donc ces potions magiques ?

Des *Trois Mousquetaires* de Dumas à *Blade Runner*, le film de Ridley Scott, en passant par le Taj Mahal en Inde ou la toile *La Maja nue* de Goya, ce sont plus de 700 œuvres culturelles que Jacques Attali a sélectionnées dans son dernier livre, *Les Chemins de l'essentiel*[1]. Car, bien sûr, la famille et l'école ne suffisent pas à nourrir nos esprits et nos cœurs assoiffés – dans les meilleurs des cas – d'intelligence, de beauté et, surtout... d'humanité. Se cultiver, rappelle l'écrivain, c'est en effet se mettre en contact avec des valeurs universelles et se sentir appartenir au monde. En ce sens, c'est partager un trésor et, face à tout ce qu'il apporte, mieux se connaître soi-même, mieux comprendre les autres.

Se cultiver, rappelle l'écrivain, c'est en effet se mettre en contact avec des valeurs universelles et se sentir appartenir au monde.

1. Jacques Attali, *Les Chemins de l'essentiel*, Fayard, 2018.

Pour le psychiatre Thierry Delcourt, cela a à voir avec un mécanisme psychologique, l'«introjection»: «Quand le sculpteur Giacometti explore les traditions d'Afrique et d'Océanie, il absorbe ces influences, les digère et les introjecte dans ses propres créations pour en faire du "jamais vu".»

Auteur d'un essai sur la «folie de l'artiste[2]», le Dr Thierry Delcourt intègre pleinement la dimension culturelle dans son travail: «Si l'on ne fait qu'appliquer le savoir théorique de son domaine, on passe à côté de l'essentiel, estime-t-il. Un plombier qui ne s'intéresserait pas à ce qui se faisait avant ou ailleurs dans son métier ne peut être un bon artisan. Même chose pour un soignant qui ignorerait les sciences et les œuvres culturelles humaines… Il aurait une vision fermée de la maladie mentale.»

Élodie Lahaye, médecin généraliste homéopathe et conceptrice de séminaires dans un organisme de formations pour les médecins[3], partage cet avis: «En associant médecine et culture, à partir de textes de théâtre ou du travail du clown, nous observons que l'approche du patient change chez nos participants, observe-t-elle. Ceux-ci ne viennent pas apprendre des recettes, mais vivre des émotions, tout un "savoir-être" qui leur sert dans la rencontre humaine de la consultation.»

Un voyage philosophique de groupe en Grèce autour du serment d'Hippocrate, des exercices de réécriture de l'épisode de la «petite madeleine» de Proust, la lecture sur scène de la correspondance entre Albert Camus et Maria Casarès… Les œuvres culturelles de tous horizons constituent une manne toujours disponible lors des séminaires bisannuels qui permettent aux médecins rudement menés dans l'exercice de leur métier de se ressourcer à un niveau profond.

«Le théâtre, c'est l'anti-burn-out! affirme Élodie Lahaye. Je me souviens notamment d'une lecture sans ponctuation du texte *Tu seras un homme mon fils* de Rudyard Kipling. Celle-ci a permis à de nombreux médecins d'exprimer leur souffrance.»

Ces prescriptions culturelles aident aussi les patients. «L'anthropologie avec des travaux comme ceux de Françoise Héritier, le cinéma, la sculpture… Quand j'écoute la problématique d'un patient, je dispose d'un savoir qui ne se limite pas aux quatre murs du cabinet, explique le Dr Thierry Delcourt. Et en me demandant comment être créatif face à la situation vécue par cette personne, je lui restitue aussi un peu de sa créativité.»

---

2. Thierry Delcourt, *La Folie de l'artiste. Créer au bord de l'abîme*, Max Milo, 2018.
3. Plus d'informations sur: http://www.sftg.eu

Si chaque cas est singulier, certaines œuvres aident particulièrement le psychiatre dans son accueil du trouble psychique. «Je me souviens d'une patiente très éprouvée par un fort sentiment de culpabilité… Je lui avais alors parlé des "folles de Morzine", ces centaines de femmes qui, au XIXe siècle, se croyaient possédées par des démons. L'évocation de cet épisode historique, le fait d'échanger tous les deux dessus, a eu un véritable effet de libération. De même, parler du film *Festen* avec certains patients permet d'aborder la révélation de l'inceste et leur fait comprendre qu'ils ne sont pas seuls avec leur traumatisme.»

Cependant, engranger des connaissances ne suffit pas. Pour se cultiver en profondeur, temps et maturation sont requis. Ainsi que de la chance: ce sont le plus souvent des «passeurs» qui nous mettent sur le chemin d'œuvres culturelles qui nous seront profitables.

Pour se cultiver en profondeur, temps et maturation sont requis.

LE REGARD DE :

Pierre Lemarquis, neurologue et membre de la Société de neurophysiologie clinique de langue française

« Notre cerveau nous coûte cher en énergie. Nous avons donc tendance à nous en servir le moins possible, et cette force d'entropie nous ramène sans cesse à ce que nous connaissons déjà. Mais si nous regardons des toiles de maîtres ou écoutons des opéras, nous permettons à notre cerveau de changer de perspective. Il a été montré qu'en deux secondes seulement, nous rejetons une œuvre qui ne nous intéresse pas. Et il suffit de quatre secondes pour commencer à être attiré par une autre. Souvent, c'est parce que l'on reconnaît effectivement une sonorité, une mélodie ou un trait de peintre que l'on est "accroché" par une œuvre. Mais ensuite, cette fréquentation nous donne accès à des voies nouvelles et, ainsi, nous empêche de nous scléroser. Car sans culture, on ne se transforme pas. Nous fonctionnons par arborescences et ainsi, dans chaque objet culturel, nous pouvons discerner les influences qui lui sont sous-jacentes : sans Virgile, il n'y aurait pas eu Dante ; sans Bach, Chopin ne serait pas devenu celui qu'il a été, etc. La culture est un fil que nous tenons mais dont nous ne voyons jamais le bout. C'est pour cela qu'elle nous tient sans cesse "éveillés". »

La culture émotionnelle masculine doit se libérer

Les joueurs de foot, les acteurs à qui l'on remet un prix d'interprétation, les journalistes qui quittent leur émission..., on les voit désormais pleurer. Ils affichent aussi leur sensibilité dans de longs entretiens. Mais le « sexe fort » s'autorise-t-il vraiment à exprimer ses sentiments profonds et à dévoiler son intimité ? Beaucoup d'hommes semblent encore muselés dans une gestion bancale des émotions. Un état des lieux qui devrait encourager les parents de garçons à parler de ces affects si précieux.

Quand les hommes ont eu un père « absent » (surinvesti dans sa carrière, la quête du pouvoir ou de l'argent, ou psychiquement inaccessible à cause d'une dépression, d'une addiction...), ils courent le risque de ne pouvoir développer leur intériorité.

Souvenez-vous de Jean Gabin lorsqu'il lance «T'as de beaux yeux, tu sais» à Michèle Morgan dans *Quai des brumes*... Un roc : visage assez statique, lèvres pincées. Celui qui était alors considéré comme le plus grand acteur de sa génération n'exprimait ni peur – dans le premier film – ni tendresse – dans le second. Cette impassibilité affichée des hommes des années 1960 était un must que les acteurs de la série *Mad Men* n'ont pas manqué de reproduire : quand ils ont un problème, ils lèvent un sourcil et... se servent un scotch. Le désengagement affectif est leur marque. «Nous venons d'un temps où, pour se construire, les garçons devaient marquer leur différence par rapport aux filles, rappelle le psychanalyste Guy Corneau : cela donnait donc "ne pas paraître sensible", "ne pas pleurer", "faire le fort", afin de démontrer qu'on est du sexe dominant.»

Aussi, l'essai que publia en 1989 celui qui allait devenir une icône des «mouvements d'hommes» eut l'effet d'un tsunami. Guy Corneau y levait un voile sur le handicap émotionnel dont souffrait, selon lui, une grande partie de ses contemporains. Avec un titre coup de poing : *Père manquant, fils manqué*[1], l'analyse développée dans ce best-seller était sans détour : quand les hommes ont eu un père « absent » (surinvesti dans sa carrière, la quête du pouvoir ou de l'argent, ou psychiquement inaccessible à cause d'une dépression, d'une addiction...), ils courent le risque de ne pouvoir développer leur intériorité, et donc la distance nécessaire à l'égard de ce qu'ils ressentent, ainsi qu'une réelle intimité avec les autres. « Sans initiation par un père accompagnant, modèle de force mais aussi de limites, les hommes vivent des passages à l'acte trop impulsifs, une incapacité à contenir leurs émotions, explique le psychanalyste. On se retrouve alors avec des êtres cadenassés qui, un jour, "pètent les plombs" ou commettent l'irréparable... et leurs voisins de palier s'exclamant : "Il avait l'air si gentil ! Jamais nous n'aurions pu imaginer cela !" »

Un petit garçon qui pleure dans une cour d'école continue à être moqué, voire humilié, alors qu'une petite fille se voit consolée par ces camarades.

Le message diffusé par Guy Corneau s'est amplement diffusé en Amérique du Nord, notamment avec la création en 1993 au Québec de groupes de parole spécifiquement dédiés aux hommes[2] et qui concernent aujourd'hui plus de 10 000 participants. Le mouvement a aussi essaimé en Europe, dont la France, où une vingtaine de réseaux hommes fonctionnent encore[3]. Vingt-cinq après, quand le psychanalyste publie une nouvelle édition de son best-seller, on se demande encore si la culture émotionnelle masculine a changé.

Pour certains observateurs, les stéréotypes liés au sexe restent très forts malgré – et c'est une bonne nouvelle – les nombreuses études en psychologie expérimentale qui démontrent que, par exemple, les hommes éprouvent autant d'émotions que les femmes ou que leur niveau d'empathie est identique à celui du « sexe faible ». Reste cependant qu'un petit garçon qui pleure dans une cour d'école continue à être moqué, voire humilié, alors qu'une petite fille se voit consolée par ses camarades.

Et sur le terrain des groupes de parole où l'on souhaitait « libérer l'émotion des hommes », des difficultés demeurent. Jérôme Sebben,

---

1. Guy Corneau, *Père manquant, fils manqué. De la blessure à la parole*, J'ai lu, 2010.
2. http://www.rhquebec.org
3. http://www.reseauhommes.com

consultant en développement d'affaires qui préside le Réseau Hommes de la région Rhône-Alpes, observe que le «clivage s'est durci»: «Dans l'entreprise, les hommes sont régis par leurs peurs et ne sont guère préparés émotionnellement aux transitions professionnelles imposées, observe-t-il. Dans leur couple, leur sensibilité ou leur recherche intérieure n'est pas toujours bien accueillie... et on les voit arriver dans les groupes, notamment des jeunes en manque de repères, assaillis par une grande culpabilité. Le risque, c'est que ces jeunes désorientés s'arc-boutent sur les anciens schémas masculins: l'agressivité, la domination par la colère.»

Guy Corneau, lui, y croyait encore en 2015: les hommes continuent à se «décadenasser» émotionnellement. Et le psychanalyste, une fois de plus, attribuait à la paternité ce pouvoir de les transformer: «On voit aujourd'hui de plus en plus de jeunes pères s'occuper quotidiennement de leurs fils, jouer avec eux, les changer, les nourrir, observait-il... Autant d'occasions pour ces hommes de dissoudre le modèle du macho pur et dur qui dominait traditionnellement, mais aussi d'"humaniser" les générations à venir... Ces pères attentionnés expérimentent dans ces contacts précoces avec leurs enfants – tendresse, jeu, baisers... – toute une gamme d'émotions qu'ils ne pensaient pouvoir vivre jusque-là qu'avec des femmes.» Selon le psychanalyste, il s'agit là d'une «ouverture du cœur» dont on peut se réjouir.

Parents, évitez de faire de votre enfant un tyran !

Beaucoup se sentent aujourd'hui dépassés, acculés au conflit ou à la résignation par des enfants dominateurs et désormais maîtres à la maison. Quelle difficile mission que celle de ces parents ! Mais culpabiliser est stérile. L'enjeu reste d'être à la fois ferme et bienveillant avec des enfants que l'on éduque pour qu'ils deviennent des êtres empathiques, créatifs et positifs. Une mission hautement délicate, certes, mais ô combien gratifiante et nécessaire au monde qui vient !

« Quels enfants allons-nous laisser à la planète ? » Telle est la question qui hantait la réalisatrice Anne Barth lorsque, au début des années 2000, elle se mit à filmer Juliette, Théo, Charles, alors âgés d'un peu plus de 10 ans, et leurs familles. Une immersion qui aboutit en 2017 à la sortie du film *L'Arbre de l'enfance*[1], un document sensible où l'on suit l'évolution de chacun.

Ce film est un succès « sous cape ». Diffusé dans des centaines de « ciné-rencontres », des établissements scolaires ou des associations éducatives en région, il vient toucher le public grandissant de ceux qui se préoccupent de parentalité. « Des parents déboussolés viennent à moi à la fin de chaque projection, confie la réalisatrice. Beaucoup ne savent plus comment faire avec leurs enfants, car il y a aujourd'hui une immense confusion entre leur laisser tout faire et les punir violemment. » Si le film ne délivre aucun conseil, il pose les problèmes de manière lucide et apporte quand même une réponse : aujourd'hui, tout parent, pour rester à la fois « ferme et bienveillant », doit réfléchir à sa propre enfance, voir à quel point celle-ci influence sa manière de faire avec la nouvelle génération.

---

1. Association L'Arbre de l'enfance, https://www.larbredelenfance.com/

Comment ne pas contribuer à l'ère des petits ingérables ? La prise de conscience appelée par Anne Barth peut être un premier pas pour ceux qui se sentent débordés par des enfants toujours dans le conflit et la résistance, comme s'ils voulaient faire plier les adultes et prendre le pouvoir au foyer. Car si l'on parlait, il y a quelques années encore, de l'« enfant roi », désormais, les pédopsychiatres s'accordent à dire qu'un cran au-dessus a été atteint. « L'enfant tyrannique est celui qui prend le contrôle sur la maison, cela implique une dimension spécifique qui est celle de l'inversion de la hiérarchie familiale, observent Nathalie Franc et Haim Omer. Aux parents donc de s'interroger sur ce qui, dans leur histoire, expliquerait leur tendance à abandonner leur rôle éducatif[2]. »

L'enfant tyrannique est celui qui prend le contrôle sur la maison.

Une autre stratégie peut aussi être envisagée, proposée par la dramathérapeute et enseignante Sandrine Pitarque : « Se réapproprier les règles, savoir pourquoi elles ont du sens, cela peut aider les parents, explique-t-elle, car ensuite, ils les feront mieux passer aux enfants[3]. » Dire bonjour, c'est important, car cela revient à la reconnaître dans son humanité ; passer sa colère en tapant dans un coussin plutôt qu'en agressant les autres permet de respecter ceux-ci... Selon elle, rien n'est plus porteur que le jeu. Elle en décrit plus de 250, dont les règles, expliquées à l'enfant, permettent d'explorer les places, d'exprimer l'agressivité ou de vivre mieux la séparation. « On peut, avec ces enfants tyrans, reconstruire le sens des limites par exemple en décidant d'espaces de jeux (là, dans ta chambre, je viens jouer avec toi... mais la cuisine n'est pas un endroit pour ça), explique Sandrine Pitarque. Avec un jeu comme "La baguette magique", celui qui est en sa possession un moment a le pouvoir de "jeter un sort" et peut demander à l'autre de faire ce qu'il veut (se transformer en grenouille, s'habiller à l'envers, etc.), mais ensuite, il doit donner la baguette magique et restituer ce pouvoir à son partenaire. » À force d'explorer et de définir ainsi les règles d'un jeu, le parent peut indirectement faire comprendre l'importance des limites à l'enfant le plus récalcitrant.

À force d'explorer et de définir ainsi les règles d'un jeu, le parent peut indirectement faire comprendre l'importance des limites à l'enfant le plus récalcitrant.

2. Nathalie Franc et Haim Omer, *Accompagner les parents d'enfants tyranniques. Programme en 13 séances*, Dunod, 2017.
3. Sandrine Pitarque, *Jouons pour les aider à bien grandir*, Leduc.s, 2018.

Soit. Mais encore faut-il que les parents prennent ce temps de jouer. Or beaucoup de parents qui arrivent en consultation chez les psychologues vont mal. « Ils s'effacent complètement, ne ressentent rien et pensent tout de suite que leur enfant a un problème psychologique, observe la psychologue Raphaële Miljkovitch. Ils n'envisagent simplement pas de recadrer[4]. » Ce qui mine et inhibe ces parents est l'inquiétude. « Ils sont trop focalisés sur les fragilités des enfants, en font de petites choses au point de ne plus voir leurs ressources », poursuit la psychologue. À force de se sentir mal, le parent qui a oublié qu'il était « lui aussi une personne » insécurise son enfant. Comment sortir de cette spirale infernale ? « Parfois, seuls quelques ajustements sont nécessaires, rassure Raphaële Miljkovitch. Éviter la responsabilisation à outrance de l'enfant comme sa fragilisation, qui sont les deux extrêmes que nous observons ; il s'agit "juste" d'apprendre à l'enfant à être civilisé. »

Ce qui mine et inhibe ces parents est l'inquiétude.

LE REGARD DE :

Pr Marcel Rufo, pédopsychiatre

« Dans notre discipline, depuis les découvertes de la pédiatre Jenny Aubry sur les carences affectives, thème largement développé par tout le courant psychanalytique, nous sommes tombés dans une carence d'autorité. Aujourd'hui, les parents veulent plaire à leurs enfants au lieu de les éduquer. Regardez les "papas nouveaux", ils veulent avoir du loisir avec leurs petits et leurs ados, mais les frustrer devient difficile.

« Or leur rôle protecteur est essentiel. Ils doivent comprendre que pour les capter, l'enfant n'a rien trouvé de mieux que leur casser les pieds. Et plus on s'inscrit dans un rapport de force, plus il sera tyrannique. Mais en réalité, c'est parce qu'il souffre psychiquement que l'enfant met tant d'intensité dans ses relations familiales. Nous, pédopsychiatres, sommes des artisans, car à chaque fois nous devons comprendre un cas singulier. Mais je dirais que l'enfant tyran exprime un problème de place. Est-il particulièrement rival de ses frères et sœurs ? Y a-t-il des secrets de famille toxiques le concernant ? Y a-t-il

4. Raphaële Miljkovitch et François Poisson, *Parenting. Le parent aussi est une personne*, Odile Jacob, 2018.

des victimes ou des bourreaux dans son environnement scolaire ? Le respect de l'autre comme équivalent de soi ne lui est pas possible. Pourquoi ? C'est pour le comprendre qu'un tiers est essentiel aux parents. De cette alliance entre eux et nous, à mi-chemin entre pédagogie et soin, peut venir la solution. »

La négociation mérite toute notre attention

Elle n'a pas bonne presse. Souvent, on l'évite, on refuse de s'y soumettre ou on la perçoit comme un jeu de marchands de soupe. Pourtant, la négociation vue comme un jeu relationnel peut devenir passionnante. Comme dans la médiation, c'est la qualité de la relation qu'elle installe qui change tout. Mais pour réussir à négocier, toutes sortes de qualités émotionnelles sont à travailler.

Dans la vie relationnelle de Jean, cadre dans une entreprise de communication, il y a eu un avant et un après. «Je détestais avoir à négocier, et ce, que ce soit sur un marché artisanal ou dans mon service, au travail, explique-t-il. Argumenter, pousser l'autre dans ses retranchements, chercher à obtenir ce que je veux me faisait peur, en fait, peur d'échouer.»

Mais Jean, à travers le livre de Chris Voss[1], ancien négociateur du FBI qui enseigne désormais cet art difficile, affirme avoir découvert une nouvelle manière d'envisager la négociation... et donc les relations aux autres. «Car il n'y a pas qu'une dimension marchande dans cette obligation d'argumenter, explique Jean. En fait, nous passons notre vie à négocier : avec notre syndic d'immeuble, avec nos enfants, nos collègues, ou pour obtenir une chambre mieux placée dans un hôtel... Toutes nos relations supposent que nous soyons disposés à le faire, et cela peut même devenir passionnant.»

Parmi ce qu'il retient de sa lecture de Voss, la fin de la culture du «*win win*», cette philosophie des années 1990 qui suppose que l'on peut trouver un terrain où chacun sera content de ce qu'il a obtenu. «En fait, cette carotte illusoire nous empêche d'entrer dans

1. Chris Voss et Tahl Raz, *Ne coupez jamais la poire en deux*, Belfond, 2018.

un rapport vrai avec l'autre. Chercher le compromis, c'est, d'une certaine manière, se débiner.»

Pour Patricia Raffin-Peyloz, médiatrice à la Maison de la médiation[2], il n'y a pas non plus de «compromis» à trouver, pas de «gagnant» ni de «perdant» à instituer chez les personnes qu'elle accompagne. «Notre objectif lorsque nous recevons des parents en conflit avec leurs enfants ou des couples séparés qui ne se parlent plus, c'est que chacun retrouve sa place, avec la liberté de dire "je" et sa responsabilité de pouvoir dire ce qu'il veut. En fait, ce qui compte, c'est de maintenir la relation.»

Pour Chris Voss, c'est aussi la condition nécessaire à la réussite d'une négociation: que les besoins fondamentaux des interlocuteurs soient respectés, leur besoin de sécurité et leur besoin de contrôle. Amener l'autre à prononcer un «non» au début des échanges donne à celui-ci une sensation de liberté qui peut arrondir la suite. Puis, on peut passer au «comment». «OK, vous ne pouvez pas m'accorder cette promotion, alors comment gratifier mon travail?» De nouvelles informations arrivent alors au fur et à mesure qu'il précise sa pensée: quelles sont les valeurs de cet autre? Qu'est-ce qu'il a vraiment en tête? «En fait, son approche nous invite à faire une véritable enquête psychologique, à base de curiosité, explique Jean. C'est un contact profond avec notre interlocuteur qui nous permet de trouver l'accord.»

Chez les médiateurs, rien n'est, ainsi, plus important que de devenir le miroir de ce qu'une personne énonce, car c'est la reconnaissance des émotions qui permet d'avancer. «À celui qui est agressif, nous disons: "Vous êtes en colère, n'est-ce pas?", explique Patricia Raffin-Peyloz. Nous ne nous posons ni en juge ni en conseil, et lui faisons savoir que chacun peut interrompre le process à tout moment.»

C'est un contact profond avec notre interlocuteur qui nous permet de trouver l'accord.

Chez ceux qui ne peuvent même plus se parler et parfois même se tournent le dos, le tiers médiateur sert essentiellement à reformuler afin que les demandes soient bien entendues. «Monsieur dit qu'il ne peut verser de pension alimentaire en ce moment où il est au chômage, mais il accepte de prendre davantage les enfants en garde quand vous êtes au travail, par exemple.»

«Ce n'est pas la lutte d'arguments qui fait avancer une négociation, mais la compréhension de ce que veut *réellement* l'autre»,

2. Pour plus d'informations: http://www.maisonmediation.fr

ajoute Jean. Vouloir d'abord être reconnu ou respecté, autonome ou remercié… Entrer dans l'univers mental de son interlocuteur fait évidemment la différence, car ce que l'on cherche à obtenir de lui, c'est un vrai «oui», pas un «oui» de complaisance ou de dégagement. «La compétence magique à ce stade, c'est l'empathie, résume Jean, celle-là seule qui permet de faire aboutir une négociation satisfaisante pour les deux parties.»

> *Ce n'est pas la lutte d'arguments qui fait avancer une négociation, mais la compréhension de ce que veut* réellement *l'autre.*

En attendant la résolution des échanges, il faut garder à cœur d'avancer. «Nous ne savons jamais quels seront ceux qui réussiront à trouver un accord, observe Patricia Raffin-Peyloz. Mais nous savons que, quoi qu'il en soit, il est toujours possible de planter des petites graines, même entre ceux qui sont à ce jour farouchement opposés.»

LE REGARD DE :

Dr Patrick Légeron, psychiatre, spécialiste du stress en entreprise et fondateur du cabinet de conseil Stimulus

« Quand vous êtes dans une situation de stress telle qu'une négociation importante, toutes sortes de pensées se présentent inévitablement à vous. Cela va de "je viens de marquer un point" à "ça ne va pas marcher". Ces pensées génèrent inévitablement de la colère, du découragement ou de la confiance en soi au fur et à mesure des échanges. Il est fondamental d'être très attentif à ces pensées et à son état émotionnel, afin de déjouer ce qui est inadapté. Face à ce collaborateur qui vous dit "on va se planter", vous pouvez, par exemple, vous dire : "Il y va un peu fort, mais il a peut-être vu quelque chose à améliorer." Cette manière de prendre du recul est ce que l'on appelle la "pensée adaptative". C'est elle qui permet de contrôler les émotions négatives et de favoriser celles qui aident à avancer pendant le challenge. Aussi est-il important, en amont, d'anticiper ce qui peut arriver durant la négociation : les écueils, les avancées, les coups bas… Connaître les techniques de respiration qui aideront à prendre du recul et surtout avoir un plan B si elle n'aboutit pas. Car, au fond, une négociation est un processus. Même arrêtée, elle pourra peut-être être reprise plus tard. »

Revivre après le pire

Pour certains, il y aura toujours un « avant » et un « après ». Une épreuve a tailladé leur vie et celle-ci en est à jamais blessée. Pourtant, renaissants, ils explorent de nouvelles manières d'être et sont prêts à aider les autres. Cette résilience si mystérieuse permet de donner du sens à l'inacceptable. Ni modèles ni super-héros, ils n'en sont pas moins des sources d'inspiration inégalables.

Ne lui parlez pas des différentes façons de «faire son deuil». Pour Armelle Six, belle jeune femme au regard bleu intense, cette formule un peu rapide ne correspond pas à ce qu'elle-même a vécu. «La jeune mère que j'étais et qui est entrée à l'hôpital avec son petit garçon de 14 mois plongé dans un coma, dont il n'est pas sorti, est, d'une certaine manière, morte avec lui, affirme-t-elle. Je suis revenue de ces cinq jours radicalement autre.»

À seulement 23 ans, elle qui était un esprit très rationnel et une gymnaste émérite, se retrouve brutalement plongée en elle-même, avec toutes sortes de questions sans réponse: «Qui suis-je? Et que serai-je si je ne suis plus une mère? Que vais-je faire?» Très vite, Armelle comprend: «Il y a eu une autre vie en moi qui se manifestait et que je devais découvrir», résume-t-elle. Quitter le père de son enfant, changer d'emploi, de pays, de continent même: la jeune femme n'a pas lésiné sur sa transformation. «Il fallait que je me donne la vie, et en ce sens, je dis que mon fils m'a lui aussi fait naître à moi-même. Je n'avais pas le choix.»

Agnès Ledig, sœur d'Armelle dans cette épreuve – elle aussi a perdu un fils en bas âge, Nathanaël –, emploie cette même expression: «Je n'avais pas le choix.»

Faire un choix de vie, et même – osons le mot – de bonheur? «Quand on vit ce genre d'épreuve, on rencontre toutes sortes de personnes ayant vécu la même chose qui, dix, vingt ans après, sont toujours percluses de chagrin et de souffrance. Je ne voulais pas de ça, avoue celle qui est devenue l'une des romancières les plus appréciées du moment, je ne le pouvais pas ! D'ailleurs, j'avais promis à mon fils que je serais heureuse, quand même. »

J'ai compris que j'allais mieux quand j'ai commencé à accepter d'aller moins bien parfois.

Pour elle qui était sage-femme et avait commencé par tenir une chronique sur l'état de santé de son fils, c'est l'écriture qui s'est imposée comme outil majeur de transformation, avec des best-sellers vendus à plus de 100 000 exemplaires[1]. Dans ces histoires comme dans son roman *De tes nouvelles*[2], on retrouve un art de la légèreté, de la joie de vivre les choses simples, une existence proche de la nature... et de certaines pratiques psychothérapeutiques. « Je me suis fait aider à certains moments, reconnaît Agnès Ledig, mais surtout, j'ai été formée en accompagnement émotionnel, et je sais combien il faut de rituels, de gestes symboliques ou de liens pour voir la vie autrement ensuite. J'ai compris que j'allais mieux quand j'ai commencé à accepter d'aller moins bien parfois. Et quand j'ai osé m'exprimer vraiment. »

La journaliste Claire Aubé, qui a recueilli les témoignages de douze personnes s'étant ainsi reconstruites après un drame majeur – maladie incurable, handicap, attentat... –, fait ce même constat : « En travaillant à cette enquête, j'ai appris que l'on peut avoir accès à une grande force intérieure en arrêtant de vouloir se conformer et en étant soi-même, ce qui n'est pas une mince affaire, j'en conviens. [...] Les témoins qui racontent leur histoire dans ce livre ont un point commun : ils n'ont pas renoncé au bonheur[3]. »

On peut avoir accès à une grande force intérieure en arrêtant de vouloir se conformer et en étant soi-même.

Beaucoup, après ces heures terribles, ont recours à la créativité sous toutes ses formes. Camille Simien, jeune musicienne rescapée de l'attentat du Bataclan, a raconté à Claire Aubé combien la vie change ensuite. « L'échelle de valeurs construite jusqu'ici s'est brisée, et des pages blanches s'ouvrent devant soi. Lorsque l'impensable arrive, l'impossible devient possible », affirme-t-elle. Elle s'est consacrée à des ventes

1. Agnès Ledig, *Juste avant le bonheur*, Pocket, 2014 ; *Pars avec lui*, Pocket, 2016.
2. Agnès Ledig, *De tes nouvelles*, Pocket, 2018.
3. Claire Aubé, *Se relever après une épreuve. 12 histoires vraies de résilience et d'espoir*, Leduc.s, 2016.

aux enchères au bénéfice des associations d'aide aux victimes du terrorisme et au financement de projets civiques et solidaires[4].

Armelle Six, elle, donne des conférences très courues. «Je n'y parle pas de la mort et du deuil, mais plutôt de la vie.» Et elle aussi soutient une action qui a du sens, participant à une levée de fonds pour que le documentaire *Et je choisis de vivre*[5] du réalisateur Nans Thomassey puisse être terminé. «Dans le film, nous suivons une jeune femme, Amande, qui vient de perdre son enfant, explique Armelle Six. Elle décide de partir à la rencontre d'autres qui ont vécu cette même épreuve et sont cependant restés connectés à la petite flamme de la vie qui, quoi qu'il arrive, reste toujours là.» Un voyage initiatique en quelque sorte, pour aider tous ceux qui ont à le vivre.

LE REGARD DE :

Dr Thierry Delcourt, psychiatre

«Durant les séances avec un patient qui souffre, je me demande quel fil rouge va me permettre de trouver un recours créatif original pour que cette personne se sente exister à nouveau. Je suis alors comme dans une ville que je ne connais pas, je dois me représenter son univers. Et le plus petit indice qu'il me donne au cours de nos entretiens peut devenir ou non le socle de sa renaissance. Je dirais qu'il y a certains points communs qui signent la possibilité de sortir du chaos. D'abord, les rêves. Après un traumatisme, la personne voit ses nuits hantées de cauchemars, puis peu à peu, ceux-ci évoluent et la production onirique peut devenir récit. Dès que l'on peut donner une forme narrative à ce que l'on a vécu, cela peut être surmonté. Il y a alors une dimension de catharsis essentielle. Ensuite, la personne devient active face à ce qu'elle a subi, comme ces otages qui se construisaient un monde à partir d'un petit bruit dans leur cachot. Cela, ce sont des mécanismes universels de renaissance. Mais en réalité, chacun, selon son équation de vie, ses données singulières, aura sa façon propre de réagir aux événements, de pouvoir résoudre ses difficultés ou non. C'est pour cela que l'on ne peut appliquer une méthode ou une solution pour tous.»

---

4. The Hummingbirds Project, http://www.thehummingbirdsproject.org
5. *Et je choisis de vivre*, https://www.etjechoisisdevivre.com

L'équilibre psychologique existe bel et bien

En matière de santé mentale, il est plutôt d'usage de parler de ce qui ne va pas, et surtout d'apprendre à le repérer. Aller bien, que l'on oublie parfois tellement cela semble banal, est aussi une condition remarquable, qui mérite d'être comprise et encouragée. Encore faut-il savoir à quoi renvoie cet état subtil : être capable de compromis, se connaître, savoir relancer sa bonne humeur, sont autant de caractéristiques qui la fondent.

De même que les médias s'intéressent d'abord aux trains qui déraillent et autres (nombreuses) raisons de s'inquiéter, la psychologie se focalise essentiellement sur les signes d'un mal-être à endiguer. Pourtant, une personne peut avoir l'impression d'aller très bien et dénier une partie de la réalité, tandis qu'une autre peut vivre avec des troubles psychiques et ressentir un bien-être mental global, avoir des relations sociales satisfaisantes, une activité épanouissante, une bonne estime de soi. La norme n'est donc pas de mise en ce domaine, et c'est ce qui en fait la grande richesse.

« En tant que psychothérapeute, je fais très attention à ne pas projeter sur mon patient la définition personnelle que j'aurais du bien-être psychique, explique Ghislain Rubio de Teran. "Aller bien", est-ce vivre en couple, avoir une sexualité épanouie, gagner de l'argent ? Pas forcément... J'encourage donc plutôt chacun à trouver ses réponses personnelles à une telle question... quitte à en faire de nouvelles questions ! Car si j'ai un projet pour l'autre, je ne l'aiderai pas à laisser émerger ses propres capacités à s'en créer un ! »

Certes. Mais, alors que vont se tenir les prochaines semaines d'information sur la santé mentale, il peut être utile de rappeler la définition que l'OMS donnait de celle-ci en 2014 : « C'est un état de bien-être qui permet à chacun de réaliser son potentiel, de faire face aux difficultés normales de la vie, de travailler avec succès et de manière productive et d'être en mesure d'apporter une contribution à la communauté.»

Bien sûr influencée par nos conditions de vie (logement, activité, ressources, etc.), les événements marquants de notre vie (rencontres, deuils, séparations, etc.), la société dans laquelle nous vivons et nos valeurs personnelles, la santé mentale est une composante importante de notre santé. Elle est aussi définie non pas comme un but, mais comme une quête: «la recherche permanente d'un équilibre entre toutes les dimensions de notre vie: émotionnelle, psychique, physique, sociale, spirituelle, économique».

«Chacun a en effet son écosystème, sans cesse à réétablir, poursuit Ghislain Rubio de Teran. Aller bien est un processus dynamique qui ne se vit pas forcément dans tous les domaines à la fois. On peut être malheureux en famille et s'épanouir dans son travail, ou l'inverse. C'est pour cela que j'encourage les personnes à souvent se demander, dans chaque situation: "Qu'est-ce qui me convient, à moi?"»

Pour Michel Lejoyeux, professeur de psychiatrie et d'addictologie, c'est la «psychoplasticité» qui nous permet de nous sentir bien. Celle-ci, reposant sur la soif de progresser, de découvrir, de s'enrichir intérieurement, module nos capacités d'adaptation. «Aller bien, ce n'est nullement aller *toujours* bien, toucher à l'euphorie perpétuelle. C'est aller mal de temps en temps et être capable de relancer certains facteurs de résilience, tout ce qui permet de "s'autotraiter", de guérir de certains maux... Comme l'a dit Woody Allen: "La seule manière d'aller bien, c'est d'accepter son malheur."»

Pour le psychiatre, ces pouvoirs naturels ne remettent absolument pas en cause la médecine allopathique. «Ce sont des expériences de santé. La médecine seule soigne les maladies, insiste-t-il, mais c'est tout un style de vie qui peut agir comme prévention.»

Dans son dernier livre, *La Médecine du bon sens*[1], le psychiatre compile les expériences – toutes validées scientifiquement et sourcées – qui participent à relancer la bonne humeur. «Quand on va mal, on se fixe souvent des objectifs supérieurs à sa capacité, observe-t-il. On se force à aller courir une heure alors que dix minutes de marche rapide quotidienne, déjà, changent tout à notre état d'esprit.»

Boire un thé en pleine conscience; aller rencontrer un ami et voir monter son taux d'ocytocine, l'hormone de l'amour; planifier

1. Pr. Michel Lejoyeux, *La Médecine du bon sens*, JC Lattès, 2018.

«un jour de lenteur» par semaine... Chacun doit connaître ces mini-expériences qui peuvent relancer en lui la «machine à vivre bien». «Il n'y a aucune fatalité à aller mal, explique Michel Lejoyeux. Nous changeons en permanence, signe de vitalité, et c'est lorsque l'on s'installe de manière chronique dans la tristesse ou la culpabilité que l'on peut parler de dépression.»

Il s'agit donc, face à la réalité, d'être capable d'«actions de vie», non pas par contrainte mais parce que cela est agréable et gratifiant. En ce sens, bien se connaître et savoir ce qui nous va, à nous, pour nous remettre dans le courant et «aller bien», dans le bon sens pour nous, s'avère déterminant.

LE REGARD DE :

Alain Braconnier, psychiatre, psychologue, responsable de la formation APEP au CHU de la Pitié-Salpêtrière

«"Aller bien" est très difficile à définir. C'est une sorte d'idéalité, ce vers quoi chacun cherche à tendre et qui en général correspond à ne pas avoir trop de soucis. Mais quand cela revient à dénier la réalité, à en voiler les difficultés, alors cela ne va pas du tout ! Car nous avons tous des moments plus difficiles que d'autres, et parfois même des épreuves à vivre. Le contexte est en ce sens une donnée inévitable. Quand on ne souffre pas trop de son environnement, c'est la preuve d'un certain équilibre. Celui-ci se mesure à notre manière de gérer notre rapport aux autres... et à nous-mêmes. Être capable de faire des compromis reflète un état d'esprit équilibré, me semble-t-il. Et notamment à certains âges de la vie. Prenez l'enfant : il vit dans le moment présent et dans l'attente que l'autre lui fasse plaisir, mais en profitant de ce qui l'amuse, en jouant... L'enfant que l'on appelle aujourd'hui "tyran", c'est celui qui ne peut attendre, se montre incapable de compromis. Il vit dans une sorte de toute-puissance, qui en est d'ailleurs l'inverse. L'adolescent, lui, vit dans le "tout ou rien". Devenir adulte, c'est accepter la négociation avec ce qui nous entoure et ce que la vie nous impose. Ceux qui projettent toutes les fautes sur l'extérieur, les autres, le monde, se dégagent de cette responsabilité.»

Nous avons besoin d'hypnose

Pendant longtemps, elle a été assimilée à de la magie et aux pouvoirs les plus étranges, voire inquiétants. Mais l'hypnose est désormais adoubée par toute la communauté scientifique et s'invite même dans les blocs opératoires. Elle séduit de plus en plus nos cerveaux rationnels, aidant à calmer la douleur, à arrêter de fumer ou à se libérer de l'angoisse… Cet état modifié de conscience n'a pas fini de nous étonner.

Près de 300 personnes assises dans une salle de concert, les yeux fermés, le corps détendu, et explorant en état modifié de conscience les grandes « intentions » de leur vie, les obstacles à franchir, les rencontres à venir ? Telle est l'aventure intérieure que proposent le saxophoniste Geoffrey Secco[1] et ses musiciens, alternant pendant une heure de spectacle un excellent jazz atmosphérique et des suggestions au public. Ces « concerts sous hypnose » offrent une réelle expérience de visualisation, un moment « à part », de grande qualité.

La formule séduit d'ailleurs les Parisiens. « J'ai commencé dans des salles de 120 personnes ; aujourd'hui, ce sont à chaque fois 300 personnes, se félicite le musicien et hypnopraticien. Certaines reviennent deux ou trois fois, pour affiner leur visualisation ou explorer un nouvel objectif. »

Cet actuel engouement pour l'état hypnotique et ses bienfaits est puissant et traverse différents domaines : médecine, chirurgie, art, coaching d'entreprise, préparation sportive… « Il faut cependant distinguer l'hypnose ciblée travaillant sur un symptôme de celle qui, utilisée comme dans ce type de concert, proche de la transe, est un chemin vers l'intériorité. Il nous aide à plonger dans notre vie inconsciente peuplée de symboles, d'animaux, d'images

1. http://www.geoffreysecco.com

archétypales, précise la psychiatre et hypnothérapeute Manuella von Strachwitz. Ainsi, elle nous permet de nous relier à des parts inconnues de nous-mêmes et auxquelles nous avons de moins en moins accès[2].»

C'est d'ailleurs là l'une des raisons majeures de l'intérêt pour l'hypnose, selon la psychiatre, qui révèle combien ces états modifiés de conscience forment un «trésor» inégalable et toujours à notre disposition: «S'y relier nous permet d'accéder à notre liberté, à nous affranchir de schémas familiaux, culturels, économiques... et d'une société où quantification et algorithmes prévalent.»

Ces ressources vivent dans notre inconscient, un inconscient assez différent de celui qui a été théorisé par Freud pour les hypnothérapeutes, mais qui ne connaît pas non plus ni le temps ni l'espace. Il peut nous faire vivre au présent ce que nous souhaiterions voir advenir dans notre futur et nous faire revisiter le passé jusqu'à, si nous le voulons, en modifier ses impacts sur notre vie émotionnelle. «Cette part de nous échappe à toute évaluation, estime Manuella von Strachwitz, et libère la singularité de chacun.»

Une singularité qui a pour corollaire l'autonomie. Désormais, les patients ne se soumettent pas seulement au protocole des séances chez un hypnothérapeute. Ils sont prêts à apprendre et à pratiquer l'autohypnose chez eux. «Depuis une dizaine d'années, poussés par la nécessité d'aller voir d'autres médecines que l'allopathique, incités par le boom médiatique des approches antistress (relaxation, méditation...), ils sont de plus en plus nombreux à vouloir vivre une forme d'exploration de soi, affirme le Dr Philippe Pencalet. Ils découvrent alors combien l'hypnose est moins passive que ces autres approches, mais permet de mettre à jour des intentions et d'accomplir ces objectifs[3]».

C'est parce qu'il a expérimenté sur lui-même ces apports que le musicien Geoffrey Secco souhaite les faire connaître. «Ma rencontre avec l'autohypnose m'a été transmise par mon professeur de saxophone au conservatoire, se souvient-il. Il me suggérait de visualiser mes prestations avant chaque audition. Je me préparais mentalement ainsi, dix, vingt, cent fois, en visualisant chaque détail: ma position sur scène, la hauteur du pupitre, ma manière de regarder le public... Peu à peu, en travaillant sur les petites erreurs repérées dans chaque visualisation, j'ai affiné mes prestations. Et un jour, j'ai

---

2. Manuella von Strachwitz, *Abécédaire de la rêverie*, Albin Michel, 2018.

3. Dr Philippe Pencalet, *Hypnose et auto-hypnose pour soulager la douleur, ça marche! Avec des exercices à faire soi-même*, Albin Michel, 2018.

réussi une audition semblable point par point à tout ce que j'avais imaginé en état d'autohypnose ! »

À ceux qui doutent encore, Philippe Pencalet, neurochirurgien qui la pratique au bloc opératoire, invoque la puissance des anesthésies sous hypnose, qui « n'ont rien d'un placebo » et ses patients qui, après leur opération, s'emparant de la technique pour maîtriser migraines chroniques, douleurs de dos ou insomnie, « voient leur vie globale changer ».

Attention cependant : pour être capable de pratiquer l'autohypnose, certains rappellent que « le lien créé avec l'hypnothérapeute » reste fondamental. « Attention aussi à ce que la pratique de l'autohypnose ne serve pas à nous aider à endurer indéfiniment des situations non endurables », rappelle aussi Manuella von Strachwitz. En ce sens, et comme dans beaucoup d'autres domaines, il importe de savoir se demander de temps à autre : « Ces séances me font-elles davantage courber l'échine ou me donnent-elles de l'énergie et de la liberté ? »

LE REGARD DE :

Antoine Bioy, professeur d'université en psychologie (Paris VIII), docteur en psychopathologie et responsable scientifique du centre de formation et d'étude en hypnose Ipnosia[4]

« C'est le paradoxe de l'hypnose : certaines images New Age, magiques, qui l'entourent pourraient laisser croire à une méthode fumeuse, évanescente, alors qu'elle est en vérité un outil très concret. Même quand les patients n'amènent pas de douleurs somatiques, même quand on est apparemment dans le psychique "pur". Vous remarquerez que la dépression donne l'impression d'un gros poids sur les épaules et que la crise de panique est accompagnée de palpitations cardiaques... L'hypnose, grâce au recours à l'imaginaire et à la sensorialité qu'elle suscite, permet des transformations tangibles dans le corps et la vie quotidienne. Ce n'est qu'une fois que l'on a établi le diagnostic, en écartant différentes pistes, que l'on pourra avoir recours à l'hypnose chez un spécialiste bien formé pour cela. Dans ses applications médicales, l'hypnose ne va pas cesser de se développer. Après la cancérologie, où elle améliore la qualité de

4. www.ipnosia.fr

vie des malades, la récession de la douleur, elle offre aujourd'hui de grands espoirs pour les malades d'Alzheimer, de maladies neurologiques et les personnes âgées en général. Car jusque-là on pensait que les plus de 50 ans étaient difficilement "hypnotisables". Cela aussi n'était qu'une croyance fausse. »

L'audace s'enracine dans la raison… et les émotions

Comment s'explique la capacité à prendre des risques ? Est-elle de nature, fruit d'un tempérament ou le produit hasardeux de certains événements ou rencontres opportunes ? On aimerait la contrôler, alors qu'elle est un cocktail singulier. C'est sans doute pour cela qu'elle est indissociable d'une bonne connaissance de soi.

« Va vers ton risque »… Quelques heures après l'élection du nouveau président de la République en 2017, cet extrait d'un poème de René Char[1] enflammait les réseaux sociaux. Souvent cité par Emmanuel Macron, le texte complet dit : « Impose ta chance, serre ton bonheur et va vers ton risque. À te regarder, ils s'habitueront. » Un éloge de l'audace qui amène à s'interroger : D'accord. Mais que faut-il posséder en soi, pour oser ainsi ?

Bien sûr la bravoure peut être affaire de tempérament : « J'ai toujours eu envie de tester mes limites, notamment en suivant mon frère aîné jusqu'en haut des arbres ! J'étais casse-cou, reconnaît Linda Bortoletto[2], ancien commandant de gendarmerie devenue aventurière, conférencière et organisatrice d'une Marche de l'audace dans tout le pays. Mais étrangement, ajoute-t-elle, j'étais timorée dans mes relations aux autres. »

Autre cas de figure : une sorte d'incapacité innée à rester sur place. C'est ce dont témoigne une deuxième audacieuse, l'humoriste Olivia Moore, dont le one-woman-show *Mère indigne* et livre *Sois mère et tais-toi*[3] déboulonnent moult idées reçues sur la grossesse, la maternité, les enfants… « Le vrai risque pour moi, ça a toujours été

1. René Char, « Rougeur des matinaux », *Les Matinaux*, Poésie/Gallimard, 1969.
2. http://lindabortoletto.com/
3. Olivia Moore, *Sois mère et tais-toi*, Tut-Tut, 2017.

d'être enfermée dans une routine, ou mentalement. J'ai une appétence naturelle au changement, confie-t-elle. Autre détonateur: les faux-semblants. Je ne peux m'empêcher d'en déminer de temps en temps!»

Soit. Il y aurait donc un tempérament de base favorable à la prise de risques. En psychologie, une approche s'est particulièrement intéressée à cette aptitude qui, entre bravoure et courage, permet à certains d'atteindre leurs objectifs et même de réaliser leurs rêves: la théorie de l'attachement, élaborée par le psychiatre John Bowlby. Elle a permis d'identifier deux types de personnes: celles qui, ayant été trop ou peu aimées dans leurs premières années, en ont développé un attachement insécure les condamnant toute leur vie à craindre: craindre de se séparer, d'être abandonné, d'échouer... Et les autres qui, ayant été abreuvées d'attention et de soins, en ont acquis un attachement sécure ou «fortifiant» leur servant toute leur vie de socle, d'où s'élever et prendre des risques.

Mais cela n'est qu'un point de départ. Si certains ont une nature les poussant à s'élancer, celle-ci a besoin de certaines conditions pour fleurir.

Pour Linda Bortoletto comme pour Olivia Moore, les grands déclencheurs ont paradoxalement été des moments de plongée dans leur fragilité. La première a décidé de rompre toutes ses amarres (mariage, poste de haut fonctionnaire, sécurité matérielle...) après le décès de son père. «Pour lui, je m'étais construit une image de fille parfaite, analyse-t-elle. Mais quand il est mort, j'ai compris combien la vie est précaire. Cet événement m'a mise en mouvement, en déséquilibre, première phase de la libération[4].»

Pour Olivia Moore, ce fut un burn-out alors qu'elle occupait un poste à responsabilité au marketing de L'Oréal. «Cette chute venait invalider près de quinze années d'engagement "raisonnable" dans l'entreprise, se souvient-elle. J'ai senti en moi qu'il me fallait désormais suivre ma passion, faire ce dont j'avais envie... et je me suis inscrite à des cours de théâtre.»

Pour ces deux trentenaires, c'est une plus grande connaissance de soi qui leur a fait pousser des ailes. «Pour prendre des risques, il faut savoir se demander souvent: "Suis-je à l'aise ou pas dans cette situation?" Et lorsque l'on perçoit une réponse claire, celle-ci donne l'élan nécessaire pour avancer dans le bon sens, c'est-à-dire *le sien*», estime Linda Bortoletto. «J'ai choisi cette vie pleinement en fonction

4. Linda Bortoletto, *L'audace nous rendra libres*, Le Passeur, 2017.

de qui j'étais, résume de son côté Olivia Moore, estimant que l'intégrité est la véritable force stimulante.»

Intuition, petite voix, connaissance de ses atouts comme de ses limites... «Va où ton cœur te porte...», nous rappellent les audacieux. «C'est la seule manière de ne pas rester en état de "servitude volontaire"», selon Linda Bortoletto.

Mais la belle audace est en fait stimulée par un savant cocktail d'émotions et de raison. «Tant que l'on ne fait pas le premier pas, on reste sur une conception apeurée qui bloque tout, résume Olivia Moore. La peur, parce qu'elle est un signal, est toujours là. Mais je peux décider avec recul de l'écouter ou non. Ainsi, elle ne contrôle plus ma vie.» C'est alors que les rêves peuvent commencer à devenir réalité.

La chasse au bonheur ne ferait pas de bien

Elle inquiète, agace et divise : la quête du bien-être et de la félicité va mal. De nombreux psys et philosophes s'en inquiètent et s'en détournent, tandis que d'autres, stimulés par une recherche aussi enthousiasmante, la défendent avec passion et optimisme. D'ailleurs, quelle réelle alternative à cette recherche si humaine ? Aller « juste bien » ? Renoncer à l'espoir de vivre mieux ? Il est bien malin celui qui saura remplacer concrètement cet espoir tellement partagé.

Ce n'est pas un hasard : un grand best-seller en librairie a pour titre *L'Homme qui voulait être heureux*[1] et les récurrences du mot « bonheur » dans les pubs se sont intensifiées depuis les dernières crises. Quant aux essais, sites, colloques sur ce thème, ils abondent. En arrière-plan, un débat fondamental, qui agite la communauté des psys : faut-il vraiment croire au bonheur pour être heureux ? Au contraire, imaginer un état de satisfaction durable ne nous condamne-t-il pas à la frustration ? Adèle, 45 ans, patiente en analyse depuis près de 10 ans, reconnaît qu'après avoir réglé certaines de ses difficultés relationnelles, rencontré l'homme de sa vie et être devenue mère, elle compte bien poursuivre sa cure « parce qu'elle ne réussit pas professionnellement ». Elle s'allongera donc sur un divan « jusqu'à ce que tous les domaines de sa vie aillent bien ». Une course folle et épuisante ?

Tel est le point de vue défendu notamment par la psychanalyste Muriel Flis-Trèves qui a orchestré un colloque décisif sur ce thème en décembre 2009 et publié *Recherche bonheur désespérément*[2] : « De

1. Laurent Gounelle, *L'Homme qui voulait être heureux*, Pocket, 2010.
2. René Frydman (dir.) et Muriel Flis-Trèves, *Recherche bonheur désespérément*, Puf, 2010.

plus en plus de patients ont l'impression que le bonheur est un droit accessible à tous, presque une injonction. S'ils ne réussissent pas dans leurs projets, ils culpabilisent et ressentent une réelle souffrance narcissique.» Accompagnant notamment ceux qui rêvent de devenir parents, la psychanalyste repère une évolution dans les demandes: «La quête du bébé devient aujourd'hui insupportable quand elle ne réussit pas *illico*. D'ailleurs, nos patients parlent essentiellement en termes de réussite ou d'échec. Et au lieu de travailler sur cette peine, ce chagrin, ce deuil à faire, ils s'engouffrent dans la haine d'eux-mêmes.» «Si je ne réussis pas, alors je ne suis pas heureux, donc je ne suis rien», devient la complainte du névrosé contemporain.

> *Si je ne réussis pas, alors je ne suis pas heureux, donc je ne suis rien, devient la complainte du névrosé contemporain.*

Autre effet pervers de cette quête généralisée du bonheur: la normalisation des désirs et des élans. Ce que le philosophe Vincent Cespedes appelle le «bonheurisme» dans un essai coup de poing aussi créatif que dérangeant: «La normalité et le bonheurisme sont bien la cause et le symptôme d'une même maladie, que l'on pourrait résumer en une injonction: "Sois normal et tu seras heureux!" Mais comme ladite normalité s'avère désastreuse à vivre et comme je lui sacrifie ma fraîcheur et mes années tendres, plus je suis "normal" plus je suis frustré de ne pas être heureux, de ne pas voir la promesse s'accomplir[3].»

À l'autre bord, les défenseurs du bonheur vu comme un moteur puissant de changement. Pour la plupart, des psychologues et des psychothérapeutes influencés par la psychologie positive née aux États-Unis il y a une trentaine d'années.

Gonzague Masquelier, psychothérapeute gestaltiste, s'en réclame: «Optimiste fondamental, j'ai toujours pensé que l'on est davantage inspiré et motivé par les projets positifs, les désirs de beau, de bien, de bon. Travailler sur ses manques et ses frustrations pendant des années est décourageant! Et la thérapie devrait être vue comme un entraînement sportif: elle vous aide à mettre du bonheur dans votre vie au quotidien, elle a un rôle préventif en vous enseignant les moyens d'y arriver. De toute façon, ce débat "anti-bonheur" est très franco-français. Je rentre de Roumanie, où j'enseigne la Gestalt-thérapie. Je peux vous

> *Travailler sur ses manques et ses frustrations pendant des années est décourageant!*

3. Vincent Cespedes, *Magique Étude du bonheur*, Larousse, 2010.

assurer que là-bas, après des années de souffrance et de pauvreté, on cherche sans nuance à savoir comment être heureux!» À bon entendeur, salut!

Les motivés du bonheur ont le vent en poupe. Yves, qui a entamé une thérapie de couple il y a deux ans, croit dur comme fer que sa démarche l'amènera à une «fin heureuse»: «Si nous n'avions pas l'espoir de réussir notre vie à deux, nous nous quitterions tout de suite.» Mais quelque chose est cependant en train de changer au pays du bonheur. Selon Tal Ben-Shahar[4], l'un des plus performants professeurs de bonheur (il enseigne cette science à la prestigieuse université d'Harvard), comme pour beaucoup d'autres, il est en effet grand temps de dégager le bonheur des images d'Épinal qui l'accompagnent. Il faut le débarrasser de la panoplie trop parfaite à laquelle beaucoup l'associent: argent, réussite sociale, sourire permanent, corps performant sur tous les plans... «Nous devons ancrer nos rêves dans la réalité et juger nos accomplissements à leur juste valeur», précise-t-il. Un besoin urgent de simplicité heureuse que Patrick Estrade, psychothérapeute, résume en une formule anti-glamour à souhait: «Le bonheur, c'est à la mode de chez nous». Sous-entendu: à chacun de créer celui qui lui va vraiment.

4. Tal Ben-Shahar, *L'Apprentissage de l'imperfection*, Pocket, 2011.

La poésie apaise nos maux!

Oubliées, les récitations apprises et répétées mécaniquement en classe... Désormais, les poésies s'envolent et diffusent leur beauté énigmatique dans les hôpitaux, les séances de thérapie ou auprès de patients invités eux-mêmes à écrire... À présent, c'est certain, l'art poétique se révèle être un véritable allié psychique.

«Oui, j'ai bien connu la folie,/Je l'ai tâtée, je l'ai goûtée./Elle m'a conduit par des rues/Que je préférerais bloquées./Ça a sauté dans le studio/Où, dit-on, évoluent nos rêves./ Un peu de sang sur le parquet/Et ce monstre qui se soulève./Oui, cette absence, je la sens/ Et je sais tout ce qu'elle enlève.»

Il y a quelques années, Philippe Martinez, 64 ans, s'est retrouvé projeté sur le carrelage de sa cuisine, le corps entièrement couché sur son bras gauche. Il est resté ainsi coincé, seul, près de vingt-quatre heures. Victime d'un AVC avec séquelles hémiplégiques, il a dû subir de longs mois de rééducation en maison spécialisée, sans jamais être certain de ce qu'il récupérerait de ses capacités physiques.

Tout au long de cette épreuve, l'écriture, sous forme d'un récit entrelacé de poèmes, l'a tenu «debout dans sa tête». Du choix poétique, ce convalescent affirme: «Cela m'a permis de répéter des exercices de pensée comme quand on s'entraîne au tennis de table ou au piano.» Mais il y a plus: «J'ai eu recours à la poésie parce que la vie elle-même est poésie, explique-t-il. Le lien était trop fort, trop évident. Quand on se lance dans cette activité spirituelle, on sait que l'on va devoir atteindre la fin d'une ligne. Que va-t-on y mettre? Le sait-on? Bien sûr que non. Il y a donc surprise à chaque ligne.» Et d'ajouter: «Avec la poésie, rien n'était neuf et tout était nouveau.»

Ce soutien psychique indéfectible de l'écriture poétique, connu depuis toujours, est de mieux en mieux mesuré. À l'hôpital de La

Timone, un protocole poétique centré sur l'écriture de haïkus (poèmes brefs d'inspiration japonaise) a montré une nette évolution psychique chez un patient atteint d'un cancer : changement de vocabulaire, moins négatif, pour évoquer sa maladie et diminution du déni qui y est souvent lié[1].

Plus nouvelle encore, la ressource que constitue la poésie dans les séances de psychothérapie.

Plus nouvelle encore, la ressource que constitue la poésie dans les séances de psychothérapie. Noëllyne Bernard, praticienne narrative et coach, publie *La Poésie contre le burn-out*[2], montrant son travail d'« ingénierie poétique » auprès d'une trentaine de ses coachés. Car ici, c'est la coach qui écrit les poèmes, « pour » ceux qui la consultent. « Tout part de notre conversation, explique Noëllyne Bernard. Je reçois des personnes en souffrance, prises dans ce que nous appelons en thérapie narrative des "histoires dominantes" de la société telles que la performance incontournable, la conformité..., et j'essaie de les amener à raconter leurs "histoires préférées", le plus souvent oubliées ou mises en arrière-plan et qui sont des ressources liées à ce qui est important dans leur vie. Elles apportent de l'espoir et soutiennent. »

C'est comme un talisman, parce que ces mots-là sont sacrés pour celui qui les a exprimés.

De ces remontées précieuses, la coach fait une sorte de nectar : elle écrit un « poème » avec les mots qui l'ont le plus touchée. Quelques heures seulement après la séance, elle « restitue » par mail, à la personne, « son » poème. « C'est comme un talisman, explique-t-elle, parce que ces mots-là sont sacrés pour celui qui les a exprimés. Il pourra toujours les relire et s'y référer en cas de besoin. »

Pour Paul, chef d'entreprise dont la start-up périclitait : (extrait) « Seul, tu chemines/dans des conversations, des échanges qui bousculent, sans potion magique/[...] Honneur au cheminement ! » À propos des trois poèmes qui sont nés pendant ses deux ans de coaching, Paul écrit dans sa lettre de réponse aux questions posées par sa coach : « Ils me touchent encore et je pense qu'ils me toucheront jusqu'à la fin de ma vie [...] comme en face d'un miroir, je peux me

1. A. Santarpia, M. Paul et E. Dudoit, « L'usage de la poésie haïku en psycho-oncologie », *in Revue francophone de psycho-oncologie*, Springer Verlag, 2015.
2. Noëllyne Bernard, *La Poésie contre le burn-out*, Publibook, 2018.

regarder et ça me dit qu'il faut que je continue : persévérance, courage, conquête, droiture et résistance... C'est vraiment valorisant. »

Au Point Écoute de l'Université catholique de Lyon, la psychologue clinicienne Laure Mayoud propose, quant à elle, des « prescriptions culturelles » à ses patients, étudiants et jeunes adultes : « En fonction de leur subjectivité, de leurs besoins, de leur histoire, je peux leur proposer un poème appris par cœur (« Et un sourire » de Paul Éluard), une citation philosophique, (le chapitre 21 du *Petit Prince* de Saint-Exupéry), explique la psychologue. Je peux les inviter également à aller voir une pièce de théâtre, un concert de musique, une exposition de peinture dans un musée ou des galeries d'art, mais également à contempler la beauté de la nature. » Ces prescriptions culturelles font soin : lors des séances ultérieures, les étudiants confient les avoir distillées auprès de leurs proches, et en proposent également à Laure Mayoud, qui précise : « Le plus souvent, les symptômes s'estompent et disparaissent peu à peu. » Rien d'académique donc dans cette « invitation à la beauté ». Car la poésie ne s'adresse qu'à la part la plus singulière de chacun.

Qu'il est bon de s'émerveiller !

Être touché par le beau, vraiment, en profondeur, ne laisse pas indemne. Si cette spécificité humaine à s'émerveiller et reconnaître la beauté reste encore mystérieuse, on commence à comprendre pourquoi elle a tant d'impact sur notre psychisme. Bien loin d'être accessoire, elle a sans doute une fonction vitale, existentielle. Ne passons pas à côté, ouvrons les yeux, écoutons, contemplons aussi ce qui le mérite…

Il y a ce chêne, bien planté dans un champ face à sa fenêtre et qui, à travers les saisons qui passent, lui donne une beauté « assidue » à contempler ; les vols soudains d'étourneaux au-dessus de sa tête, la découverte de la musique « inouïe » de la Coréenne Youn Sun Nah… Autant de délices et d'étonnements à travers lesquels l'écrivaine Belinda Cannone tente de comprendre et saisir sans la banaliser la notion d'« émerveillement ». Son essai[1] est vivifiant et enthousiasmant comme l'aptitude, sans doute spécifiquement humaine, qu'il explore : pouvoir goûter le plaisir de la beauté, au quotidien comme dans les œuvres d'art. Pouvoir, ainsi, faire face au cynisme, à l'indifférence, à l'ennui, à la dépression…, tous sentiments qui affaiblissent le sentiment d'exister en même temps que l'estime de soi.

On sait que la beauté est d'abord dans l'œil de celui qui la perçoit.

Cette précieuse aptitude, si elle est désormais mentionnée comme l'une des vingt-quatre « forces de la personnalité » étudiées en psychologie positive – sous le terme de « capacité à apprécier la beauté et l'excellence » – reste toutefois mystérieuse.

1. Belinda Cannone, *S'émerveiller*, Stock, 2017.

Une nouvelle discipline, la neuro-esthétique, s'y consacre en partie. « Bien sûr, on sait que la beauté est d'abord dans l'œil de celui qui la perçoit, explique Axel Cleeremans, professeur de psychologie cognitive à l'Université libre de Bruxelles. Mais on ignore encore pourquoi, sinon par leur histoire culturelle, certains sont plus sensibles à l'architecture qu'à la musique... Chaque cerveau, organe éminemment plastique dans lequel vient s'inscrire un vaste réseau d'associations, va originer les préférences de cette personne-là. » Ainsi, chaque cerveau étant extrêmement singulier, il est difficile d'en tirer une loi générale.

« En 2011, poursuit le chercheur, une méta-analyse de 93 études a cependant montré que la zone cérébrale dans laquelle cette capacité à s'émerveiller est inscrite (le cortex insulaire antérieur droit) est la même que celle impliquée dans la perception d'objets à grande valeur économique ou sexuelle. Elle semble donc être une fonction "parasite" s'étant développée à côté des facultés permettant d'assurer notre survie. »

Une importance finalement vitale qui n'étonne en rien ceux qui profitent des multiples bienfaits du beau pour accompagner dans leur évolution les personnes en difficulté, ou qui cherchent à mieux se connaître, à apprendre... Pascal Coulon, philosophe et animateur d'ateliers en histoire de l'art au Centre de soins, d'accompagnement et de prévention en addictologie Adaje[2], en est persuadé : « Si cette éducation du goût ne "soigne" pas, nul doute qu'elle participe à une démarche plus globale (psychothérapie, groupes, éducation...), permettant de réhabiliter chez nos pensionnaires le désir en lui donnant un objet plus fécond, contribuant ainsi à modifier leur regard sur ce qu'il y a à voir. »

Lire Proust, contempler les toiles impressionnistes avant d'aller pique-niquer à Giverny, comprendre la démarche des cubistes..., autant de portes qui s'ouvrent pour, peu à peu, donner envie à ceux qui pensent avoir tout vu de voir différemment le quotidien. « C'est le grand apport des artistes, observe Pascal Coulon : interrompre la chaîne de significations dans laquelle nous évoluons pour en révéler certaines qui nous étaient inconnues jusque-là. Après Van Gogh, on ne voit plus les simples chaises en bois de la même manière... »

Autre révélation : l'œuvre d'art donne accès aussi à des dimensions de soi-même que l'on ignorait jusqu'à présent. « Lire un poème ou contempler un tableau et se dire : "Ça, c'est tout à fait ce que je sens", est éminemment positif car l'identification permet de se sentir

2. Adaje, 9, rue Pauly, 75014 Paris (http://www.adaje.org).

relié à autrui dans notre humanité universelle », ajoute Pascal Coulon. Et de confier : « Voir nos pensionnaires se mettre à discuter entre eux des mérites de telle ou telle œuvre relève du miraculeux ! »

> *L'œuvre d'art donne accès aussi à des dimensions de soi-même que l'on ignorait jusqu'à présent.*

Pour Ilona Boniwell, spécialiste de la psychologie positive, cette force se nourrit aussi sans cesse de ce qu'elle est capable de distinguer : « Elle est une question d'attitude et de capacité à prendre le temps d'admirer ce qui s'offre à soi. » C'est alors un cercle vertueux qui se propage.

Bien sûr, Belinda Cannone en témoigne dans son essai : « Si je suis malheureuse, je traverse ce monde si beau sans le voir. » Cependant, c'est une puissante occasion de sortir d'un soi mal à l'aise que celle de regarder vraiment ce qui nous entoure quand cela suscite une « amoureuse concentration ».

Oui, comme nous le rappelle l'écrivaine, les meilleurs remèdes au narcissisme douloureux sont sans doute les vols d'étourneaux, les chênes bien plantés dans les champs et la voûte étoilée.

On peut déjouer la mélancolie de l'autre

Pas facile de partager le quotidien d'un(e) dépressif(ve), surtout quand on tient soi-même à l'aider, à le distraire... et à garder le moral! Qu'il s'agisse d'une mère, d'un colocataire ou d'un conjoint, le risque vient de cette porosité émotionnelle qui signe aussi notre humanité. Heureusement, quelques stratégies existent. Et nous servent autant à nous-mêmes qu'à celui qui a des idées noires.

«Il y avait toujours une "ombre au tableau", se rappelle encore Véronique, 56 ans, lorsqu'elle évoque son enfance avec une mère à l'humeur souvent morose. Rendre visite à des amis? Elle n'avait rien à leur dire. Aller au cinéma? Il y avait suffisamment de bons films à la télévision. Féliciter mon frère parce qu'il avait réussi ses examens? Il aurait pu avoir de meilleures notes... Bref, à ses yeux, rien n'allait jamais vraiment.» Après une longue psychothérapie, Véronique a pris conscience de l'impact insidieux de ce défaitisme maternel sur sa propre personnalité. «Je ne pensais qu'à la distraire, l'apaiser, lui transmettre le goût de vivre, confie-t-elle. Mais à force de constater que, malgré tous mes efforts, elle restait aussi triste, je me suis retrouvée à l'âge adulte avec des périodes "noires", moi aussi, comme si la déprime m'était plus familière que l'humeur positive.»

Ce retournement de situation qui amène les proches de personnalités mélancoliques à développer eux-mêmes découragement et «goût à rien» commence à être connu. Françoise, qui est écoutante à l'association France-Dépression[1] et animatrice de

1. http://www.france-depression.org

groupes de parole pour l'entourage de déprimés[2], l'observe régulièrement : « Les proches ont tendance à s'oublier complètement pour soutenir celui qui va mal, et peu à peu ils se mettent à fonctionner comme lui. »

Les proches ont tendance à s'oublier complètement pour soutenir celui qui va mal, et peu à peu ils se mettent à fonctionner comme lui.

Certains ont même parlé de la déprime comme d'une maladie « contagieuse », un terme qui évoque cependant trop de « rapidité » pour Françoise : « C'est un processus insidieux, qui s'étale en réalité sur de longues périodes de cohabitation avec l'humeur dépressive et peut se manifester longtemps après », précise-t-elle.

Une étude de 2013[3] a en effet montré que ce n'est pas l'humeur qui se propage soudain d'un individu à l'autre, mais plutôt une manière de penser s'acquérant peu à peu. Les psychologues la désignent sous le terme de « vulnérabilité cognitive ». Ce mécanisme affecte les personnes qui réagissent mal aux stress de la vie et ont tendance à interpréter les événements négatifs comme le résultat de facteurs qu'ils ne peuvent changer et qui reflètent donc leurs propres carences. Les chercheurs menant cette étude ont fait l'hypothèse que cette vulnérabilité se manifestait davantage dans les périodes de grands changements. Ils ont donc interviewé et jaugé l'humeur de jeunes étudiants venant de s'installer en colocation avec des pairs et se sont rendu compte que ceux qui partageaient leur résidence avec des personnes à grande « vulnérabilité cognitive » s'en trouvaient peu à peu affublés eux-mêmes.

Il s'agit à la fois ne pas se centrer entièrement sur celui qui va mal, mais de savoir aussi l'écouter aux bons moments.

On comprend mieux alors le défi qui revient aux proches de mélancoliques : aider, être près de l'autre que l'on souhaite soutenir, tout en se préservant des idées noires qu'il fabrique parfois à profusion. Françoise parle même, en ce sens, d'une « mécanique de haute précision » que le proche doit acquérir : « Il s'agit à la fois ne pas se centrer entièrement sur celui qui va mal, mais de savoir aussi l'écouter aux bons moments ; d'être présent mais de savoir aussi s'évader pour se ressourcer ; de lui parler mais en recentrant sa parole et en choisissant

---

2. Ligne d'écoute, tél. : 01 40 61 05 66 ; France-Dépression, 4B, rue Vigée-Lebrun, 75015 Paris (M° Volontaires ou Pasteur).

3. *Association for Psychological Science*, « *Risk Factor for Depression Can Be "Contagious"* », *in ScienceDaily*, 18 avril 2013.

les moments justes, car on peut froisser facilement sa sensibilité exacerbée… » On est en effet là dans un exercice de haut vol, qui plus est se répète quotidiennement.

C'est alors que l'expérience des autres passés par le même chemin, ceux que l'on peut entendre dans les groupes de parole, est fondamentale : « On peut y obtenir des réponses à toutes ces questions qui hantent quand on vit avec un mélancolique, explique Françoise : est-ce que je lui apporte assez de réconfort ? Lui ai-je bien parlé ? Est-ce que cette période de mieux-être va durer ? »

L'écoutante affirme même combien, en raison de la mélancolie fréquente de cette personne avec qui l'on vit, le proche peut ainsi se retrouver embarqué dans une « école positive ». « Cet état de fait, la morosité de l'autre, vous oblige à acquérir une meilleure connaissance de vous-même, à réfléchir beaucoup à ce que vous faites et surtout à mieux gérer vos émotions face à lui (ou elle) », estime-t-elle.

Autre leçon éventuelle qui servira beaucoup aux proches : ce que Françoise appelle « baisser la barre » : « Peu à peu, on apprend à profiter des petits bonheurs du quotidien lorsqu'il y en a, résume-t-elle. Les projets à hédonisme maximal, du genre un grand voyage aux Caraïbes, ça ne marche pas avec un déprimé. Les grands projets avec un dépressif virent vite au fiasco. Le déprimé se sent coupable, et doublement, de ne pas avoir répondu à la demande et de n'avoir rien entrepris. Et si la déception du proche se fait sentir, c'est encore plus lourd pour le dépressif. En revanche, un repas cuisiné avec allégresse ou une séance de cinéma pendant laquelle il a ri, cela devient une vraie ressource. Pour lui comme pour soi-même. »

LE REGARD DE :

Dr Michel Lejoyeux, professeur de psychiatrie et d'addictologie à l'université Paris VII et chef de service dans plusieurs hôpitaux parisiens

« Le style moralisateur et confrontationnel du type "tu devrais", "il faut que tu te bouges", etc., ne marche pas et ne fait que culpabiliser la personne. Je propose donc au déprimé d'acquérir une meilleure connaissance de ses émotions, de ses humeurs et des antidépresseurs naturels à sa disposition. Emmener marcher ou visiter un musée un proche déprimé, mettre de la musique dans la maison au lieu de l'abreuver de paroles, c'est comme le recharger en endorphines et autres molécules naturelles. Lui expliquer que le tabac ou l'alcool sont de faux euphorisants et qu'il n'a pas besoin d'être médicalisé pour passer à un autre état d'âme est essentiel. Cela changera la manière dont il vit ses émotions. Il y a aussi tout le pan de l'alimentation. Les dernières études épidémiologiques montrent l'intérêt des psychobiotiques, ces substances qui stimulent les intestins, leur font fabriquer de la sérotonine, véritable médiateur de la bonne humeur. Manger du chocolat noir, de la choucroute, des cornichons..., cela participe d'un quotidien "antidéprime" et permet de transmettre des émotions positives. Peu à peu, on incite ainsi la personne à acquérir un nouveau style de vie et, quand l'entourage se l'applique aussi à lui-même, cela se révèle payant. »

L'anxiété a de bons côtés

On cherche à la juguler, à l'effacer. Pourtant, l'angoisse à doses diffuses et modérées est aussi bénéfique. Elle est une marque de conscience, d'attention, et nous sert à nous mobiliser psychiquement. Tel l'acteur qui va entrer en scène et a besoin du trac pour affiner son jeu, nous gagnons toujours à faire une place à la concentration. Encore faut-il ne pas vouloir lutter contre elle.

Lorsqu'elle ne peut assister à son cours collectif de gymnastique, Anna téléphone toujours à son professeur pour le prévenir. Elle ne voudrait pas qu'il la croie démotivée. Paul, lorsqu'il arrive au bureau le matin, est très perméable à l'humeur du collègue qui travaille en face de lui. Il sait que la journée sera différente si celui-ci a mal dormi et jauge l'ambiance en une minute. Scrupuleux, hypervigilants, Anna et Paul sont des tempéraments anxieux. Ils subissent, comme l'écrivait en 1953 Jean Toulemonde dans sa bible sur les inquiets[1], «un état chronique de crispation, de mobilisation des puissances psychiques, soit pour améliorer la situation, soit pour assurer l'avenir».

En ce sens, les anxieux ne connaissent pas le repos. Leur système d'alarme lié au fonctionnement de la peur est comme déréglé, ainsi que l'explique Illios Kotsou, chercheur à l'unité «Émotion, cognition et santé» de l'Université catholique de Louvain: «Chez certaines personnes, le seuil déclencheur de l'angoisse est très bas ou fonctionne de manière irrationnelle. Alors que, normalement, la peur est activée quand des menaces réelles pèsent sur le sujet, les anxieux sont alertés par des signes minimes de l'environnement.»

Inconfortable, fatigante, l'anxiété est traditionnellement combattue. On cherche à s'en débarrasser. Pourtant, lorsqu'elle ne

1. Jean Toulemonde, *Les Inquiets*, Payot, 1953.

handicape pas la vie de celui qui la subit, elle peut aussi avoir des effets positifs. «Bien régulée, elle a une vraie fonction de préparation à l'action», affirme Illios Kotsou. Et celui-ci de prendre en exemple des étudiants se préparant à des examens : «Ceux qui ne ressentent aucune anxiété vont peu réviser et risquent l'échec ; ceux qui ressentent trop d'anxiété oublieront les sujets pourtant révisés et perdront leurs moyens au moindre froncement de sourcils de l'examinateur ; seuls ceux qui, modérément anxieux, ne sont pas certains de réussir vont se motiver pour faire au mieux… et courent ainsi au succès.»

Ceux qui ne ressentent aucune anxiété vont peu réviser et risquent l'échec.

Pour Illios Kotsou, l'anxiété n'est donc pas une émotion négative. D'ailleurs, aucune des émotions humaines n'est toxique pour les psychothérapies dites «de la troisième vague», un nouveau courant qui privilégie l'accueil inconditionnel de tous les sentiments qui nous traversent. «Toute l'énergie que l'on met à éviter l'anxiété est indisponible pour tout ce que nous avons à construire par ailleurs, déplore le chercheur. Or cette angoisse peut devenir une force si on ne la fuit pas. En observant ce qui se passe en nous sans le juger, en acceptant de nous laisser traverser par ces sentiments, en essayant de ne plus combattre cette anxiété, on contrôle mieux son environnement.» Et l'on n'endure pas l'effet «rebond», ce retour de boomerang d'une émotion dont on s'est dit «ça va aller, ça va aller» et qui a paradoxalement grandi en puissance à mesure que l'on cherchait à l'étouffer.

Cette angoisse peut devenir une force si on ne la fuit pas.

Les artistes, musiciens ou comédiens «traqueux» le savent bien : l'anxiété avant de monter sur scène est pour certains une compagne inévitable. Une fois acceptée, elle signifie aussi qu'ils sont en train de mobiliser concentration, mémoire et sensations pour la représentation à venir. «C'est alors que toutes les émotions, même celles perçues au départ comme "négatives", retrouvent leur fonction première : nous permettre de communiquer un sentiment[2]», résume Illios Kotsou.

Quant à l'utilisation bénéfique de l'anxiété, elle est pluridimensionnelle. Si nous reprenons l'exemple de nos anxieux, Anna est une excellente organisatrice, car elle a tendance à anticiper et prend le temps d'envisager toutes les modulations possibles d'une situation. Paul est un formidable communicant : il «sent» mieux que personne

2. Illios Kotsou, *L'Intelligence émotionnelle*, Bernet-Danilo, 2007.

les sentiments de ceux qu'il rencontre, il sait s'y adapter. Leur perméabilité et leur hypervigilance leur servent plus souvent qu'elles ne leur causent d'ennuis. L'humour n'est pas non plus la moindre des astuces utilisées par ces inquiets pour se tenir debout. Woody Allen a su faire de ses démons incontrôlables une véritable source d'inspiration. Car l'imagination est aussi une qualité surstimulée chez ces tempéraments. À force d'imaginer des monstres dans les placards, on devient capable aussi de créer des mondes parallèles et, pourquoi pas, d'en faire son métier, comme un David Lynch ou un Mark Twain. Celui-ci avouait: «J'ai survécu à de nombreux naufrages… qui n'ont jamais eu lieu.»

«Apprivoisée, l'anxiété peut donner une direction à notre vie», affirme Illios Kotsou. Encore nous faut-il apprendre à la canaliser, seule issue que nous ayons pour ne plus être téléguidés par elle.

Faire des pauses, c'est ne pas passer à côté de soi

Tout nous entraîne à agir, à faire, au point que nous nous agitons souvent inutilement… jusqu'à avoir envie de tout laisser en plan. Pour ne pas tomber dans ce piège du « tout ou rien », l'art de se « pauser » quelques minutes chaque jour ou même de se retirer parfois plus longuement se révèle essentiel. Encore faut-il savoir pratiquer une forme d'abstinence particulière.

Voilà une recherche des plus étonnantes: «Qu'avons-nous fait de nos week-ends?», interroge la journaliste canadienne Katrina Onstad dans un manifeste pour ces quarente-huit heures libres[1]. Surprenante question dans notre cher Hexagone notamment, car ici, il semble évident que le week-end est acquis, négocié, et la question du travail le dimanche suscite encore des levées de boucliers. Il semble évident à tout un chacun que nous respectons le caractère sacré de nos fins de semaine. Et pourtant…

En y regardant de plus près, la journaliste relève chez de nombreux témoins, et à travers quelques études, une contamination de ce temps de loisir par le travail et/ou les activités domestiques: réponses le samedi matin aux e-mails négligés dans la semaine, courses au supermarché le samedi après-midi, révision des devoirs avec les enfants le dimanche matin, bouclage de dossiers le dimanche soir… Peu à peu, quand la maison elle-même devient un lieu laborieux, le sacro-saint week-end se délite pour ressembler à n'importe quel jour de la semaine. «Même quand on aime son travail, à quoi bon, se demande la journaliste? Que représente une semaine trop remplie pour nous interdire

1. Katrina Onstad, *Week-end paresseux, week-end heureux. Réapprendre à ne (vraiment) rien faire pour se reconnecter à soi*, Pocket, 2019.

quarante-huit heures de régénération ? Qu'est-ce qu'une vie sans répit ? »

En réalité, ce n'est pas tant le temps de pause qui vient à manquer, mais sa qualité. D'ailleurs, Katrina Onstad attribue le « blues du dimanche soir » aux sentiments d'incomplétude et de frustration générés par ces fins de semaines bâclées.

Anne Ducrocq, écrivaine et éditrice, le démontre aussi dans un essai ressourçant : *Faire des pauses pour se (re)trouver*[2]. Elle lance un appel au « retrait intérieur », celui qui permet vraiment de se reposer, et même de se transformer. Parfois, celui qui ne se montre pas capable de faire un pas de côté, qui s'acharne à tenir la corde – en se disant « ça va aller, ça va aller » par exemple – se retrouve contraint à l'arrêt par la vie elle-même.

À l'âge de 20 ans, un drame amène Anne Ducrocq à partir se réfugier une semaine dans un monastère. De ce temps d'ennui, de surprise, d'inconnu, elle dit qu'il reste « inoubliable et a décidé de tant de choses ». « J'ai regagné la ville et mon ego, ma bibliothèque, mes amis, et ma vie est repartie, écrit-elle. Mais ce n'était plus tout à fait la même chose. J'avais compris que le retrait, le cri "pause" au milieu de l'agitation et des soucis du monde, pourrait désormais me sauver de tout. »

Depuis, elle a écrit des guides sur les lieux de silence ou des ouvrages sur la vie intérieure, et partage sa vie entre Paris et une petite maison dans les montagnes en Savoie et, depuis bientôt dix ans, elle fait retraite une semaine par mois dans un centre spirituel orthodoxe dans l'Est de la France.

Pour cette chercheuse d'un temps « habité », qu'il s'agisse de cinq minutes, une journée ou un mois, l'important est de faire de véritables « breaks », de casser la routine. « Penser simplement à se reposer ou se distraire pendant les vacances, cela détend en surface et ne s'inscrit pas dans la durée, observe-t-elle. La vraie échappée qui ressource, régénère, c'est quand nous prenons le temps d'entendre et de déployer nos trois dimensions : physique, psychique et spirituelle. » Dans son essai, elle propose de s'aménager des plages de temps personnel, toujours simples, toujours transformantes. Pour vivre sa vie au présent, l'élargir, l'approfondir.

Ses programmes de pauses, plus ou moins longues, sont composés d'exercices de respiration, de propositions de lectures, de films ou documentaires, de méditations, de moments créatifs, de correspondances, de marche méditative ou encore de journal spiri-

2. Anne Ducrocq, *Faire des pauses pour se (re)trouver*, Points, 2019.

tuel… Autant de propositions pour parvenir à un alignement rare et si précieux… que l'on peut bien sûr pratiquer chez soi!

Pour Anne Ducrocq, l'essentiel est d'être abstinent quelques heures, ou plus, de relations, d'actions, de consommation. Contempler les feuilles des arbres dans le vent, et leur vert, et leur forme; sourire avec les yeux; caresser son chat en conscience; sous la douche, ressentir vraiment l'eau qui coule sur sa peau; accueillir l'ennui. «Nous ne savons plus nous ennuyer, regrette-t-elle. Pourtant, dans ce temps qui épaissit tant l'atmosphère et ressemble à un mur à percer – rappelez-vous vos sensations d'enfance quand il n'y avait "rien à faire" –, vous avez une occasion rare de pouvoir, sans rien prévoir, observer vos pensées et poindre des envies inconnues jusque-là.» C'est alors bien plus que du repos, que peuvent apporter ces temps de retrait… Osons le mot: une libération.

LE REGARD DE :

Dr Dominique Servant, psychiatre, spécialiste du stress et de l'anxiété au CHU de Lille

«Comme l'a dit le philosophe Pascal: "Tout le malheur des hommes vient d'une seule chose, qui est de ne savoir pas demeurer en repos dans une chambre." Cette tendance à ne jamais s'arrêter est probablement le signe de notre lutte contre l'angoisse de la solitude et de la mort. À ces mécanismes internes s'ajoutent les contraintes imposées par la société hypermoderne: nos rythmes se sont accélérés et ne laissent aucune place à l'arrêt, ni même à la lenteur. Nous sommes donc la plupart du temps dans un hyperéveil de notre organisme. Notre système nerveux autonome, qui régule automatiquement nos grandes fonctions comme le cœur ou la respiration, est sans cesse préparé à l'action, ce qui est addictif. Et certains vont adopter ce "style physiologique" en menant plusieurs choses à la fois par exemple. Ils auront d'autant plus de mal à respecter des temps de pause. L'important, c'est d'arrêter l'activité dans laquelle on est embarqué, ou de changer d'activité, car cela générera une activité mentale "autre", un changement de paradigme… Et surtout, tandis que notre vie moderne nous contraint au concret, juste ne rien faire, ou jouer, des pauses qui stimulent en nous l'irrationnel et la créativité.»

Les femmes sont en quête d'un autre pouvoir

Non, toutes ne sont pas occupées à lutter contre la puissance masculine. Beaucoup de femmes cherchent désormais davantage à se connecter à leurs forces spécifiques pour s'émanciper et se déployer selon leurs propres rythmes et désirs. Cercles de parole, rituels sacrés, retour à de grandes inspiratrices… Le renforcement du féminin prend aujourd'hui de nouvelles formes et s'ancre paradoxalement dans des traditions très anciennes.

Ne dites pas à Camille Sfez[1], psychologue et formatrice, qu'elle lutte contre les hommes ! Initiatrice en France des Tentes rouges, des cercles de parole accueillant des femmes souhaitant échanger dans un espace intime et sacré, elle se dit plutôt en quête d'une harmonie, celle qui réunit « le masculin et le féminin en chacun de nous ». Et s'il y a, bien sûr, la force physique, celle qui relève des muscles, des armes, des combats, elle et ses consœurs préfèrent puiser dans une force plus psychique pour s'émanciper, se déployer, s'épanouir. Rituels au moment des « lunes » et des grandes étapes de la féminité, accord avec la nature cyclique de leur corps, séjours dans des forêts…, autant de manières d'honorer leur identité de genre.

Ces visiteuses des Tentes rouges ne sont pas les seules. Aujourd'hui, de plus en plus de femmes, toutes générations confondues, cherchent à se connecter à leurs spécificités féminines, à leur héritage ou à des figures inspirantes pour trouver des points d'appui non pas *contre* mais *à côté* des hommes. « Pendant longtemps, je me suis conduite en amazone, en guerrière, confie Camille Sfez. Je masquais ma fragilité derrière une carapace d'indépendante se compor-

1. Camille Sfez, *La Puissance du féminin. Libre, sereine et sacrée, renouez avec vos forces profondes*, Leduc.s, 2018.

tant “comme un mec”. Mais je ne me rendais pas compte du cadeau que c’est, d’être une femme, et de la force que cela implique. Désormais, je cherche à honorer cette part de mon identité.» Pourquoi un tel besoin? Camille estime qu’une transmission a été manquée: «Dans les cercles, beaucoup de femmes affirment n’avoir jamais reçu la notion de valeur d’être une femme.»

Dans les cercles, beaucoup de femmes affirment n’avoir jamais reçu la notion de valeur d’être une femme.

Odile Chabrillac, naturopathe, fait quant à elle remonter aux grands massacres de femmes du Moyen Âge, puis des XVIe et XVIIe siècles, cet actuel besoin de résilience. «Nous avons gardé en nous l’empreinte de cette immense violence, explique-t-elle, et le terme de “sorcières” est un “mot-valise” pour évoquer un archétype féminin de guérisseuses notamment. Les grandes brûleries concernaient surtout des femmes libres, créatrices, qui s’appuyaient sur un pouvoir intérieur pour se tenir debout. À nous de reprendre l’histoire là où le féminin a été délité… pour mieux le faire vivre[2]!»

Comment alors se reconnecter à une énergie féminine joyeuse, libérée de l’esprit de revanche, pour mieux créer, s’exprimer, apporter sa note spécifique? Pour Odile Chabrillac, les femmes doivent désormais retisser dans leur quotidien quatre dimensions dont elles ont été déconnectées: lien au corps, à la nature, à la spiritualité et au collectif. Ainsi, dans les Tentes rouges, pour se libérer de l’esprit de rivalité qu’un monde masculin a favorisé, les participantes pratiquent la «médecine de la parole», chacune étant invitée à déposer son ressenti, sans jugement ni comparaison de la part des autres et dans une totale confidentialité.

Mais les expériences de connexion à la puissance féminine peuvent aussi prendre d’autres formes, plus solitaires et artistiques. Ainsi, Juliette Andréa Thierrée, arrière-petite-fille de l’écrivain Georges Duhamel et comédienne, confie avoir trouvé dans la figure rebelle et créatrice de Niki de Saint Phalle une source inépuisable de résilience: «Quand j’ai découvert en 2014 l’exposition au Grand Palais qui lui était consacrée, j’ai ressenti en moi une déflagration.» Cette rencontre existentielle l’a amenée à explorer le destin de cette «passeuse de force» qui a osé, transcendé et survécu à l’inceste comme au trouble psychique. «J’ai été attirée par son énergie de vie alors que, dans son parcours, tout l’orientait vers la destruction», explique Juliette Andréa Thierrée. Un élan vital qui porte de beaux

2. Odile Chabrillac, *Âme de sorcière ou la magie du féminin*, Solar, 2017.

fruits : la comédienne a écrit une pièce intense dans laquelle, seule sur scène, elle redonne vie à une Niki toujours plus inspirante. « Sa ténacité et la capacité à réaliser ses rêves qu'elle m'a transmises m'accompagnent désormais au quotidien », confie la comédienne, qui a notamment joué *Vivre !* au Festival d'Avignon en 2018.

Les fameuses *Nanas* de Niki de Saint Phalle, ces grosses femmes décorées, comme suspendues dans des poses festives et libres que l'artiste avait conçues pour montrer une force féminine aussi imposante que celle des hommes, pourraient bien devenir l'emblème des préoccupations actuelles.

Être plus heureux au travail, c'est possible

Le regard sur nos journées laborieuses est en train de changer. Non, il n'est plus obligatoire de souffrir, de s'ennuyer ou de s'épuiser dans notre travail. Encore faut-il que nous prenions en compte certaines valeurs et compétences, tant au niveau individuel que collectif. On l'avait presque oublié : l'activité professionnelle peut être source d'équilibre et de sociabilité constructive. Mais à quelles conditions ?

À force d'identifier les souffrances au travail, ce qui était nécessaire, vu l'augmentation des plaintes dans les consultations spécialisées, on en est arrivé à ne plus vraiment croire aux aspects les plus bénéfiques de l'activité professionnelle. Cette focalisation est en train de changer, si l'on en croit l'intérêt de la psychologie positive pour le travail et l'émergence d'enquêtes récentes, plus centrées sur le meilleur des conditions de travail.

C'est notamment le cas de l'étude menée par le cabinet de conseil M@rs-lab[1], qui a soumis à 6 700 personnes d'horizons très variés 50 questions autour du thème : « Êtes-vous zen ou stressé au travail ? » Pour Pierre-Éric Sutter, psychologue du travail et directeur de M@rs-lab, « la grande force de ce questionnaire est de s'être appuyé sur une recherche triple prenant en compte les trois dimensions intriquées du travail : la performance individuelle, la performance collective et la performance organisationnelle. Aucune d'entre elles ne peut se passer des deux autres ».

Ainsi, le tableau complet d'un « travailler mieux » qui ne nierait aucun de ces aspects a-t-il pu être dégagé. Il y apparaît clairement que les TPE (très petites entreprises employant jusqu'à 17 personnes) sont les structures où il fait bon être employé. « Plus on

1. https://www.mars-lab.com

monte dans la taille de l'organisation, moins le vécu au travail est positif», confirme Pierre-Éric Sutter. Cette donnée n'est pas anodine et a mené le cabinet de conseil à rechercher ce qui, dans ces petites structures, favorisait justement l'épanouissement de l'individu. Est alors né un slogan, «La TPE attitude», qui permet de sigler et de mémoriser trois facteurs de mieux-être : la Transparence (de la direction, des décisions, etc.), la Proximité (des dirigeants avec le terrain, de l'amont et de l'aval), l'Enthousiasme (d'une vision partagée, des valeurs, etc.).

En conséquence, ceux qui voient clairement l'apport de leur production finie ou qui se sentent en phase avec ce que fabrique l'entreprise partent avec une longueur d'avance pour vivre bien au travail. Bien lotis aussi, ceux qui reçoivent de leur hiérarchie des objectifs clairs, qui, de plus, favorisent la cohésion des équipes. Le stress naît, le plus souvent, d'une obligation de s'adapter à des consignes contradictoires et dont on ne perçoit plus le but. «Ce dont les Français ont le plus besoin, c'est de sens, pas de soins», résume Pierre-Éric Sutter, fustigeant une certaine tendance à la médicalisation des maux du travail dans notre pays.

Le stress naît, le plus souvent, d'une obligation de s'adapter à des consignes contradictoires et dont on ne perçoit plus le but.

Ce rôle primordial du sens dans la satisfaction professionnelle, Marc Traverson, coach et consultant du cabinet Acteus, l'observe au quotidien sur le terrain. Il a publié une *Lettre à ceux qui ont momentanément perdu leur emploi*[2] dans laquelle il mesure tous les investissements intérieurs liés au travail et comment en faire des piliers même lorsque le vent tourne. «Cette notion de sens est aujourd'hui primordiale, confirme-t-il. Ainsi, si vous trouviez une motivation intellectuelle à monter des structures financières très complexes et que, rachetée par un grand groupe, votre entreprise se focalise désormais sur les seuls chiffres atteints, vous dépérissez intérieurement.»

Lorsqu'il manque à la structure, le sens peut cependant toujours être «tricoté» au niveau individuel. «Le plus important, quel que soit le poste que vous occupez, c'est de vous sentir acteur de votre travail, explique-t-il. Que celui-ci soit cohérent avec vos valeurs, qu'il vous donne l'occasion d'apprendre, de vous "challenger" par

2. Marc Traverson, *Lettre à ceux qui ont momentanément perdu leur emploi. Être prêt à saisir sa chance*, Payot, 2010.

touches, tout en éveillant en vous le sentiment de faire partie d'un groupe où vous avez une place et une utilité.»

Autre grande source de satisfaction professionnelle, peu souvent évoquée dans les débats sociaux: le plaisir de transmettre. «Aujourd'hui, les gros revenus et les lourdes responsabilités qui vont avec ne garantissent plus le bonheur, observe le consultant, et un nombre de plus en plus important de salariés le savent, au point de bien réfléchir, voire refuser certaines promotions qui leur coûteraient trop cher dans leur vie privée. En revanche, quand on est un manager ou un pro expérimenté, voir ses collaborateurs "grandir" et les aider dans un esprit de formation est un réel plaisir.»

Lorsqu'il manque à la structure, le sens peut cependant toujours être «tricoté» au niveau individuel.

Du sens, des valeurs partagées, la satisfaction de transmettre... Autant de pistes invoquées par ces consultants qui osent un autre regard sur la vie professionnelle. Et Marc Traverson de rappeler le slogan du président Kennedy à propos du gouvernement américain en l'adaptant au travail: «Ne vous demandez pas ce que votre entreprise peut faire pour vous rendre heureux, mais demandez-vous plutôt ce que vous pouvez faire pour votre propre bonheur.» Un réflexe de survie à l'heure où de nombreux bateaux tanguent?

On éduque en répétant ce que l'on a vécu

La parentalité est devenue la grande affaire des années 2000. Les conseils éducatifs, ateliers et manuels de « parenting » en tout genre se sont multipliés à mesure que les parents se déclaraient « perdus ». En réalité, ces pistes viennent buter sur le fait que l'on ne naît pas parent *sui generis*. Chacun est imprégné d'un héritage parental, qui, même inexistant, déficient ou rejeté, ne peut être gommé.

Il y avait Dolto, Brazelton et quelques autres grands spécialistes de l'enfance… Il y a désormais des milliers de psychologues, coachs, psychanalystes engagés dans la diffusion de conseils éducatifs à l'usage des parents apparemment plus dépassés qu'avant. Leurs conseils abondent: «faites méditer votre enfant», «apprenez-lui à gérer ses émotions, à respirer, à communiquer, à jouer… »; «faites preuve d'une éducation bienveillante» (sous-entendant ainsi que celle donnée jusqu'à présent ne l'était pas!), «soyez zen», «compréhensif», «empathique»… Toutes ces injonctions sont étayées par des recherches récentes en neurosciences, ce qui semble être un argument suffisant pour que les éducateurs endossent au mieux cette mission de haut niveau qui leur est décrite. Mais peuvent-ils vraiment la réussir?

On peut en effet s'étonner de cette mouvance qui gomme d'un revers de manche un credo psychologique, né de l'analyse freudienne et jusque-là indéboulonnable: éduquer est un «métier impossible». Car cela entraîne bien souvent, et de manière parfois insidieuse, à faire avec notre progéniture ce que nos propres parents nous ont appris. Pire: si l'on décide de faire «exactement le contraire» de ce que l'on a vécu dans son enfance, cela signifie que l'on est encore «pris» dans ces liens dont on voulait même se débarrasser. Encore faut-il croire à l'existence de l'inconscient, cette part de nous rétive à la seule volonté et aux «y a qu'à, faut qu'on».

La romancière Cécile David-Weill, maman de trois enfants aujourd'hui trentenaires et deux fois grand-mère, raconte[1] cette expérience que beaucoup de parents traversent : vouloir bien faire et... ne pas y parvenir alors même qu'on l'a décidé, se retrouver «téléguidé» par des automatismes hérités de sa propre enfance alors même que l'on cherche à faire différemment. Cette impuissance s'explique de différentes manières.

Nicole Aknin, psychanalyste et rectrice de la Sigmund Freud University à Paris, le rappelle : «Freud a cherché toute sa vie l'origine de cette compulsion de répétition. Et en fait, cette pulsion a beaucoup de bénéfices : elle nous permet de rester dans la loyauté vis-à-vis de nos parents, de notre milieu d'origine, et ainsi de nourrir notre sentiment d'appartenance et de cohérence.» Cette tendance à «répéter» peut se nicher dans nos comportements amoureux (quel couple formaient nos parents ?), alimentaires (quelle place avait la nourriture dans notre famille ?) ou même notre santé (à quelle maladie est-on vulnérable dans notre lignée ?). Autant dire qu'elle n'est pas facile à éradiquer. «Il y a quelque chose de rassurant dans cette répétition, observe la psychanalyste. Mais tant que l'on est pris en elle, on ne peut créer du neuf.»

Alors comment s'en sortir ? Marie-Christine Snyders, qui pendant plus de vingt-cinq ans a été directrice d'une école dite alors «alternative» – Plaisir d'Enfance, école Montessori dans le 19e arrondissement de Paris –, l'affirme : «Tous les parents ont un modèle éducatif, et même s'ils affirment un certain recul, ce qui reste, c'est ce fondement.» Toutes les pédagogies «nouvelles» ont réfléchi en ce sens à un accompagnement nécessaire des parents. Les ateliers parentaux et autres formations qui se multiplient aujourd'hui sont à voir comme des «sas de déprogrammation» de leurs habitudes éducatives inconscientes, «ce que ne permet absolument pas la lecture d'un livre en solo», ajoute l'enseignante.

Toutes les pédagogies « nouvelles » ont réfléchi en ce sens à un accompagnement nécessaire des parents.

Catherine Gueguen, pédiatre expérimentée et passeuse de tout ce mouvement de l'«éducation bienveillante», précise que c'est en s'appuyant sur d'autres parents ou sur des formateurs dans des groupes que l'on peut apprendre de nouvelles

1. Cécile David-Weill, *Parents sous influence. Est-on condamné à reproduire l'éducation de ses parents ?*, Odile Jacob, 2016.

manières d'éduquer et de sortir de la répétition. «Surtout, cela permet de ne pas rester dans la culpabilité de ne pas y arriver», ajoute Marie-Christine Snyders, tout en appelant à la vigilance: «S'il faut des points de repère, attention aux recettes et aux schémas figés.»

Car, en réalité, ce qui permet de se libérer d'un habitus familial trop pesant, c'est la capacité à tenter de nouvelles expériences. «On ne supprime que ce que l'on remplace», comme le dit l'adage: les parents ne doivent pas seulement ne pas faire comme leurs propres parents, mais ils doivent aussi trouver des manières réellement autres. «Et cela n'est possible que si l'on se réfère à la singularité de chaque enfant», rappelle Nicole Aknin. En effet, même dans une même famille, chaque enfant appelle à être élevé différemment. «Élevé» au sens le plus noble, insiste la psychanalyste: «Si l'on sait entendre un enfant, son éducation peut devenir de la cocréation. Pour cela, les parents ont aussi une démarche d'intériorité à faire: aller chercher en eux l'intuition la plus profonde que réveille cet enfant-là, qui a besoin d'un chemin unique, lui ressemblant à lui.»

Car, en réalité, ce qui permet de se libérer d'un habitus familial trop pesant, c'est la capacité à tenter de nouvelles expériences.

Vieillir à deux, le nouveau challenge

On a envie, aujourd'hui, de les mettre sous cloche, ces couples qui parviennent à rester ensemble durant plusieurs décennies, avec en plus l'air de s'aimer (presque) comme au premier jour ! Comment ont-ils fait ? Quels écueils ont-ils su négocier ? Quel pilier a fondé leur engagement ? Où l'on apprend que pour parvenir à une telle construction, il faut de nombreux renoncements, mais aussi de belles ressources.

Scène de la vie quotidienne de deux octogénaires : il s'apprêtait à préparer une soupe, elle déboule dans la cuisine en réclamant plutôt des légumes sautés. Ils se houspillent. Quelques heures plus tard, on les voit se promener le long d'un chemin de campagne, puis s'allonger au pied d'un arbre pour observer au soleil la danse aérienne d'abeilles en train de faire leur miel.

Soudain, la complicité de ces vieux partenaires crève l'écran. En quelques minutes, le magnifique film documentaire de Ludovic Virot, *Le Sens de l'âge*[1], nous offre les deux images le plus souvent associées au couple vieillissant et qui signent son paradoxe : d'un côté, le quotidien répétitif, enfermant, souvent conflictuel ; de l'autre, la plénitude d'avoir vécu tant d'années ensemble…

Cette traversée du couple âgé est plus fréquente qu'on ne le croit souvent : une étude de 2006 (à l'échelle européenne) a montré qu'entre 75 et 79 ans, environ trois hommes sur quatre vivent en couple, contre seulement une femme sur trois (35 %), une différence qui s'explique évidemment par le veuvage plus fréquent chez les femmes[2]. Ils sont donc encore nombreux, ceux qui se coltinent cette

1. https://www.unifrance.org/film/32950/le-sens-de-l-age
2. Source : Ined, 2006.

aventure exigeante de «rester ensemble». Quels sont les obstacles qu'ils ont à dépasser pour y parvenir?

Pour Anne Husser, psychologue clinicienne et thérapeute de couples, l'une des plus grandes crises peut survenir avec l'arrivée de la retraite: «S'impose alors une réalité inédite: le fait de vivre vingt-quatre heures sur vingt-quatre ensemble! C'est un état de fait sans précédent pour la majorité de ces unions, estime-t-elle. Une situation à risque, car elle réactive le lien primaire (celui que tout humain a eu, bébé, avec sa mère ou tout adulte qui le maternait au quotidien). La retraite soumet ainsi chacun des partenaires à une problématique essentielle: va-t-il réussir à être dans une symbiose parfaite ou va-t-il se sentir étouffer?»

Annie de Butler, thérapeute psychanalytique de couples, confirme: «Les demandes de divorce chez les couples à l'âge de la retraite sont de plus en plus fréquentes[3].» Oui, mais s'ils en sont à cette crise, c'est bien qu'ils ont su dépasser toutes les autres, les précédentes? «En effet, observe Anne Husser, l'épreuve qui se présente régulièrement à toute personne vivant en couple est celle de la désidéalisation: l'autre n'est plus un objet unique, tout suffisant, de qui je dois tout attendre.»

L'amour initial qui a structuré le couple doit évoluer et se transformer.

Et cette nécessité de renoncer à l'image si puissante de l'«âme sœur» arrive dès les débuts du couple amoureux avec les premiers conflits, puis avec la naissance des enfants, la nécessité de conjuguer carrière, famille et épanouissement de soi, plus tard encore s'il y a infidélité... Enfin, avec la vieillesse des corps, la diminution des facultés psychiques, la fréquence des maladies, cet enjeu des «petits deuils au quotidien» s'intensifie.

«Le couple qui reste soudé est celui qui sait traverser tous ces deuils et s'en relever, estime Annie de Butler. En fait, l'amour initial qui a structuré le couple doit évoluer et se transformer, un peu comme un enfant que la vie pousse à grandir pour mieux s'épanouir.» Et la psychanalyste de constater que ce sont le plus souvent les personnalités rigides qui rompent quand l'autre n'est pas comme elles le voulaient. «Quand on a eu la chance d'être dans un couple qui a survécu aux crises, on a envie de vieillir en couple..., ajoute-t-elle. D'ailleurs, toutes les études le confirment: on vieillit mieux et plus longtemps quand on est à deux!» Le couple de longue durée est donc un duo qui s'est «musclé».

---

3. *In Dialogue*, n° 188, vol. 2, Érès, 2010.

Pour y parvenir, il y a heureusement de «vrais ciments» pour les partenaires: leurs valeurs communes. «Ce sont ces idéaux partagés qui font tenir ensemble: pratique d'une activité artistique, goût des voyages, de la marche... peu importe, estime Anne Husser. L'important, c'est qu'ils aient pris le temps de découvrir ce socle commun.»

L'aventure d'une vie à deux reste à explorer, mais de manière renouvelée et contemporaine.

Ces ressources laissent à penser que l'aventure d'une vie à deux reste à explorer, mais de manière renouvelée et contemporaine. Annie de Butler remarque que les couples actuels peuvent tout à fait partager des valeurs communes sans être empêtrés dans des questions de moralité comme l'étaient les générations antérieures. «Aujourd'hui, on peut rester ensemble grâce à des valeurs que l'on s'est vraiment choisies.» Le couple a alors tout pour vieillir au mieux.

Parmi ses mannes, il y a le souvenir: «On garde dans sa mémoire que l'autre vous a connu(e) jeune et séduisant(e), et a fait de vous un être de chair et de plaisir», affirme la psychanalyste. Ainsi, la sexualité, même tarie, reste virtuellement une source à laquelle continuer de s'abreuver.

Les cyber-ados sont à découvrir

Finalement, que nos enfants aient une psyché connectée, qu'ils soient en permanence branchés sur leurs Smartphones, écrans et réseaux sociaux, ne change pas le rôle éducatif des parents : les protéger, leur apprendre le discernement dans un monde complexe, leur passer des valeurs de respect, demeurent essentiels. Ce qui change, c'est qu'eux ont aussi désormais quelque chose de tangible à nous apprendre. Accueillons-les en ce sens.

Martine, maman de Léonard, 16 ans, n'en revient pas: «Il est censé faire ses devoirs, s'installe devant l'ordinateur, et j'entends sa messagerie SMS vibrer toutes les deux minutes. Puis je m'approche de l'écran et je vois dans la colonne de droite ses amis Facebook qui chattent avec lui... Comment parvient-il à se concentrer sur ses révisions d'histoire?» Son étonnement est partagé par une majorité de parents qui observent, incrédules, les agissements numériques de leurs rejetons: purs produits de la génération Y, ceux-ci sont en effet experts dans l'art digital de jongler instantanément entre différents plans: virtuel/réel, ici/ailleurs, moi/les autres... et surtout différentes connexions: Smartphone, écran, MP3.

> *Ces jeunes se sentent juste de plain-pied dans l'évolution actuelle.*

Quels changements tangibles dans leur vie psychique *via* cette «greffe» permanente de médias peut-on déjà observer? «Concernant le *multitasking* (faire plusieurs tâches en même temps), il reste évident que cette pratique ralentit la concentration en obligeant le jeune à sans cesse se débrancher puis se rebrancher sur un objet d'attention, confirme Yann Leroux, docteur en psychologie, psychologue en CMPP à Périgueux et lui-même "gamer". Les ados doivent aujourd'hui comme hier apprendre à se mettre dans un environnement de travail, et pour cela, il leur faut des moments où ils savent s'isoler.» Pour le reste, «ils gèrent», comme le répètent

Léonard et ses copains à leurs parents. «Les adultes leur renvoient souvent une image diabolisée des outils technologiques, alors que ces jeunes se sentent juste de plain-pied dans l'évolution actuelle, explique Dominique Texier[1], pédopsychiatre psychanalyste qui a dirigé un colloque sur "l'enfant connecté[2]". Ce qu'ils revendiquent est juste : le monde entier est actuellement soumis à une nouvelle interface entre l'homme et la machine. Et nous sommes tous pris dans ce monde. Il est important que les adultes ne l'oublient pas.»

Hors pathologie avérée, ces jeunes savent parfaitement faire le distingo entre réel et virtuel, et les professionnels qui les reçoivent en tiennent compte dans leur pratique clinique. Mieux, ces derniers semblent aujourd'hui relever davantage d'effets bénéfiques des nouveaux médias sur nos chères têtes blondes. «Beaucoup de jeunes qui, il y a quinze ans, auraient basculé dans la psychose trouvent, grâce à Internet, des réseaux de "suppléance", affirme Dominique Texier. Certains, mal partis, se reconstruisent devant leur écran.» Ainsi, une jeune fille obèse peut se faire passer pour une Lolita et trouver quantité de petits copains virtuels, ce qui lui sera bénéfique sur le moment en haussant sa confiance en soi... et en l'aidant à se préparer à la vraie rencontre.

Le meilleur apport de ces nouveaux médias : les liens variables de socialisation. «Les ados peuvent fonctionner "à l'opportunité", explique Yann Leroux : organiser au tout dernier moment une sortie au cinéma entre copains, intensifier ou ralentir, voire arrêter une relation grâce aux messages qu'ils envoient, rendre public ce qui était privé... En utilisant tous ces outils, ils font donc un travail très intense de communication et de représentation de soi.»

Si la possibilité de rencontre s'est donc démultipliée grâce aux outils numériques, ne s'est-elle pas aussi, d'une certaine manière, appauvrie? N'étant pas engagés corporellement dans la plupart de leurs chats et étant de plus en plus habitués à parler à un avatar, ils risquent de ne rencontrer qu'un «autre inconsistant». «C'est surtout dans la gestion des conflits que nous repérons cette faille, observe Dominique Texier : comme ils peuvent choisir leurs clans, leurs amis, ils se confrontent de moins en moins à l'altérité et ne se connectent qu'avec un autre qui est "le même qu'eux". Ils prennent donc moins de risques et cela se ressent dans leur manière d'exprimer leur agressivité, ce qu'ils font de moins en moins par la parole.»

---

1. Dominique Texier, *Adolescences contemporaines*, Érès, 2011.
2. «L'enfant connecté», journées d'études organisées par la fédération des CMPP les 1er, 2 et 3 décembre 2011 à Paris.

Pratique sans doute née de cette déresponsabilisation, le *cyberbullying* (ou cyberharcèlement), création d'un réseau pour ostraciser celui avec qui l'on n'est pas d'accord et que l'on exclut donc de sa liste d'amis… sans être engagé dans aucune parole.

Cette modification radicale du lien social est sans doute l'aspect le plus prégnant des nouveaux comportements chez les jeunes, et elle affecte aussi la représentation de soi. Dès qu'ils vivent une situation et la mettent en ligne, les ados numérisés attendent un «j'aime/j'aime pas» comme réaction de la part de l'autre. Tout rapport social est traité comme une information, et ils attendent même aussi un retour sur des extraits de leur journal intime, ce qui interpelle Dominique Texier: «L'individu ne se construit pas seulement dans le narcissisme! rappelle-t-elle, avant de préciser: Mais il en est ainsi du monde que nous, adultes, sommes en train de fabriquer sans toujours nous en rendre compte. Et ce sont les adolescents qui viennent nous le révéler.»

LE REGARD DE:

Xavier Pommereau, psychiatre,
chef du centre Abadie du CHU de Bordeaux

«Les adolescentes sont convaincues que pour se faire aimer, elles doivent séduire. À nous de leur expliquer qu'elles risquent de trop s'exposer. Ainsi, nous, adultes, devons définir des espaces d'évolution à ces jeunes. Car Internet, cet univers dans lequel ils circulent si bien, c'est l'espace de tous les possibles, avec le meilleur et le pire: aux parents et aux opérateurs de "légiférer" sur la déambulation dans cet espace sauvage qu'est la Toile. Car s'ils sont en avance sur les outils numériques, nos enfants sont encore immatures émotionnellement.

«Par exemple, pour eux, les informations, ce sont des "images Claire Chazal". Ils savent bien qu'il y a un conflit israélo-palestinien, par exemple, mais ils ne savent pas où est Israël! Ils sont eux-mêmes géolocalisables grâce à leur portable, mais ils ignorent la géographie! En ce sens, je les appelle des "savants ignorants": s'ils savent naviguer dans le monde numérique, ils ont surtout besoin que nous leur expliquions le monde, la réalité. Je crois qu'il y a actuellement un défaut de transmission: on confond télécommunication et transmission. Nos enfants n'ont pas besoin que nous communiquions avec eux, mais plutôt que nous échangions vraiment sur ce qui les entoure en leur transmettant du sens et des valeurs.»

Pardonner est bénéfique… pour soi aussi

C'est un mot qui a pendant longtemps senti la religiosité et l'obéissance à un ordre moral. Le pardon semblait inaccessible, sauf aux âmes saintes. Mais désormais, c'est en séance de psychothérapie qu'il revient. Car accepter les dommages subis et parvenir à tourner la page se révèlent incontournables dans de nombreux parcours.

Vous gardez une rancœur tenace envers un ancien collègue et vous vous réveillez certaines nuits en y pensant? Vous êtes fâché avec une partie de votre famille et n'iriez pour rien au monde leur rendre à nouveau visite? Attention à vous et à votre santé physique et psychique! Des études récentes ont prouvé que les personnes qui ont du mal à lâcher leur ressentiment souffrent d'une tension élevée. On a aussi observé que les victimes d'inceste qui participaient pendant toute une année à des ateliers autour du pardon étaient moins vulnérables à la dépression et à l'anxiété que celles qui n'y avaient pas eu droit (université du Wisconsin). Ces recherches confirment ce que chacun sent en son for intérieur: pardonner fait du bien, et surtout à soi-même.

Le fait de « pardonner » est rarement nommé comme tel par les psychothérapeutes.

Pas étonnant, donc, que cette question se pose lors de nombreuses psychothérapies. Pour celui-ci, il s'agira de ne plus en vouloir au père absent qui a gâché son enfance; pour cette autre, il faudra accepter la trahison de son ex-mari ou que son ado accumule des délits de plus en plus graves. Ce sont d'ailleurs les conflits engendrés par ces situations qui, souvent, suscitent la première demande de consultation.

Pourtant, chargé de références religieuses, le fait de « pardonner » est rarement nommé comme tel par les psychothérapeutes. « Je fais attention à ne pas employer ce terme qui est encore très connecté “religieux”, explique le psychanalyste Jacques Arènes. Le pardon reste entaché d'un certain dolorisme judéo-chrétien qui fait lever de nombreuses résistances chez nos analysants. C'est pourtant bien de cela qu'il est question pendant la cure: entamer un processus qui aboutira à pardonner au réel d'être ce qu'il a été[1].»

«Processus», «chemin» et même «voyage», selon le professeur Robert Enright de l'université du Wisconsin, le pardon semble pour les psychologues tout sauf le fruit d'une grâce instantanée. «Il n'y a que dans les films au cinéma que l'on voit soudain le héros libérer son abuseur des dommages qu'il a perpétrés!», relève Jacques Arènes. Dans la vraie vie, parvenir à pardonner demande vigilance et endurance.

Vigilance, car un pardon trop facile peut cacher du déni. Jean-Paul Sauzède, thérapeute de couples et coauteur avec son épouse de l'ouvrage *Entre câlins et tempêtes, créer un couple durable*[2], se méfie de la tendance fréquente à vouloir trop rapidement effacer la faute: «Avec ce mari qui a été infidèle, ou cette compagne qui s'est mise à boire un peu trop, le patient peut être tenté de faire “comme si rien ne s'était passé”, observe-t-il. Cette tentative de “recouvrement”, voire d'“effacement” du malaise est nocive. Elle se met en place entre des partenaires qui en réalité souhaitent éviter les changements nécessaires et faire comme si tout était comme avant.» Attention, donc, au pardon prématuré qui maintient celui qui a trahi ou déçu dans une posture illusoire, celle où il demeure celui que l'on voudrait qu'il reste.

Dans la vraie vie, parvenir à pardonner demande vigilance et endurance.

Autre danger d'un pardon express: l'effondrement. «Si des personnes outragées restent accrochées à leur ressentiment, ce peut être pour recouvrir un grand sentiment de vide intérieur», observe Jacques Arènes. Ainsi, de cette patiente qui ne cessait sur le divan de cracher sa haine envers une mère qu'elle ne voyait même plus, il affirme qu'«elle avait construit sa vie entière autour de cette haine». Impossible alors, avec un certain volontarisme boy-scout, de l'inciter à tourner la page. Et si elle se retrouvait soudainement confrontée à sa profonde dépression?

1. Jacques Arènes, *La Quête spirituelle hier et aujourd'hui. Un point de vue psychanalytique*, Cerf, 2011.
2. Anne Sauzède-Lagarde et Jean-Paul Sauzède, *Entre câlins et tempêtes, créer un couple durable*, InterÉditions, 2014.

Pardonner demande aussi une extrême persévérance. C'est souvent le fruit d'un processus long, chaotique. «Pour les partenaires d'un couple, il faut d'abord s'interroger sur ce qui a généré la crise, la trahison, avance Jean-Paul Sauzède. Puis reconnaître la blessure et avancer désormais, autrement, avec cette cicatrice.» Pas de «grande lessive conjugale» donc, mais une relation renouvelée qui intègre désormais la découverte que l'autre n'est pas celui/celle que l'on croyait et que l'on doit renoncer à son image idéalisée.

«Une véritable re-création», selon Jacques Arènes: «Pardonner revient à percevoir la profondeur de la réalité, toujours ambivalente et complexe: ni tout noir ni tout blanc, l'autre qui m'a blessé(e) peut être délié(e) de ma haine et cette liberté amène du nouveau dans ma vie aussi.» Lorsque l'on n'a pas affaire à l'impardonnable (qui malheureusement existe aussi), comprendre ce qui s'est passé et aboutir à une paix relative revient à accepter les failles humaines. Pour ceux qui parviennent à pardonner, ce qui se joue est donc toujours un peu «bienvenue dans le réel»!

Il y a tant de façons de s'aimer soi-même !

S'aimer, qu'est-ce que ça veut dire ? Narcissisme, estime de soi ou autocompassion, les psychologues ne cessent de redéfinir ce nécessaire « intérêt que l'on porte à soi-même ». Et ces nuances dans la manière dont on se considère sont essentielles... Une surestimation de sa propre valeur est en effet si vite arrivée, de même que la tendance à se mépriser ! Aussi, choisissons le bon miroir dans lequel nous contempler.

Freud n'en croirait pas ses yeux. Dans le mythe de Narcisse, qui lui servit à définir le « narcissisme », le héros, adolescent superbe, voit son reflet dans le miroir des eaux et tombe amoureux de sa propre image… au point de s'y noyer. Aujourd'hui, le mythe est toujours vivant : sur Internet, des Narcisse contemporains sont toujours aussi fascinés par eux-mêmes. Ainsi cette jeune femme, nommée Clickflashwhirr, qui a photographié son visage, chaque jour, pendant plus de quatre ans… Mais est-ce cela, s'aimer soi-même, s'adonner aux plaisirs du « *digital narcissism* » ?

En réalité, depuis les fondations posées par Freud, l'idée d'« amour de soi » n'a cessé d'évoluer. Et désormais, comme l'écrit le psychanalyste Paul Denis, « la notion de narcissisme est victime d'un succès qui rend ses contours difficiles à cerner ».

Pour Viviane Thibaudier, ça a commencé avec le premier disciple de Freud : « Pour Jung, le narcissisme est l'intérêt que l'on se porte et qui va permettre que l'on s'accepte même avec ce qui est négatif en soi. Car intégrer ses zones d'ombre, les accepter avant de les transformer en quelque chose de positif, c'est cela qui permet à la personne de progresser… Quant à s'arrêter pour se contempler, cela révèle en fait une piètre ambition[1]. »

1. Viviane Thibaudier, *100 % Jung*, Eyrolles, 2011.

Avec les psychologies humanistes des années 1970 et la montée de l'individualisme, c'est la notion d'«estime de soi» qui s'est ensuite imposée pendant plus de trente ans en psychologie. C'est l'époque «parce que je le vaux bien» de l'amour de soi : il importe alors que l'individu reconnaisse sa valeur, fondée sur ses qualités et le respect qu'il en retire, pour réussir à peu près tout dans sa vie : sa carrière, son activité physique, ses relations sociales, etc.

Ilona Boniwell, psychothérapeute, distingue toutefois l'estime de soi «authentique» (qui repose sur l'acceptation de soi avec une appréciation précise de ses forces et de sa valeur et le fait de se sentir capable de faire face aux défis inévitables de la vie) du narcissisme «prétentieux» : «Celui-ci est le fait de personnes qui ont une haute estimation de leur valeur mais ne sont pas convaincues de leur capacité à réussir, explique la psychothérapeute. Cela leur donne une hypersensibilité à la critique car en réalité, ces individus se jugent incompétents et inadéquats[2].»

C'est dans le domaine éducatif que le «mouvement de l'estime de soi» a le plus essaimé. Lorsque celle-ci était jugée d'un niveau faible, elle expliquait toutes sortes de fléaux, tels que la délinquance, les addictions, l'échec scolaire... Dans les écoles mais aussi dans leur famille, les enfants ont donc été incités à se considérer comme des «personnes spéciales et uniques». On les invitait à acquérir un sens de l'accomplissement dans un environnement exempt d'esprit de compétition, où l'échec n'existait pas.

On a confondu l'estime de soi avec "Je fais ce que je veux quand je le veux... et je m'aime toujours".

Mais aujourd'hui, ces êtres si singuliers sont devenus des adolescents et des adultes, et les études montrent qu'ils ne vont pas bien. «Le fait de se focaliser sur le bien-être des enfants au détriment de leur capacité à faire bien, à dépasser la frustration et à se lancer des défis a fait augmenter leurs sentiments dépressifs», observe Ilona Boniwell. Analyse du même ordre chez Viviane Thibaudier : «On a confondu l'estime de soi avec "Je fais ce que je veux quand je le veux... et je m'aime toujours".»

Pour ces spécialistes, le sentiment de notre valeur doit être davantage le produit que la cause de bons résultats. «Nos désirs de l'accroître devraient plutôt être consacrés à faire grandir notre compétence, suivis par la reconnaissance de notre simple valeur en tant qu'êtres humains», affirme Ilona Boniwell.

2. Ilona Boniwell, *Introduction à la psychologie positive*, Payot, 2012.

L'estime de soi a donc perdu des plumes, et certains de ceux qui l'ont chantée sur tous les tons s'en détournent aujourd'hui.

Désormais, ce qui compte est l'« autocompassion ». Dans un monde plus dur, plus compétitif, l'amour de soi consiste à « cesser une fois pour toutes de se juger et de s'évaluer[3] », ainsi que nous y invite Kristin Neff, de l'université d'Austin, l'un des chantres du mouvement. Il s'agit donc de s'accepter inconditionnellement, « le cœur grand ouvert ». Une posture humaniste et profondément bienveillante qui risque toutefois les mêmes dérives que l'estime de soi des années 1990 : « Le danger là encore, c'est de vivre cette acceptation de soi jusqu'à faire n'importe quoi, prévient Ilona Boniwell. C'est l'autocompassion conjuguée à un certain degré de compétence (quel que soit le domaine) qui donne des bases solides à un authentique amour de soi. »

LE REGARD DE :

Paul Denis, psychanalyste

« S'aimer ne suffit pas. Ce qui importe, c'est ce que l'on aime en soi et qui organise notre caractère, facile ou difficile à vivre ; le "comment" nous nous aimons ; et les moyens que nous nous sommes créés pour exprimer notre personnalité, mais aussi pour la faire tenir debout, les points d'appui qui nous permettent d'évoluer sans trop de malaise... Nous tenons à l'organisation de notre psychisme, quelle qu'elle soit, et lorsque des événements, même favorables, nous poussent à changer, nous en éprouvons toujours un sentiment d'étrangeté.

« Prenons le cas d'un étudiant qui doute de ses capacités. Le jour où il découvre son nom sur la liste des "admis" dans une grande école, son moi vacille. Ce succès, qui est pourtant un véritable changement heureux, n'est pas forcément facile à "intégrer". Il peut déclencher un sentiment du type "je ne le mérite pas" et, de toute manière, un changement dans son identité. Ainsi des personnalités au narcissisme fragile préfèrent-elles parfois se maintenir dans le rôle d'éternel second... Notre besoin le plus profond, c'est d'être reconnus comme une personne aimée et aimante et d'avoir une vie relationnelle fiable. Parallèlement, il importe d'être reconnu comme quelqu'un de compétent, notamment par ses aînés et par ses pairs, et de connaître la réussite dans ses entreprises... même s'il ne s'agit que de hobbies. »

3. Kristin Neff, *S'aimer. Comment se réconcilier avec soi-même*, Belfond, 2013.

Il y a une manière optimiste de penser

La société française en fait si peu de cas que les optimistes méritent d'être réhabilités ! D'ailleurs, loin d'une vision benête, ceux-ci conjuguent souvent adaptabilité, générosité et discernement. Donc quand la psychologie positive prend le temps de les étudier, on cesse de ricaner et on retient l'essentiel : l'optimisme est une ressource qui mérite toute notre attention.

Dans notre environnement morose, il faudrait mettre les optimistes, ces spécimens rares, sous verre. Pourtant, ceux qui diffusent enthousiasme et espoir autour d'eux sont plus souvent objets de moquerie. On relève essentiellement leur côté naïf, « à côté de la plaque », avec, en plus, une tournure d'esprit qui ne dépend pas d'eux mais semble une grâce tombée du ciel.

> *Ceux qui diffusent enthousiasme et espoir autour d'eux sont plus souvent objets de moquerie.*

Depuis une vingtaine d'années, la psychologie positive s'attachant à décrypter le fonctionnement des « personnalités qui réussissent », il devient possible de comprendre avec plus de précision comment pensent et vivent les adeptes du « verre à moitié plein ».

Pour Philippe Gabilliet, psychosociologue professeur à l'ESCP-Europe, se disant lui-même « égaré dans le monde désenchanté de l'entreprise où les gestionnaires et les esprits les plus réalistes l'emportent désormais en influence[1] », les optimistes sont d'abord ceux qui se bougent et cherchent de bonnes raisons de se battre dans un environnement qui, lui, *a priori*, ne va pas s'améliorer. « C'est vrai-

1. Philippe Gabilliet, *Éloge de l'optimisme. Quand les enthousiastes font bouger le monde*, Le Livre de Poche, 2018.

ment le propre de ces personnalités : ils fonctionnent essentiellement en mode potentiel, explique-t-il. Dans n'importe quelle situation, ils voient d'abord ce qu'il est possible de faire. Un pessimiste, même très intelligent, se contentera de constater, éventuellement d'analyser. Mais il restera dans une posture passive, voire de victime. » À l'inverse, l'optimiste, chercheur de mouvement, de liberté, ira même parfois jusqu'à « faire comme si » (faire comme si j'allais guérir de cette maladie incurable, retrouver un travail prochainement…) pour ne pas stagner dans le fatalisme. « Ils ont une confiance non négociable dans le pouvoir de leur volonté », rappelle Philippe Gabilliet.

C'est là un autre de leurs modes de fonctionnement : l'optimisation. Faire du mieux possible malgré ce qui leur arrive. Yves de Montbron, administrateur du site de la Ligue des Optimistes[2] et créateur de manager-positif.com, cite en exemple ce père de famille croisé il y a quelques années dans un port des Antilles. « Il avait emmené toute sa famille faire un tour du monde en voilier après avoir été sauvagement licencié, raconte-t-il. Et il disait : "Ce patron que j'ai tellement haï il y a un an, si je le rencontrais aujourd'hui, je sauterais dans ses bras. Grâce à lui, j'ai réalisé un des rêves de ma vie." »

> *Dans n'importe quelle situation, ils voient d'abord ce qu'il est possible de faire.*

Martin Seligman, professeur à l'université de Pennsylvanie et « pape » de la psychologie positive, a précisé le mode de pensée optimiste. Ceux qui adoptent cette « attitude mentale » voient la dimension transitoire des événements, quand les pessimistes en voient le caractère permanent. Les premiers disent : « Un régime ne marche pas quand on déjeune souvent au restaurant », alors que les seconds affirment : « Ça ne sert à rien de faire un régime. » Autre manière d'envisager la réalité qui plombe les pessimistes : la généralisation. Ils affirment que « la lecture, c'est nul », quand les esprits positifs disent que « ce livre n'est pas terrible ».

Et lorsque les événements difficiles surviennent, les optimistes ne sont pas épargnés, mais ils parviennent à ne pas contaminer toute leur existence avec un problème : s'ils ont une crise de couple, ils ne laissent pas celle-ci envahir aussi leur vie professionnelle ou leurs relations avec leurs enfants. Ils savent compartimenter. « Les coups de blues me tombent aussi dessus, confie Philippe Gabilliet, qui se

2. https://www.liguedesoptimistes.fr

définit plutôt comme bien loti en “optimisme de tempérament”. Mais lorsque cela arrive, je sais que cela va passer.»

Cette conscience de l'impermanence de tout est aussi une ressource fondatrice pour les «optimistes paradoxaux» comme Yves de Montbron, qui avoue, lui, ne pas voir spontanément le côté rose des événements. «Lorsque le niveau du moral baisse un peu, confie-t-il, je me reconnecte à mon réseau d'amis, je pratique la gratitude et – notamment à la fin de ma journée – je note les trois ou quatre faits qui m'ont procuré de la satisfaction.»

Autant de stratégies qui laissent penser que les optimistes, bien loin d'être benêts, sont hautement conscients du caractère éphémère et précieux de la vie. Et leur mission inconsciente, le rôle qu'ils se donnent, est de diffuser cette découverte autour d'eux. «La posture optimiste, c'est le carburant numéro un pour maintenir de la cohésion dans une équipe professionnelle, une famille ou une association», estime Philippe Gabilliet. Cela tombe bien, les optimistes ont besoin de liens, de relations riches, d'amitiés. Une autre de leurs particularités qui fait dire au psychosociologue que «ce qui les différencie le plus des pessimistes, ce n'est peut-être pas leur intelligence, mais leur générosité».

C'est difficile de jeter... Mais jusqu'à quel point ?

Être attaché à certains objets, c'est normal. Avoir tendance à garder des bibelots ou des robes que l'on aime, rien de plus fréquent. Mais aujourd'hui, dans une société qui pousse à la consommation, on peut se retrouver débordé, envahi par des objets inutiles jusque dans son espace vital. Lorsque l'on ne parvient plus à jeter, cela peut même relever de la maladie.

Est-ce parce qu'elle est emblématique d'une époque qui produit en masse et vante l'acquisition d'objets tout en ne sachant quoi faire de ses déchets que la syllogomanie – étymologiquement, « goût immodéré pour l'accumulation » – est devenue le trouble psychique le plus fascinant du moment? Pour preuves, le succès aux États-Unis de la série de téléréalité *Hoarders* (les « amasseurs » ou les « engrangeurs »), qui montre des thérapies de collectionneurs pathologiques, la multiplication, sur Internet, des forums et sites spécialisés où s'expriment essentiellement les proches, et, enfin, l'intérêt des chercheurs. Il est tel que le DSM-5®[1], bible de l'American Psychiatric Association, a débattu de la nécessité de faire une place entière à cette maladie, qui jusque-là était considérée comme une sous-catégorie des troubles obsessionnels compulsifs.

C'est que le mal est multiforme. Il concernerait actuellement 2,3 à 4,6 % de la population générale, mais il attaque à des degrés variables et se retrouve autant dans des troubles mentaux comme la schizophrénie que dans des cas d'hyperactivité. Sous ses formes les plus légères, il amuse – voir le dressing de Madame, plein à ras

1. *Diagnostic and Statistical Manual of Mental Disorders*. American Psychiatric Association, DSM-5®. *Manuel diagnostique et statistique des troubles mentaux*, Elsevier-Masson, 2015.

bord. Mais il peut aussi devenir menaçant, quand peu à peu l'espace vital d'une famille dans sa maison se réduit. Enfin, il dégoûte et horrifie quand il s'est transformé en « syndrome de Diogène », entraînant celui qui en souffre à se retrouver coincé – parfois jusqu'à la mort – sous ses propres détritus, comme le montre un DVD pédagogique à usage des soignants produit par l'Afar[2].

La syllogomanie a également généré des créations d'emplois, les *organizers coachs*, qui aident des personnes de tous les milieux sociaux se sentant « dépassées par leurs possessions » à ranger, trier… et jeter. Annick Le Guillou, qui, à travers sa société Place Nette[3], offre ce type de services, est quotidiennement en prise directe avec ce trouble, qu'elle a appris à repérer… et à mesurer. « On m'appelle en me disant : "Au secours, j'ai un problème de placards"… et peu à peu, en visitant l'appartement, je découvre qu'il y a trop d'objets partout. » Des vêtements empilés dans une baignoire dont on ne se sert plus, des piles de livres encombrant les escaliers jusqu'à ne laisser qu'un infime passage… « Seules, ces personnes ne savent plus comment s'en sortir, elles ont besoin d'une aide concrète pour oser jeter. »

Car le volet le plus prégnant de la maladie ne réside pas dans la « collectionnite aiguë » et l'obsession d'accumuler, ce qui la rapproche de l'addiction, mais plutôt dans l'incapacité à renoncer : « Tout mérite d'être gardé, observe Annick Le Guillou : ce bibelot ébréché offert par une tante que l'on ne voit jamais, ces douze bouteilles de savon liquide en promo au supermarché… Entre leurs attachements affectifs aux objets et leur peur de manquer, ces personnes se retrouvent incapables de faire des choix et de jeter. » Une étude a montré que les patients atteints de *hoarding disorder* ont une suractivité cérébrale spécifique lorsqu'on les met en situation de choisir de garder ou non un objet qui leur appartient (même s'il s'agit de vieux journaux).

Au départ, il peut y avoir un trauma déclencheur.

Et puis, latente ou avérée, la dépression n'est jamais loin. Annick Le Guillou considère que 60 à 65 % des clients qui font appel à ses services ont traversé de grosses périodes de déprime ou sont en plein dedans. « Ils me le confient : ils se sont laissé envahir au moment où ils allaient mal, observe-t-elle, et n'en sont pas ressortis. »

Au départ, il peut y avoir un trauma déclencheur. Jessie Sholl, écrivaine new-yorkaise et fille d'une accumulatrice compulsive,

---

2. https://www.afar.fr
3. http://www.place-nette.net/

raconte dans son livre *Dirty Secret* (témoignage de sa propre survie dans un tel contexte) que sa mère avait certes toujours eu tendance à garder des bibelots, photos ou rubans pour, disait-elle, « donner libre cours un jour à sa créativité ». Mais c'est au moment où cette artiste en herbe a perdu celui qui était son compagnon depuis dix ans qu'elle a « plongé » dans l'entassement. Pour sa fille, la maladie commence d'ailleurs quand une pièce de la maison familiale est sacrifiée à l'accumulation d'objets inutiles.

La maladie commence d'ailleurs quand une pièce de la maison familiale est sacrifiée à l'accumulation d'objets inutiles.

L'entourage des accumulateurs compulsifs s'exprime désormais, et c'est une avancée parce que, jusque-là, ceux-ci étaient contraints au silence par la honte. Or ce sont presque toujours eux qui peuvent diagnostiquer le trouble chez leur proche et prendre des mesures, en mettant des limites à son comportement, pour l'aider. De plus, on sait maintenant que la syllogomanie se transmet dans les familles. De nombreux accumulateurs compulsifs, lorsqu'on leur pose la question, peuvent parler d'un oncle ou d'un grand-père « ayant tendance à tout garder »…

Le seul traitement connu à ce jour est un retour régulier au tri. Annick Le Guillou passe ainsi deux heures par mois chez ses anciens clients, qui connaissent désormais le mal dont ils souffrent. Tel Sisyphe, ils se remettent régulièrement à l'épreuve de jeter… car l'envie d'accumuler, elle, ne les lâche pas.

Le seul traitement connu à ce jour est un retour régulier au tri.

LE REGARD DE :

Jacques Van Rillaer, docteur en psychologie et professeur émérite à l'université de Louvain-la-Neuve

« Même si la personne convient que son espace est gravement rétréci et que c'est gênant, le développement du trouble dépend surtout de la tolérance de l'entourage. On retrouve toutefois des caractéristiques communes à beaucoup de TOC : dépressivité, inertie, difficulté à prendre des décisions…

« Comme beaucoup d'autres troubles, il s'agit d'un comportement humain fondamental qui se dérègle. L'homme a une propension naturelle à faire des réserves, à garder ce qui pourrait être utile. Chez certains, cette conduite dérape et s'emballe à cause de facteurs externes (ils ont appris à ne jamais "gaspiller", ils achètent quantité d'objets soldés, ils ont de la place, etc.) et de facteurs internes (attachement excessif à des objets et à des souvenirs, peur de ne pouvoir retrouver des informations, etc.).

« Dans les cas graves, le thérapeute doit aller sur le terrain et confronter le patient à la peur d'éliminer. Dans des cas plus légers, la personne peut appliquer une règle : donner un livre ou un vêtement chaque fois qu'elle en achète un nouveau. Elle peut apprendre à voir l'abandon d'un objet comme une libération plutôt que comme une perte. »

La marche, quelle thérapie !

Qu'il est bon de se lever et de pouvoir se déplacer, librement, simplement en mettant un pied devant l'autre ! Trop souvent, nous l'oublions : marcher ouvre tous les possibles. Si l'on connaît depuis longtemps les bienfaits de la marche pour la forme physique, on sait désormais qu'elle est aussi un puissant facteur de mieux-être psychique.

C'est comme un conte moderne. À 15 ans, Fabien était ce que l'on appelle un «no-life»: déscolarisé, dépendant aux jeux vidéo, ses uniques sorties avaient pour destination la boulangerie située au rez-de-chaussée de son immeuble. «Il était à l'arrêt dans sa vie», commente Mathilde Polline, psychologue à l'association Seuil[1]. C'est, entre autres, pour remettre en mouvement des jeunes en difficulté, comme Fabien, que cette association a été créée. Avec, pour les éducateurs et les différentes personnes-relais qui s'y investissent, la foi dans un outil de réinsertion: la marche. Mais pas n'importe laquelle: 2 000 kilomètres en trois mois, le plus souvent sur les sentiers déjà bien balisés et organisés du chemin de Compostelle, avec un accompagnateur privilégié.

Dans un tel cadre, plongé dans les magnifiques paysages qui se déployaient de la Bourgogne aux montagnes pyrénéennes, Fabien a commencé à changer. «Comme la plupart de ces jeunes qui nous sont envoyés par leur éducateur ou leur juge, il était arrivé avec une demande, commente Mathilde Polline: "Je veux trouver une place sociale valorisée!" Mais avant de s'orienter professionnellement, il lui fallait revoir de nombreuses dimensions de sa vie: se nourrir bien et à heures régulières, se laver, se soigner, pouvoir entrer en communication avec les autres de manière satisfaisante, mais aussi être capable d'introspection, de faire des efforts… Pour ces adoles-

1. https://assoseuil.org

cents qui ont malheureusement adopté des habitudes qui ne leur permettent pas d'être insérés, le long voyage à pied permet un vrai retour à l'équilibre.»

Il y a longtemps que l'on connaît les effets bénéfiques de la marche régulière sur la forme. De nombreuses études ont en effet montré ses bienfaits quant aux risques de maladies cardio-vasculaires, d'arthrose, d'embonpoint... Par l'amplification de la respiration qu'elle déclenche, la marche permet une meilleure oxygénation, propice à générer le calme intérieur et l'équilibre. Mais, plus récemment, on a aussi démontré ses pouvoirs contre la dépression. Une recherche de l'université de Sterling, en Écosse, a ainsi établi que cinq séances de trente à quarante minutes par semaine suffisaient pour commencer à se sentir mieux psychiquement. C'est que marcher atténue les sentiments négatifs, la rumination mentale: le rythme soutenu d'un pied devant l'autre, surtout dans des environnements naturels, apaise nos émotions. Une formidable thérapie donc, simple, accessible à tous et peu coûteuse, qu'a ainsi résumée le psychiatre Boris Cyrulnik: «L'action, l'affection et la mentalisation[2] sont nos tranquillisants naturels prescrits lors d'une marche.»

Marcher atténue les sentiments négatifs, la rumination mentale.

Un autre aspect se révèle éminemment thérapeutique dans le fait d'avancer pas à pas: «Quand un adulte marche seul, il marche en fait avec un autre que lui-même et installe un dialogue intérieur[3]», explique le psychiatre Daniel Marcelli, qui a codirigé un ouvrage sur les activités de l'association Seuil. La force de la marche serait donc de donner le temps de retrouver ce dialogue intérieur et de permettre, tout en avançant à son rythme, d'associer, d'émettre des hypothèses, de peser le pour et le contre d'une décision, de laisser enfin divaguer ses pensées pour qu'elles deviennent fécondes...

Quand un adulte marche seul, il marche en fait avec un autre que lui-même et installe un dialogue intérieur.

Certains psychothérapeutes ne s'y sont pas trompés, puisqu'aux États-Unis, des thérapies «*Walk and Talk*» existent depuis quelques années. Celles-ci ont fait éclater le cadre du cabinet et les séances en face-à-face assis, pour amener patients et thérapeutes à avancer ensemble le long des chemins, tels Socrate et Platon en leur temps, afin de mieux

2. Processus par lequel nos émotions sont transformées en pensées.
3. David Le Breton (dir.), Daniel Marcelli (dir.) et Bernard Ollivier (dir.), *Marcher pour s'en sortir. Des vies mal parties, bien arrivées*, Érès, 2012.

penser et « travailler ». Ainsi, à New York, de nombreux thérapeutes emmènent leur patient pour une promenade de quarante minutes en plein Central Park. Ce dispositif plus physique aiderait ce dernier à « décoller » quand il évoque les situations difficiles dans lesquelles il se sent coincé, l'encouragerait à l'action, notamment en lui permettant de regarder ailleurs, autour de lui, et d'élargir ainsi son horizon.

Le fait de marcher avec un compagnon privilégié et sécurisant a également participé à la transformation de Fabien. « Peu à peu, il s'est intéressé à la lecture et à la poésie, et s'est mis à réciter des poèmes tout en avançant sur le chemin, raconte Mathilde Polline. Physiquement, il a changé sa manière de manger, son corps s'est musclé et il a vraiment battu des records de kilomètres ! Mais surtout, à son retour, il a décidé de trouver un emploi dans les services municipaux de la propreté urbaine. Avoir eu le temps de parcourir tous ces paysages magnifiques pendant son voyage à pied lui avait désormais donné un objectif : prendre soin de l'environnement, et du monde en général. »

LE REGARD DE :

David Le Breton, professeur de sociologie à l'université de Strasbourg

« La marche est une activité totale : géographique (nous nous déplaçons et découvrons le monde), anthropologique (elle nous confronte aux différences d'un lieu à l'autre et d'une population à l'autre), gastronomique (nous pouvons faire des étapes dans les fermes-auberges, et même tout sandwich a meilleur goût quand nous avons marché avant de le consommer...). Tout marcheur se sent passionnément vivant, car sa sensorialité est éminemment sollicitée, surtout s'il traverse des paysages de toute beauté, des forêts ou les bords d'une rivière... C'est alors une contemplation permanente, mais aussi la possibilité de goûter des myrtilles le long d'un chemin, de se baigner, de s'allonger sur l'herbe, d'écouter le chant des oiseaux. Le marcheur se retrouve plongé dans des univers sensoriels intenses. Et ce sont eux qui lui font supporter l'effort physique, car on sait qu'au-delà de ce chemin qui monte, on va avoir un point de vue rare. Ainsi, la marche nous mène à la fatigue heureuse. Elle nous ramène à la simplicité de notre condition de bipède, à "hauteur d'homme". Chacun, d'ailleurs, peut marcher selon son rythme, sa forme, son désir d'aller là ou là... Sur les chemins, le statut social ne compte plus. »

Le goût de vivre s'entretient

Non, ce n'est pas une grâce accordée seulement à quelques-uns. Ce n'est ni une question de tempérament ni un héritage génétique. Aimer la vie peut devenir une habitude, voire un art raffiné à orchestrer au quotidien. De nombreuses recherches en psychologie s'attellent à comprendre cette extrême qualité qu'ont certains : donner envie, malgré tout, d'exister.

Le plaisir de vivre, Matt Haig le connaît bien. Normal, il en a été privé pendant des années, ce Britannique aujourd'hui quadra ayant souffert d'attaques de panique et de dépression dans sa vingtaine, au point de se retrouver un jour au bord d'une falaise, les pieds dans le vide et bien décidé à en finir. Dans *Rester en vie*[1], son revigorant best-seller, il décrit les micro-événements qui l'ont reconnecté à l'envie de continuer à vivre : un peu plus de lumière perçue dans le ciel, un voyage attirant, une pensée neutre (non plus obsédée par la dépression) mais tournée vers l'avenir… Et aujourd'hui, il dresse une liste de recommandations destinées à ceux qui sont dans la morosité. Pour s'en sortir, cela va de « ayez conscience que vous respirez » à « douchez-vous avant midi », en passant par « lisez Graham Greene ».

> *La quête de plaisirs rapides, qui nous téléguide trop souvent, ne mène que rarement à la satisfaction.*

Aimer vivre naîtrait-il d'une simple hygiène de vie ? De nombreux professionnels de la psyché, comme le Pr Michel Lejoyeux, en sont désormais persuadés. En effet, ces dernières années, maintes recherches en psychologie expérimentale ou en neurosciences ont tenté de comprendre les capacités de certains à apprécier pleinement la vie. Elles ont découvert, par exemple, que la quête de

1. Matt Haig, *Rester en vie*, Le Livre de Poche, 2018.

plaisirs rapides, qui nous téléguide trop souvent, ne mène que rarement à la satisfaction, mais, relevant de la consommation, elle nous plonge dans la frustration et la nécessité de recommencer. Comme le notait le psychiatre Édouard Zarifian dans son essai *Le Goût de vivre*[2] : « En réalité, il existe trois grandes motivations : le sexe, le pouvoir et l'argent. Si ces objectifs ne sont pas sublimés, c'est-à-dire transformés par le symbolique et l'imaginaire, leur quête exclusive réserve une existence assez pauvre, assortie d'une grande vulnérabilité à l'échec. »

Une satisfaction plus profonde réside dans des bonheurs moins palpables : réussir un examen après de nombreuses heures d'études, contempler une œuvre d'art et atteindre par là même des zones inconnues de nous-mêmes… Ainsi, tous les adeptes de l'escalade vous le diront : il n'est pas de boisson plus délectable que celle consommée tout en haut, en plein froid et en plein vent, après des heures d'effort à grimper contre la roche. Une étude expérimentale menée par l'université de Stanford, dite « test du marshmallow », a d'ailleurs prouvé que les enfants qui savaient se retenir de déguster la fameuse confiserie pour en obtenir, plus tard, deux devenaient des adolescents puis des adultes plus compétents et heureux de vivre.

Les personnes engagées corps et âme dans leur activité ne se rendent même pas compte de leur plaisir de vivre, elles en font une expérience totale.

Autre stratégie épanouissante : être vraiment présent à ce que l'on fait, dans la « présence consciente », comme nous y invite depuis toujours la philosophie zen. « Quand vous mangez, mangez ; quand vous jeûnez, jeûnez », recommande-t-elle. C'est d'ailleurs une confirmation de la psychologie positive : ce qui rend particulièrement heureux une majorité de gens n'est pas le relâchement ou la distraction (culte de l'*homo distractus*), mais « au contraire la poursuite d'une activité qui mobilise le corps ou l'esprit jusqu'à leurs limites dans un effort volontaire en vue de réaliser quelque chose d'important », ainsi que l'a découvert Mihály Csíkszentmihályi, professeur en Californie. C'est l'extrême présence à soi du violoniste en plein concerto, mais aussi le bonheur éprouvé par la cuisinière qui a « tenté » une nouvelle épice dans sa recette… Les personnes engagées corps et âme dans leur activité ne se rendent même pas compte de leur plaisir de vivre, elles en font une expérience totale.

2. Édouard Zarifian, *Le Goût de vivre. Retrouver la parole perdue*, Odile Jacob, 2007.

Les deux obstacles actuels les plus dommageables à notre goût de vivre semblent donc être la surconsommation de plaisirs rapides et l'accélération, ou la multiplication, de nos activités (le *multitasking*), qui nous empêchent de faire vraiment l'expérience de chacune d'entre elles.

Enfin, alors que l'on a entendu dire que «l'enfer, c'est les autres», nos amis et relations proches mais aussi des inconnus atténuent nos peines quand nous sommes malheureux et intensifient nos joies quand nous les partageons avec eux. Aussi Barbara L. Fredrickson, de l'université de Californie du Nord, insiste-t-elle sur ce point dans son livre *Positivity*: «Reliez-vous aux autres, chaque jour et quoi qu'il se passe.» S'appuyant sur les dernières expériences menées dans son laboratoire, elle va même jusqu'à dire: «Même si vous n'êtes pas d'un tempérament extraverti, agissez comme si vous l'étiez. Le simple fait de vous montrer ouvert quand vous êtes avec les autres – en vous montrant audacieux, loquace, plein d'énergie, actif, assertif... –, et quelles que soient vos inclinaisons naturelles, vous amènera à retirer plus de positivité de vos échanges sociaux.»

Le manque de désir sexuel... sur le divan

On le scrute, on le décrit, on cherche à le capter... mais, souvent, le désir se dérobe. De quoi se nourrit-il? Quelles voies détournées emprunte-t-il pour rester vivant? C'est tout l'enjeu des relations durables: reconnaître le caractère précieux de cet incontrôlable érotisme. Car si le sexuel va aujourd'hui bon train, il n'en va pas de même pour le désir.

Pas étonnant que le récit de la journaliste Sophie Fontanel qui s'appelle *L'Envie*[1] soulève la question de l'abstinence sexuelle et soit devenu un best-seller. Tous les sexologues et psychothérapeutes spécialisés dans le couple s'accordent sur ce point: alors que la question du plaisir à atteindre était le grand motif de consultation des années 1970 et 1980, aujourd'hui, c'est celle du désir qui s'impose. «80 % des couples que je reçois viennent pour un problème de baisse, voire de panne du désir, constate Alain Héril[2], psychanalyste et sexothérapeute. Le plus étonnant, c'est que souvent, les partenaires s'aiment et s'entendent bien. Mais lorsque la diminution, voire la disparition de leurs relations sexuelles sur de longues périodes – parfois quatre, cinq ans – les font s'interroger, voire souffrir, ils viennent me voir, le plus souvent dans une démarche commune.»

> *Ce qui fonde réellement le couple n'est pas la sexualité, mais la compréhension chez les deux partenaires de pourquoi ils sont ensemble.*

Schéma classique: le couple est constitué depuis plus de quinze ans, les enfants devenus ados sont sur le point de quitter le nid

1. Sophie Fontanel, *L'Envie*, J'ai lu, 2013.
2. Alain Héril, *Les Ados, l'amour et le sexe. Ado amoureux, mode d'emploi*, Jouvence, 2011.

familial, la question de la sexualité s'impose alors dans l'évocation de cet espace/temps qui va se libérer. «Nous avons été très occupés pendant des années, confie Jeanne, 48 ans. Il y avait nos carrières à construire, la sécurité financière à assurer, l'éducation des enfants qui nous chargeait les épaules... Peu à peu, malgré toute notre tendresse l'un pour l'autre, nos relations sexuelles se sont espacées, puis raréfiées. C'est seulement lorsque j'ai commencé à en être frustrée que c'est devenu un problème. Sinon, vu tous les autres centres d'intérêt que nous partagions, ça aurait pu continuer ainsi pendant longtemps!»

Alain Héril reconnaît d'ailleurs que ce qui fonde réellement le couple n'est pas la sexualité, mais la compréhension chez les deux partenaires de pourquoi ils sont ensemble. Lorsque cette question du sens est résolue, les fluctuations du rythme sexuel importent peu. «Un couple, c'est en réalité plusieurs couples, aime à rappeler le sexothérapeute: il traverse des moments où leurs relations sont torrides et d'autres où tout est très calme.»

Mais que peut cacher ce calme? Chez celui qui consulte seul, parce qu'il s'inquiète de sa libido déclinante, on repère souvent des troubles mécaniques – anorgasmie chez la femme ou éjaculation précoce chez l'homme –, qui ont peu à peu, et insidieusement, érodé le désir de rapports.

Maïté Sauvet, chercheuse en neurosciences associée à l'Institut des sciences cognitives de la Méditerranée, voit une autre explication à cette baisse de libido qui se banalise: «Ce que notre société présente comme source d'excitation – les images pornographiques, par exemple, les scènes de coït express dans un ascenseur de certains films contemporains – n'est pas vecteur de plaisir[3].» Pour cette scientifique, c'est parce que, d'une certaine manière, nous ne savons plus faire l'amour que notre désir se tarit: «La sexualité n'a pas à être rapide et uniquement nourrie sur un mode voyeur. Seul le toucher, prodigué pendant longtemps, et les caresses sur tout le corps peuvent réveiller biologiquement les corpuscules du plaisir grâce auxquels il y aura libération d'ocytocine, hormone de l'orgasme.» Et Maïté Sauvet de rappeler aussi comment la «rapidité de consommation sexuelle» empêche la production d'enképhaline et de dopamine, si

> *C'est parce que, d'une certaine manière, nous ne savons plus faire l'amour que notre désir se tarit.*

3. Maïté Sauvet, *Être soi dans le plaisir. La satisfaction: au plus haut point du désir et de l'émotion*, Chiron, 2005.

nécessaire au sentiment de regénération postorgastique. Résultat : « À l'heure actuelle, l'orgasme est le plus souvent limité aux zones érogènes. C.Q.F.D. : si les partenaires ont peu de désir, c'est parce qu'ils ne ressentent pas un plaisir global en résonance sur tout leur corps lorsqu'ils font l'amour. »

Oui, mais *quid* des contraintes, du quotidien qui, comme pour Jeanne, a souvent raison des passions les plus ardentes ? « Attention, ce n'est pas le quotidien qui tue le désir, estime Alain Héril, mais plutôt l'ennui. Trop de patients confondent l'un et l'autre. Le quotidien peut être érotique : dans sa manière d'effleurer l'autre en faisant le ménage ou de lui envoyer de tendres SMS même si l'on est au travail, on peut rester dans un désir vivant. Mais lorsque l'on n'éprouve plus aucune curiosité pour celui qui est devenu un "étranger familier", là le couple est en danger. »

Attention, ce n'est pas le quotidien qui tue le désir, mais plutôt l'ennui.

Heureusement, les séances de thérapie ont un « effet aphrodisiaque », affirme le sexothérapeute, car elles mobilisent la réflexion de chacun sur la question sexuelle quand la vie en commun les en éloigne. Résultat : 70 % des couples ayant consulté « repartent dans le désir ».

LE REGARD DE :

Sophie Cadalen, psychanalyste et écrivaine

« La sexualité est considérée aujourd'hui comme le nouveau "ciment" du couple. Un terme qui, évoquant la stabilité, voire l'arrêt de tout mouvement, en dit long sur son incongruité : s'il y a bien une dimension variable, mouvante et évolutive dans nos vies, c'est le désir. Celui-ci n'a rien de linéaire. Dans le couple, circulant dans toutes les dimensions de la vie quotidienne, il invite au contraire sans cesse les partenaires à être mobiles, toujours susceptibles de se repositionner l'un par rapport à l'autre. Parfois capables de se laisser aller, parfois enclins à juste se reposer l'un sur l'autre car on a le droit d'être simplement fatigué... Les problèmes arrivent justement quand il y a répétition et installation d'une manière d'être ensemble.

« De manière générale, je pense que toute posture figée est suspecte : ceux qui vous disent : "Nous ne faisons jamais l'amour" ou ceux qui crient haut et fort : "Nous le faisons chaque jour" sont dans une même tentative : installer du "ciment" alors que, sauvage et imprévisible, l'érotisme demande au couple de savoir improviser. »

Pour rester motivés, les enfants ont de vrais besoins

Remplir leur tête comme on remplit de données un ordinateur, cela ne marche pas ! Et les contraindre éteint leur vitalité, si nécessaire quand il s'agit de mémoriser, de comprendre, etc. Autant le répéter aux parents : si le désir de connaissance et d'apprentissage est naturel chez l'enfant, il ne peut fleurir qu'à certaines conditions.

« Il y a quinze ans, quand un élève me disait qu'il n'avait aucune envie de se lancer dans les 100 mètres de course à pied qu'il avait consigne de faire avec sa classe, je le houspillais et lui disais : "Tu le fais quand même !", avoue Charles Martin-Krumm, enseignant-chercheur à l'IUFM de Bretagne et ex-professeur d'éducation physique dans un collège. Il y a dix ans, poursuit-il, j'utilisais le système récompense/punition : "Si tu ne cours pas, tu vas avoir zéro !" » Par la suite, échaudé par l'inefficacité de ces méthodes passées, le professeur a fait autrement : « Je dis à ce garçon que je le comprends, que ce n'est pas marrant, de courir sous la pluie, mais que s'il le fait à son rythme, ça va l'aider à être en forme toute la journée et bien en phase avec ses copains. »

Empathie, autonomisation et proximité sociale : telles étaient les ressources qu'empruntait cet enseignant pour favoriser la motivation de ses élèves. Des stratégies très éloignées de la traditionnelle politique « du bâton et de la carotte » et explorées dans les recherches réalisées par l'équipe du professeur Philippe Sarrazin, chercheur à l'université Joseph-Fourier, à Grenoble. Dans l'un des chapitres du *Traité de psychologie positive*[1], il affirme : « Quand un individu intrinsèquement motivé reçoit des récompenses pour réaliser l'activité, il

1. Collectif, Charles Martin-Krumm (dir.) et Cyril Tarquinio (dir.), *Traité de psychologie positive*, De Boeck, 2015.

a progressivement tendance à dissocier ces deux incitateurs du comportement et à considérer la raison externe comme plus prégnante que la raison interne. Autrement dit, il perçoit progressivement qu'il n'est plus "à l'origine" de ses actes et que ce qui cause ou régule son comportement est à l'extérieur de lui-même.» Résultat: l'enfant apprend seulement pour recevoir des bons points et non plus pour satisfaire sa curiosité. Celle-ci risque alors de s'épuiser.

Pour les «5 élèves sur 25» qui ne marchent plus dans le système punition/récompense, il faut aussi pointer l'utilité de certaines matières dans la vie personnelle des adultes qu'ils deviendront, estime Charles-Martin Krumm: «En philosophie, par exemple, on peut les encourager à faire des choix parmi des romans ou des essais qui leur serviront quand ils auront quitté le lycée.» Autre facteur réellement motivant: changer de regard sur leurs erreurs et leurs échecs. «Pour satisfaire le besoin d'autonomie d'un élève, on lui demandera de trouver lui-même des pistes de correction concernant ses ratages, explique ce professeur. Et on valorisera le processus d'apprentissage par essais/erreurs.» Des méthodes qui vont dans le sens des découvertes de Frédérique Autin et Jean-Claude Croizet, de l'université de Poitiers et du Cerca (Centre de recherches sur la cognition et l'apprentissage), qui ont montré qu'en permettant à l'enfant d'échouer, on lui évite de se sentir mal face à l'échec, et l'on renforce ainsi en lui esprit d'initiative et envie de progresser.

> *Autre facteur réellement motivant : changer de regard sur leurs erreurs et leurs échecs.*

Il semble désormais évident que la motivation, à la fois puissante source d'efforts et moteur fragile, souvent susceptible de se gripper, ne peut s'épanouir que dans un environnement satisfaisant certains besoins psychologiques de l'enfant. Quels sont ces besoins? Fabien Fenouillet, professeur en psychologie cognitive de l'université de Paris-Nanterre, en dénombre notamment trois. En premier lieu, l'autodétermination: «L'intérêt est plus facile à venir lorsque l'enfant a une marge de liberté dans ce qu'il a à accomplir et a l'impression que c'est lui qui a choisi[2]», explique-t-il. Parfois, il faut ainsi en passer d'abord par une motivation extrinsèque (les parents inscrivent leur petit à un cours de piano) avant de déclencher la motivation intrinsèque (le petit pratique le solfège car

> *L'intérêt est plus facile à venir lorsque l'enfant a une marge de liberté dans ce qu'il a à accomplir.*

2. Fabien Fenouillet et Alain Lieury, *Motivation et réussite scolaire*, Dunod, 2019.

parce qu'il rêve de devenir un jour le pianiste d'un grand orchestre). Nécessaire aussi, «la conviction chez l'enfant qu'il est en mesure d'affronter avec ses compétences de nouveaux défis et difficultés», ajoute le chercheur. Entendez : si la barre est trop haute ou si l'on dénigre trop souvent le travail accompli, tout l'intérêt retombe, car il faut toujours pouvoir envisager un avenir à l'apprentissage. Enfin, troisième donnée incontournable selon Fabien Fenouillet, le fait de se sentir bien dans son groupe. «L'enfant a besoin de partager ses valeurs dans un réseau amical, explique-t-il. Même s'il y a de la compétition dans l'air, il pourra évoluer avec d'autres petits compétiteurs.» À éviter donc, la compétition qui isole. D'autant plus regrettable qu'elle est l'un des fondements du système scolaire actuel.

L'enfant a besoin de partager ses valeurs dans un réseau amical.

Les timides gagnent à être connus

Longtemps considérés comme « déficients », voire disqualifiés dans une société de l'extraversion et de la compétition, les anxieux de la relation sociale forcent désormais le respect. Car leur réserve est aussi une preuve de discernement et d'humanité. Ils sont les pionniers de l'empathie !

Charlot, Woody Allen, Pierre Richard… Il y eut des époques où les antihéros rêveurs et autres «traqueurs» invétérés attendrissaient les foules. Puis, les Mad Max et divers messieurs Musclor occupèrent le devant de la scène. Dans les années 1980 triomphèrent alors les stages et ateliers d'affirmation de soi : il fallait à tout prix gagner en «assertivité» pour s'adapter à une société de plus en plus compétitive, et les empotés et autres apeurés de la relation sociale étaient sommés de sortir le nez hors de l'eau et de bien vouloir effacer leur gêne si… gênante.

Aujourd'hui, tout change. Il est en train d'arriver aux timides ce qui s'est passé pour leurs «cousins» de tempérament, les introvertis et les hypersensibles : les psychologues leur (re)découvrent mille qualités, et leur nature apeurée et fragile se révèle bien plus avantageuse qu'on ne l'avait pensé jusque-là. Ce serait donc un plus, désormais, d'être timide ?

Leur nature apeurée et fragile se révèle bien plus avantageuse qu'on ne l'avait pensé jusque-là.

«Encore faut-il bien distinguer la timidité "naturelle" de la phobie sociale, précise d'emblée la psychothérapeute Muriel Mazet. Lorsque ce trouble vous empêche systématiquement de parler et vous coupe des autres au point de créer un repli sur soi, elle est un réel problème, et on peut se poser la question de sa dimension maladive[1].»

1. Muriel Mazet, *La Force des fragiles. S'appuyer sur ses failles pour vivre heureux*, Eyrolles, 2016.

En revanche, se sentir un peu «coincé» lors de sa première boum ou présentation à sa belle-famille, par exemple, relève d'une part humaine communément partagée. Comme le relève le psychothérapeute John Amodeo – auteur de *The Authentic Heart* («le cœur authentique», non traduit) –, «beaucoup d'entre nous sont timides à certains moments; simplement, certains sont plus habiles à dissimuler de manière défensive cette vulnérabilité. Ainsi les charmeurs qui abreuvent toute une réunion amicale de leurs passionnantes histoires cachent-ils peut-être, sous leurs belles paroles, une plus grande fragilité. Ils ont besoin de paraître au mieux pour se sentir acceptés et ne peuvent se connecter à des gens à partir de leur facette fragile[2].»

La timidité « normale » devient réellement un problème lorsque l'on se bat contre elle.

Pour les professionnels de la psyché, la timidité «normale» devient réellement un problème lorsque l'on se bat contre elle. «Beaucoup de personnes qui consultent pour cette gêne sociale, leur rougissement dans certaines situations ou leur peur de parler dans un groupe, se jugent, en plus, d'être ainsi, observe Muriel Mazet. C'est alors que leur faille s'agrandit.»

Aussi est-il fondamental de changer de regard sur sa propre timidité. L'une des façons d'y parvenir est de l'envisager comme une sorte de «radar social» très élaboré qui permet à celui qui en est doté de mesurer, sans paranoïa, à qui il a affaire: ceux avec qui il se sent vraiment honteux ne méritent pas d'être davantage fréquentés; ceux avec qui sa part la plus authentique peut s'exprimer sont à mieux connaître. «L'important est de ne pas réagir automatiquement à cette anxiété quand celle-ci se lève en nous, explique John Amodeo. Il faut donner une chance à ceux que nous rencontrons et, s'ils sont rudes, considérer cela comme leur problème, pas le nôtre, à nous qui sommes en train de renforcer l'observation de nous-mêmes, et donc notre dignité.»

Autre immense qualité des timorés: leur aptitude au raffinement, car ils ont souvent le sens des bonnes distances. Dans son roman *La Délicatesse*[3], David Foenkinos montre ainsi comment le collègue un peu gauche, mais capable de subtilités relationnelles, emporte finalement le cœur de l'héroïne. La lutte semblait pourtant perdue d'avance: son rival n'était-il pas pourvu d'argent, de pouvoir... et d'une forte dose d'assurance lui permettant de briller? «Ce serait oublier la force de la délicatesse, estime Muriel Mazet. La capacité à se focaliser sur les petites choses que d'autres ne voient pas.»

2. Sur son blog, www.psychologytoday.com, octobre 2015.
3. David Foenkinos, *La Délicatesse*, Folio, 2018.

D'ailleurs, si la timidité est gênante, c'est essentiellement pour ceux qui la portent. En revanche, leur entourage ne peut qu'apprécier ce trait de personnalité : les « empotés sociaux », comme on les appelle plutôt aujourd'hui (*awkward people* dans les études nord-américaines), sont de merveilleux partenaires de conversation ; ils écoutent davantage et ne cherchent surtout pas – ce qui devient de plus en plus rare dans nos sociétés – à capter toute l'attention sur eux.

Ils écoutent davantage et ne cherchent surtout pas - ce qui devient de plus en plus rare dans nos sociétés - à capter toute l'attention sur eux.

Les chercheurs spécialistes de ce champ, comme le professeur Philip G. Zimbardo de l'université de Stanford, s'inquiètent désormais des effets notables des nouvelles technologies sur les timides. Car Internet, en les protégeant d'interactions trop directes et déstabilisantes, peut soit améliorer leur vie sociale, soit l'appauvrir en raréfiant l'usage de leur « muscle » de la rencontre réelle. Même s'il en doute, le timide a toujours intérêt à se faire connaître, avec sa singulière manière d'être.

LE REGARD DE :

Saverio Tomasella, psychanalyste et chercheur en psychopathologie

« Les timides font partie des hypersensibles introvertis ou réservés, ceux qui sont particulièrement poreux au regard de l'autre. Leur principal souci est de ne pas déplaire, ne pas déranger, au point parfois de s'effacer pour ne pas prendre trop de place. En réalité, ils ont souvent juste besoin de davantage de temps en solo, ou consacré à construire leur "bulle" personnelle, avant de se confronter au monde. Ils ont une forte capacité à la fois d'empathie et de recul, qui leur permet d'avoir une vision globale des situations. Ainsi, ils sont capables de sentir si l'autre est en difficulté et peuvent faire preuve, grâce à leur observation très sensible, d'une grande compréhension.

« Cette réserve qui les caractérise les amène naturellement à pouvoir créer des relations durables. Dans le cas d'une nouvelle rencontre, par exemple, le timide saura prendre le temps de vraiment faire connaissance avec cette nouvelle personne. C'est cela, la force paradoxale que l'on trouve à être timide : évoluer en finesse dans une démarche de profondeur. »

On peut apprendre à réguler ses humeurs

N'ayons plus peur de notre peur ! N'étouffons plus notre tristesse et laissons-nous spacieusement habiter par la joie quand elle est là ! Telles sont désormais les invitations des neurologues et chercheurs pour nous aider à créer notre santé émotionnelle. Et apprendre à réguler naturellement nos troubles de l'humeur, en les acceptant sans les juger, est au cœur de nombreuses thérapies. Pleinement inspirées, il va sans dire, des traditions méditatives asiatiques.

Ce jour-là, Sylvie, 50 ans, venait d'essuyer une remarque assassine de la part de son fils. «Je me suis immédiatement sentie comme une enfant honteuse face à lui, comme "rétrécie"...», confie-t-elle. Mais cette fois-ci, au lieu de rétorquer violemment au gaillard d'un mètre quatre-vingts qui lui fait face ou de «zapper» ce qu'elle ressent, elle sort de la pièce et va se réfugier dans sa chambre. En sécurité, assise dans un fauteuil confortable, elle ferme les yeux et prend conscience de ses sensations physiques («J'avais le cœur qui battait à toute allure, la gorge nouée, les pieds glacés», se rappelle-t-elle). Puis, sans les contrôler ni les juger, ni les commenter, elle laisse simplement ces sensations évoluer... jusqu'à leur disparition. Un processus qui ne dépasse pas trois minutes. «Je suis ensuite retournée dans la cuisine continuer la conversation avec Serge.» Fin de l'épisode.

Cette façon autonome et pour le moins élémentaire de «laisser passer» ses émotions est considérée par ses adeptes comme un véritable «autonettoyant émotionnel», le fruit d'une capacité naturelle, à la portée de chacun d'entre nous. Et qui nous délivrerait définitivement de ces émotions désagréables (peur, colère, honte...), «dans ce type de situation», précise toutefois Marcia Bénitah.

Psychothérapeute parisienne, elle assure des formations à cette méthode du «revivre sensoriellement». Près de 1 000 praticiens – psychiatres et thérapeutes d'horizons variés – se sont formés en France, en Belgique et aux États-Unis pour initier leurs patients à cette méthode. «Cela représente entre 5 et 10 000 séances chaque jour[1], relève Marcia Bénitah. Elles prolongent le travail d'un chercheur français en pédagogie, Luc Nicon, qui s'était déjà fait connaître pour avoir mis au point une technique d'identification des peurs inconscientes (TIPI) et qui insiste sur le rôle essentiel de la sensorialité pour traverser ses émotions[2].»

Accepter de « laisser passer ses émotions » semble extrêmement compliqué pour beaucoup d'entre nous.

Si cela nécessite un «apprentissage», même simplissime, c'est parce que accepter de «laisser passer ses émotions» semble extrêmement compliqué pour beaucoup d'entre nous. Chacun a ses stratégies pour contrer les sentiments désagréables qui émergent avec l'émotion – certains se laissent déborder par la colère et commettent des actes ayant des conséquences négatives, d'autres la ravalent et se rongent intérieurement… Certains vont marcher dehors, d'autres font quatre ou cinq respirations profondes ou tentent de se relaxer. «Ne rien faire, laisser passer l'orage, paraît extrêmement difficile et inquiétant, constate Marcia Bénitah. Pourtant, c'est la voie royale vers la dissolution des émotions négatives.»

Le Dr Christine Barois, psychiatre convaincue par ce process, confirme: «Les sensations corporelles qui arrivent lorsque nous sommes aux prises avec une émotion ne sont jamais dangereuses, tout comme les émotions elles-mêmes, qui se révèlent souvent utiles. En revanche, ce qui rend malade, c'est leur intensité.» Une intensité qui grandit justement lorsque nous tâchons de les éviter, ainsi que l'a montré le professeur David Barlow de l'université du Mississippi. «La dépression est souvent un problème d'émotions contrariées», ajoute la psychiatre.

Les sensations corporelles qui arrivent lorsque nous sommes aux prises avec une émotion ne sont jamais dangereuses.

La solution? Parvenir à être dans ce «non-agir» dont parlent de nombreuses traditions, notamment asiatiques. Devenir observateur des grands courants qui traversent le

1. Plus d'informations sur https://tipi.pro/accueil-2
2. Voir Luc Nicon, *La Révolution TIPI. Régulez vos émotions, dépassez vos blocages*, Leduc.s, 2018.

corps sans s'y opposer. «Ce que Luc Nicon a découvert et formalisé dans la formule "Revivre sensoriellement" est au carrefour des thérapies les plus novatrices du moment, estime le Dr Christine Barois. Thérapies comportementales et cognitives, méditation de pleine conscience, EMDR, thérapie de l'acceptation…, proposent aussi au patient de se focaliser de la même façon sur ce qu'il ressent, sans le contraindre ni chercher à le modifier.»

La solution ? Parvenir à être dans ce « non-agir » dont parlent de nombreuses traditions, notamment asiatiques.

Toutes insistent aussi sur la notion d'entraînement attentionnel : plus on le fait, plus cela devient facile, et plus cela produit des résultats. Toutes nous proposent aussi de ne pas rester «scotchés» à ce que nous disent nos pensées lorsque l'émotion nous traverse : généralisation – «C'est toujours la même chose, ça tombe sur moi…» –, projection – «C'est parce qu'il me déteste qu'il me dit ça» –, distorsion cognitive – «Je suis en colère parce qu'il m'a dit ça, pas parce que je suis rentrée fatiguée de ma journée de travail». Ainsi Sylvie sait-elle désormais que, pour s'apaiser, il lui reste peu à faire : trouver un endroit où s'isoler pour plonger en elle… en toute sécurité.

Nous vivons trop vite

C'est un rythme qui s'est imposé à nous d'un coup, notamment avec l'arrivée des outils numériques. L'accélération généralisée a changé nos manières d'agir et de penser sans même que nous nous en rendions compte. Mais nous y voilà: nous sommes des malades du temps perdu, sans cesse en quête de solutions pour en retrouver à la maison, au travail, avec nos enfants… Cela a un impact sur notre psychisme, d'où l'importance d'en être conscients.

«C'est comment qu'on freine/Je voudrais descendre de là?», chantait déjà Alain Bashung au début des années 1990. Une époque à laquelle les nouvelles technologies n'avaient pas encore mis un immense coup d'accélérateur dans notre quotidien. Que dirait-il aujourd'hui, où le règne du «tout, tout de suite» s'impose davantage chaque jour? Nous, qui avons cru gagner du temps en achetant sans nous déplacer grâce à Internet ou en conversant au téléphone tout en marchant dans la rue, n'avons fait qu'empiler de nouveaux vécus à accomplir de plus en plus rapidement. Résultat: un vertige dû à l'accélération et qui n'est pas sans conséquences sur notre équilibre intérieur.

> *Tout nous entraîne à vivre nos expériences le plus vite possible.*

Dans une étude magistrale du sociologue allemand Harmut Rosa[1], les mécanismes insidieux de cette condensation du temps provoquée par la vitesse sont particulièrement explicites. Même ce que l'on appelle les activités de «temps libre» sont susceptibles de s'en trouver profondément modifiées, ainsi que le décrit ce chercheur: «*power-nap* (sieste réparatrice qui ne dure que quelques minutes) ou soirée avec les enfants abrégée et condensée en *quality-time*, en passant par le *speed-reading et le speed-dating* (recherche de

1. Harmut Rosa, *Accéleration. Une critique sociale du temps*, La Découverte, 2013.

partenaires pour des rendez-vous éventuels, où les rencontres sont strictement minutées et à la “chaîne”, jusqu'au *drive-through-funeral* (un dispositif funéraire permettant de rendre visite au défunt et de laisser un mot sans quitter le siège de sa voiture)», tout nous entraîne à vivre nos expériences le plus vite possible.

Mais c'est évidemment dans les entreprises que l'impact de cette urgence érigée en philosophie de vie est le plus violent. Car tout part de ces épicentres économiques: si «le temps, c'est de l'argent», selon la parole fondatrice de Benjamin Franklin, il y faut obtenir un rendement maximal en un minimum de temps. Françoise Bavcevic, psychologue et cofondatrice du programme de prévention «No smoking, no stress», observe une évolution inquiétante dans les sociétés où elle intervient: «L'injonction à laquelle chacun est soumis, c'est “zéro attente, zéro délai”! Avant, ce n'étaient que les dirigeants qui nous avouaient “je suis débordé”, aujourd'hui, tous les salariés sont touchés: assistantes, cadres et ouvriers!» «J'ai dit à mon manager: “Je ne pourrai pas tout finir pour la réunion de 14 heures!” Complètement stressé, Il m'a répondu: “Démerdez-vous!”» rapporte ainsi Sophie, assistante dans un laboratoire pharmaceutique.

L'injonction à laquelle chacun est soumis, c'est «zéro attente, zéro délai»!

Comment éprouver la satisfaction du travail accompli dans un tel contexte? Si les tâches se multiplient, les travaux finalisés sont forcément de plus en plus rares. L'estime de soi de tous ceux qui cherchent à bien travailler s'en trouve atteinte. «J'ai tout le temps le pied sur l'accélérateur, mais je ne me sens plus du tout efficace», confie Michel, technico-commercial dans une société d'informatique.

Autre conséquence: l'équilibre vie professionnelle/vie personnelle s'en trouve forcément contaminé. Comment rattraper le temps perdu si ce n'est à la maison? «Beaucoup ne savent plus se fixer de limites, observe Françoise Bavcevic. Ils avouent qu'ils mangent trop vite, marchent trop vite... Toute notre action consiste alors à faire un travail de tri avec eux entre les moments où il vaut mieux ralentir et ceux où il faut aller plus vite. Le but: que chacun se réapproprie son propre rythme.» Dans un tel environnement, «les clients qui demandent des séminaires pour retrouver la capacité à réfléchir avant d'agir font figure de pionniers», analyse la psychologue.

Le but: que chacun se réapproprie son propre rythme.

Car, et c'est là l'un des effets majeurs de l'urgence généralisée, elle nivelle tout dans les esprits: l'important ne se distingue plus de l'urgent. Quant à l'essentiel, il s'efface des préoccupations toujours immédiates. Pour Jean-Louis Servan-Schreiber, ex-grand patron qui explore notre relation au temps depuis... longtemps, l'une des conséquences les plus dommageables d'une vie placée sous haute urgence est justement le manque d'anticipation et de vision. « Passée l'enfance, si nous ne pensons pas à long terme notre métier, notre équilibre affectif, nos choix, nos vrais désirs, personne ne le fera à notre place, écrit-il. Beaucoup de ceux qui se lancent dans une thérapie le font moins sous la contrainte d'une souffrance devenue intolérable que pour s'assurer de l'écoute et du temps, qui leur permettent de faire le point sur eux-mêmes[2] ». Une autre manière de rappeler que, si l'on ne s'oblige pas parfois à se remettre au point mort pour réapprendre à passer les bonnes vitesses, et si possible au bon moment, on risque d'aller tout droit dans le mur.

LE REGARD DE :

Nicole Aubert, sociologue et psychologue

« Pris dans une logique où tout devient urgent, l'individu entre dans une contrainte d'"hyperfonctionnement de soi-même". Il est obligé de fonctionner en surrégime permanent, tel un moteur en surchauffe. Comme il n'y a plus de place pour le temps du recul et de la réflexion, on fonctionne à coups d'actions/réactions. Les personnes interviewées dans mes enquêtes se comparaient à "une pile électrique que l'on ne peut pas débrancher".

« Si l'on agit ainsi sur de longues périodes, on devient irritable, agressif, on a des changements d'humeur intempestifs, comme une double personnalité. L'étape suivante, ce peut être la dépression d'épuisement. Comme par hasard, une pathologie qui se manifeste par un extrême ralentissement de l'action : on ne trouve plus la force d'avancer... Certains craquent avant même d'avoir trouvé des solutions. D'autres prennent des décisions drastiques : quitter les grandes villes, changer d'activité professionnelle... Parfois, c'est un événement de la vie qui ouvre les yeux : un divorce parce que l'on n'avait plus de temps à consacrer à son couple, une maladie qui oblige à ralentir. Ensuite, il n'y a guère que notre capacité à organiser notre vie pour ne pas nous laisser totalement déborder. Mais cette capacité-là n'empêche pas l'accélération générale toujours croissante. »

2. Jean-Louis Servan-Schreiber, *Trop vite ! Pourquoi nous sommes prisonniers du court terme*, Albin Michel, 2010.

Le charisme n'est plus un mystère

Ce petit « plus » qui change tout et donne à certains une aura énigmatique est devenu un objet d'étude. D'où vient-il ? De quoi se nourrit-il ? Une fois de plus, en le scrutant de près, les psychologues se montrent démocrates : chacun peut désormais espérer s'en voir paré.

Si la capacité à attirer positivement l'attention sur soi « est essentiellement un talent inné, elle comprend une partie qui peut s'apprendre ».

Ils entrent dans la pièce et celle-ci semble s'éclairer ; ils se mettent à parler et tout le monde les écoute ; ils bougent et l'on admire alors la fluidité de leurs gestes… sans vraiment pouvoir expliquer ce qui en eux attire autant. Prenez Barack Obama, sans doute l'un de ceux dont le nom revient le plus souvent lorsque l'on parle de « charisme ». Ses fans étaient-ils fascinés parce qu'il était l'homme le plus puissant de la planète ou parce qu'il dégage réellement une aura personnelle qui l'a certainement rendu éligible ?

Ce genre d'énigme – qui de la poule ou de l'œuf était là avant l'autre ? – suscite de nombreuses recherches, notamment chez les conseillers en communication, car, pour eux, un tel pouvoir d'adhésion pourrait bien s'expliquer… et donc être enseigné. Selon Pascal de Sutter[1], psychologue spécialisé en communication politique, si la capacité à attirer positivement l'attention sur soi « est essentiellement un talent inné, elle comprend une partie qui peut s'apprendre ».

Pas question cependant de se fier aux quelques recettes généralistes que l'on retrouve à foison dans toutes sortes de manuels ès

1. Pascal de Sutter et Hélène Risser, *Dans la tête des candidats. Le profil psychologique des présidentiables*, Les Arènes, 2011.

«leadership». «Les techniques, si elles ne sont que des recettes toutes faites, une sorte de "prêt-à-porter", n'apportent rien. Une méthode de séduction n'est efficace que si elle relève de la haute couture», affirme le psychologue. Il ne s'agit pas de chercher à transformer un inhibé en orateur débridé, ni de masquer la fantaisie d'une personnalité pour obtenir une image plus «sérieuse». Le charisme, quand il irradie, naît de la part la plus profonde et la plus singulière de la personne.

> *Le charisme, quand il irradie, naît de la part la plus profonde et la plus singulière de la personne.*

Autre donnée: si la manière de parler est déterminante dans le charme de quelqu'un, notamment en termes de clarté des paroles, d'articulation claire, etc., c'est surtout le grain de voix qui fera la différence. Ainsi, il a été observé que celui qui baisse le ton de sa voix lorsqu'il fait un discours obtient 30 % de plus de suffrages féminins. «Sur cette dimension vocale, Barack Obama marque de nombreux points: il parle avec une voix grave et lentement, observe Pascal de Sutter. Des attitudes qui intensifient l'attention du public.»

Mais l'on ne saurait réduire le charisme au seul talent d'élocution. Le lien subtil et la congruence entre les paroles de la personne et toute son expression non verbale marqueront la différence: «Lorsque Bill Clinton a dit au peuple américain: "Je regrette ce qui s'est passé avec Monica Lewinsky", tout son visage exprimait la honte, rappelle Pascal de Sutter. Alors que Dominique Strauss-Khan avouant au journal télévisé "avoir fait une faute" exprimait corporellement une tout autre opinion sur lui-même et l'acte qu'il avait commis.»

> *Le lien subtil et la congruence entre les paroles de la personne et toute son expression non verbale marqueront la différence.*

On comprend alors le rôle primordial des émotions chez les personnes charismatiques. «C'est leur intelligence émotionnelle qui l'emporte, estime le Dr Stéphanie Hahusseau, c'est-à-dire leur aptitude à rester proches de leurs ressentis pour avoir un discours vivant, tout en gardant le contrôle de ce qu'elles produisent, explique cette spécialiste des émotions. On appelle cela la "présence[2]".»

Serait-ce alors du contrôle, cette capacité à «vibrer» tout en ne se laissant pas déborder par trop d'affects? «Cela requiert certainement de l'entraînement, précise le Dr Stéphanie Hahusseau. Il s'agit pour

2. Stéphanie Hahusseau, *Authentique si je veux! Jouer la sincérité, déceler la manipulation*, Armand Colin, 2013.

celui qui s'expose souvent et doit convaincre de rester conscient de ses sensations physiques et, ainsi, quelle que soit la situation, de l'état dans lequel il est.»

Cette «conscience de soi» n'a pourtant rien d'égocentrique: une personne charismatique sait étonnamment capter ce que ressent son auditoire. «Elle saisit de manière intuitive si ses interlocuteurs décrochent ou pas, explique Pascal de Sutter. En ce sens, les charismatiques ne sont pas seulement bons pour émettre des informations, mais aussi pour percevoir celles que leur envoient les autres.» Résultat, cette impression qu'ils laissent sur leur passage: «Toute personne à leur contact a l'impression d'avoir été la seule privilégiée à qui ils se sont adressés.»

Une personne charismatique sait étonnamment capter ce que ressent son auditoire.

Cette capacité d'empathie a une autre source: l'histoire de vie. La plupart des personnalités charismatiques ont dû compenser un défaut physique, une faille, et surmonter certaines épreuves pour «se remettre à niveau». C'est François Bayrou, poussé par son bégaiement à communiquer deux fois plus avec les autres, Bill Clinton voulant fuir la violence de son beau-père, Fabrice Lucchini cherchant par la littérature à échapper à son quotidien d'apprenti coiffeur. Transcendant leur condition, ils ont aussi évité de développer le trait de caractère que les psychologues considèrent comme anticharismatique entre tous: l'arrogance.

LE REGARD DE:

Professeur Daniel Marcelli, pédopsychiatre

« Une personne "séduisante" grâce à son physique ou ses qualités nous attire et nous intéresse, mais souvent sans le vouloir et, dans ce cas, nous sommes libres d'adhérer, de l'approcher ou non; alors qu'une personne "séductrice" nous attire irrévocablement dans ses filets grâce à des manipulations, des artifices même, et ce dans un unique but de bénéfice personnel. Dans l'éducation, comme dans l'entreprise, la disqualification fréquente de l'autorité donne une place outrancière à la séduction "séductrice", d'où la multiplication de personnalités qui apprennent à utiliser leurs charmes pour arriver à leurs fins: pervers narcissiques, psychopathes...

« Alors que la "grâce" qu'est le charisme garde une facette énigmatique. D'ailleurs, dans son étymologie, le charisme est un don que le Saint-Esprit donnait à ses disciples pour qu'ils aient le pouvoir d'amener de nouveaux convertis dans l'Église. C'est un pouvoir formidable, cette capacité à entraîner les autres, mais qui ne relève pas seulement de la beauté, de la puissance ou de l'argent. Je trouve que le charisme rétablit ainsi un peu d'égalité dans notre société. Entre les faibles et les forts, les malins et les imbéciles, il peut être ce qui change tout. »

Nous pouvons raconter autrement notre vie

Vous n'aimez pas votre histoire ? Changez-la, ou plutôt, racontez-la autrement. En sélectionnant les événements porteurs, les raisons d'espérer, les réussites les plus infimes. Dans n'importe quel destin, il y en a. Sélectionner et produire ainsi des récits de vie qui nous feront du bien alimente des courants psychothérapeutiques à la pointe.

Par un début de mois de novembre, il a quitté les bureaux feutrés des entreprises françaises hi-tech, ses clients habituels, pour rejoindre les terres brûlées de Kigali, au Rwanda. Pierre Blanc-Sahnoun, coach de cadres dirigeants et psychothérapeute, était mandaté par l'association Ibuka (littéralement : « souviens-toi ») pour transmettre son savoir-faire dans un pays meurtri par le génocide de 1994. Sa mission : former des « conseillers en thérapie narrative » qui eux-mêmes aideront les familles rwandaises à guérir de leurs traumatismes. « Il s'agit d'inviter les populations à développer une deuxième histoire, à côté de celle des atrocités qu'elles ont vécues et qui existera toujours, explique Pierre Blanc-Sahnoun. Car les Rwandais ont aussi à leur disposition des récits porteurs de valeurs, d'espoirs, de créativité, et ce sont ces récits qui leur permettront de rester debout. »

Cette résolution à se focaliser sur des événements de vie minoritaires et pourtant positifs, plutôt que de rester sous l'influence d'une histoire dominante, et par là même enfermante, signe de nouveaux courants très forts en psychologie, notamment la psychologie narrative, inspirée des thérapies comportementales et cognitives, et la thérapie narrative, née en Australie.

Le principe : élargir le panel des récits que nous faisons sur nous-mêmes. Ne pas nous contenter d'une seule version de ce qui nous arrive. «Nous avons tous plusieurs histoires dans nos vies, et pourtant, nous restons bien souvent collés sur la pire, perdant les ressources que nous apporteraient les autres, si nous les développions», explique le psychothérapeute.

Ainsi l'exemple de Rosy, rapporté par la thérapeute Alice Morgan dans son livre *Qu'est-ce que l'approche narrative*[1]: cette étudiante était comme paralysée devant la rédaction de sa thèse. Rosy se racontait toute la journée une histoire selon laquelle elle «était improductive», conviction sans doute née dans son enfance où on l'avait abreuvée de conseils pour travailler efficacement. La thérapie consista alors à faire remonter des récits où Rosy ne s'attachait pas à cette version des faits: histoires d'artistes qui restent «en latence» devant leurs toiles pendant plusieurs jours et qui pourtant livrent à la fin de purs chefs-d'œuvre, témoignages du plaisir à être dans un processus d'apprentissage plus que dans son seul résultat. «Cette conversation a contesté les croyances et les vérités toutes faites sur les études et a aidé Rosy à se détacher des thèses du problème», explique la thérapeute.

Nous avons tous plusieurs histoires dans nos vies, et pourtant, nous restons bien souvent collés sur la pire.

Il y avait donc déjà le *storytelling*, communication narrative permettant aux marques d'utiliser des histoires pour repenser leur stratégie et poursuivre leur développement. Il y a désormais un même principe pour aider l'individu dans sa progression psychique. À lui de décider quelle interprétation de la réalité il préfère mettre en avant: «J'ai toujours été timide» ou «J'ai besoin d'une certaine distance avant de me lier»? «J'ai été trahi par mon ami» ou «Nos chemins devaient se séparer là, nous n'avions plus rien de commun»?

Mais pour prendre corps, les histoires alternatives naissantes chez ceux qui veulent changer doivent être transmises et relayées à d'autres… Les thérapeutes narratifs encouragent leurs patients à témoigner, tant il est vrai que ce qui lie les communautés humaines, ce sont justement les récits, ce que l'écrivaine Nancy Huston a développé dans son joli livre *L'Espèce fabulatrice*[2].

Au Rwanda, les familles étaient invitées à participer à des réunions narratives dans lesquelles chacun pouvait raconter une nouvelle interprétation de son histoire. En Occident, cette pratique du récit de vie en groupe est déjà courante. Chez les Alcooliques Anonymes, on en a même fait un pilier de la guérison: à la date

1. Alice Morgan, *Qu'est-ce que l'approche narrative*, InterÉditions, 2019.
2. Nancy Huston, *L'Espèce fabulatrice*, Actes Sud, 2010.

anniversaire de sa sobriété, le témoin vient de nouveau raconter l'histoire de son rétablissement et tous les changements qu'il a traversés pour y arriver. «Ces légendaires transformations existentielles – étonnants parcours de recouvrance, accompagnés des récits qui en rendent compte – ne sont pas sans rappeler les rites initiatiques décrits parfois par les anthropologies[3]», écrit le philosophe Pascal Coulon, qui intervient en centre de soin des addictions. Et de relever l'effet cathartique de tels témoignages: «Généralement très chargées en émotions et fécondes pour le renforcement de la solidarité, ces séances sont destinées à solliciter et diffuser de la confiance, aussi bien dans les groupes que pour le témoin lui-même.» Bientôt, la question à se poser pour aller mieux ne sera plus: «Comment je vais?», mais: «Quelle histoire suis-je en train de me raconter?»

Ce qui lie les communautés humaines, ce sont justement les récits.

3. Pascal Coulon, *Les Groupes d'entraide. Une thérapie contemporaine*, L'Harmattan, 2010.

Notre mémoire émotionnelle est un trésor !

Nous avons tendance à l'oublier : notre capacité à nous souvenir est précieuse. Liée à un équilibre émotionnel et physique qui se peaufine au quotidien et à tout âge, elle demande de l'attention et du temps. La bonne nouvelle est qu'elle se nourrit des relations et du plaisir que nous savons cultiver dans notre vie. Aucune raison de s'en priver, donc.

Pendant longtemps, les chercheurs ont pensé que notre capacité cognitive, et donc mémorielle, allait forcément, âge oblige, en décroissant. La dégénérescence cérébrale semblant inéluctable, on s'intéressait peu à la mémoire. La maladie d'Alzheimer aura au moins eu cet effet positif : braquer les projecteurs et les microscopes des chercheurs sur cette aptitude complexe, multiforme et qui convoque à son chevet autant les psychologues que les nutritionnistes ou les neurologues… Comme le fait remarquer le grand spécialiste Francis Eustache, président de l'Observatoire B2V des mémoires, il y a un changement majeur de paradigme : « On parle désormais de prévention de la maladie d'Alzheimer, ce qui était impossible il y a encore dix ans ! »

Bien loin de la peau de chagrin qui effraie tant, notre mémoire est sans doute à considérer comme un trésor à faire fructifier.

Bien loin de la peau de chagrin qui effraie tant, notre mémoire est sans doute à considérer comme un trésor à faire fructifier. D'ailleurs, certains types de mémoire comme la mémoire sémantique (la mémoire stockant nos connaissances) s'accroissent au fur et à mesure de la vie.

On a donc commencé ces dernières années à étudier les « facteurs de protection mnésique », insistant particulièrement sur la plus facile, sans doute, à installer dans les habitudes de vie : l'alimentation. « Une étude à Bordeaux notamment a montré que les personnes qui avaient un régime alimentaire "méditerranéen", c'est-à-dire une alimentation riche en huile d'olive, poisson, fruits et légumes, et pauvre en viande et produits laitiers, présentaient un déclin des fonctions mnésiques moins important par rapport à des personnes n'ayant pas ce type de régime », rapporte Hélène Amieva, professeur à l'université de Bordeaux et chercheur à l'Inserm, spécialiste des troubles cognitifs et de la mémoire.

C'est une approche globale incluant aussi les dimensions psychologiques qui se révèle protectrice et déterminante pour notre « réserve cognitive ».

Mais, en réalité, c'est une approche globale incluant aussi les dimensions psychologiques qui se révèle protectrice et déterminante pour notre « réserve cognitive ». Et l'impact des émotions, notamment, s'avère déterminant.

L'anxiété, par exemple. « C'est une émotion ambivalente du point de vue de la préservation de la mémoire, observe la chercheuse, qui travaille à partir d'études épidémiologiques. D'un côté, trop fréquente ou chronique, elle est un frein. Mais lorsque, ponctuelle avant un examen ou une épreuve importante pour nous, elle nous oblige à nous concentrer et à être plus efficients en rassemblant nos forces cognitives, alors là, oui, on peut parler d'une anxiété positive, qui nous aide, nous motive, élève notre niveau d'éveil attentionnel, ce qui, bien sûr, bénéficiera à notre faculté d'encoder un souvenir. »

Lorsqu'un événement est vécu dans un contexte émotionnel trop fort, il va contraindre le cerveau à mobiliser d'autres zones que celles de l'encodage des souvenirs. Il en restera une impression de flou, car beaucoup de détails associés à l'événement en question n'auront pu être encodés.

En revanche, un contexte émotionnel agréable favorisera la préservation des souvenirs. Ainsi, si Marcel Proust a vécu l'épisode de réminiscence de la madeleine, c'est aussi parce qu'il était dans un moment délicieux, en train de boire son thé avec sa mère et donc engagé dans une relation affective favorable. « Le texte de la madeleine contient tous les ingrédients repérés par la neuropsychologie moderne pour la récupération du souvenir, écrit la neurologue Catherine Thomas-Antérion : un indice extérieur, qui va capter l'attention du sujet, associant plusieurs modes sensoriels comprenant la vue, le goût et l'odorat ;

Un contexte émotionnel agréable favorisera la préservation des souvenirs.

une situation émotionnelle propice à l'émergence du souvenir, représentée par la présence féminine de la mère ou de la tante, toutes les deux aimantes; un moment spécifique unique rappelant des moments anciens, répétés et heureux[1]. » Moralité : si vous voulez vous constituer une belle mémoire, multipliez les occasions d'être heureux! S'il est plus fréquent de multiplier les souvenirs d'enfance, c'est parce que celle-ci était souvent généreuse en émotions agréables, nous faisant – la plupart du temps – évoluer dans un contexte favorable, car nous étions pris en charge, soutenus, reconnus…

Si vous voulez vous constituer une belle mémoire, multipliez les occasions d'être heureux !

La notion de plaisir au quotidien se révèle d'ailleurs fondamentale. Hélène Amieva remarque en ce sens que l'on oublie que ce qui est important quant aux activités de loisirs et aux réseaux sociaux, si bénéfiques pour la capacité de mémoire, c'est avant tout leur dimension satisfaisante. «Ce qui stimule notre activité cognitive, c'est d'être engagés dans des hobbies ou relations qui nous procurent un réel plaisir», insiste-t-elle. Ce qui revient à dire que c'est la qualité, plus que la quantité, qui booste notre cerveau.

Ce qui stimule notre activité cognitive, c'est d'être engagés dans des hobbies ou relations qui nous procurent un réel plaisir.

LE REGARD DE :

Francis Eustache, neuropsychologue, directeur à l'université de Caen d'une unité de l'Inserm et de l'EPHE dédiée à l'étude de la mémoire humaine, président du conseil scientifique de l'Observatoire BV2 des mémoires

« Pendant des décennies, les chercheurs se sont surtout concentrés sur la mémoire individuelle, mais depuis trente ans, c'est aussi l'aspect social de celle-ci qui intéresse : si, par exemple, on n'a pas parlé d'une situation ou d'un événement dans un groupe, la mémoire de chacun va s'en trouver dégradée et donc les souvenirs en seront moindres. La mémoire collective, elle, transcende cela et imprègne

---

1. Catherine Thomas-Antérion, *in* Francis Eustache (dir.), *Mémoire et Émotions*, Le Pommier, 2016.

l'individu, même s'il n'était pas inclus dans un groupe. Aujourd'hui, elle est particulièrement imposée par les médias.
« Il y a toujours eu un équilibre à conserver entre la mémoire interne (ce que je sais, moi) et la mémoire externe (le savoir qu'il y a dans une bibliothèque). Mais aujourd'hui, nous sommes dans un changement de relation au savoir majeur. Un risque nouveau apparaît, celui de trop faire confiance à ces mémoires externes puissantes qui sont si faciles d'accès. Ma "mémoire", c'est ce dont je suis capable de faire la synthèse et qui me donne mon identité singulière. Si cette mémoire n'est plus, peu à peu, qu'un contenu disparate, c'est ma position dans le monde, ma présence, qui va s'en trouver profondément bouleversée. »

Être doué n'est pas si facile !

Désormais on en voit de plus en plus : des « zèbres », des « Archimède » ou des « hauts potentiels », bref des personnes qui ont une intelligence supérieure, ou différente du *quidam lambda*... Et des psychologues, de plus en plus nombreux, se consacrent au repérage et aux thérapies de ces « surdoués ». Preuve que l'intelligence ne protège ni du mal-être ni du sentiment d'exclusion.

Ils ne représentent *a priori* que 2 % de la population générale, mais on n'a jamais autant parlé d'eux. Des psychologues se spécialisent même dans l'accompagnement de ces personnalités atypiques. Eux? Les adultes surdoués. Une de leurs plus ferventes défenseuses, Béatrice Millêtre[1], docteur en psychologie et psychothérapeute, affirme qu'après vingt-cinq ans de fréquentation de ces êtres hors norme – ils constituent 75 % de ses patients –, elle parvient à les déceler dès la première séance. « Ils entrent dans mon bureau et, en une seconde, ils embrassent la vision globale du lieu, de ce qui traîne sur mon bureau, le papier, le stylo... et en déduisent instantanément que j'étais en train d'écrire au moment où ils sont arrivés. »

Cette fulgurance de l'intelligence spatio-temporelle semble être l'une des caractéristiques partagées par un grand nombre des surdoués. Mais il en est bien d'autres. Pendant longtemps – depuis Alfred Binet qui en 1905 a élaboré le premier test de « niveau mental » pour enfants scolarisés –, on s'est contenté d'évaluer et de comparer l'intelligence à travers des questionnaires rigoureux : le WISC pour les enfants scolarisés, la WAIS pour les adultes... Ces tests font encore référence dans les diagnostics psychologiques et permettent toujours d'obtenir le fameux QI validé... et validant une personnalité « surdouée ».

---

1. Béatrice Millêtre, *Petit Guide à l'usage des gens intelligents qui ne se trouvent pas très doués*, Payot, 2018.

Celle-ci a en effet un QI supérieur à 130, alors que le QI dit «moyen» du *vulgus quidam* est de 100.

Soit. Mais une fois ces bilans si nécessaires effectués par un professionnel qualifié, il convient de s'intéresser en profondeur à toutes les dimensions de la personnalité douée. Car celle-ci est souvent marquée par un mal-être émotionnel et relationnel invalidant.

La personnalité douée est souvent marquée par un mal-être émotionnel et relationnel invalidant.

Les adultes surdoués ont en effet ceci de commun: ils ont été des enfants précoces. Véronique, chargée de l'innovation dans une multinationale, en témoigne: «À 9 ans, on m'en donnait 13: j'étais physiquement formée comme une femme, je pouvais soutenir des conversations littéraires ou politiques avec des adultes, j'ai sauté une classe… Mais, intérieurement, je me sentais une vraie petite fille. J'ai l'impression de n'avoir jamais dépassé ce sentiment de décalage.»

Décalé, différent, c'est ainsi qu'apparaît aussi le jeune Steve Jobs – créateur d'Apple – dans la biographie que lui consacre Walter Isaacson[2]: exclu deux ou trois fois de l'école (parce qu'il s'y ennuyait), s'étant vu proposer de sauter deux classes (parce qu'il en avait largement les capacités), ce futur génie a compris très tôt qu'il avait une personnalité intense et atypique. Est-ce pour cela qu'il a brillamment réussi? Les psychologues spécialistes des *gifted people* en attestent: reconnaître sa «surdouance», c'est le premier pas pour en profiter vraiment.

Car si le surdoué est différent, ce n'est pas parce qu'il est plus intelligent que les autres, mais plutôt parce qu'il a une intelligence *qualitativement* différente. Jeanne Siaud-Facchin, psychologue praticienne qui a créé en 2003 le premier Centre français de diagnostic et de prise en charge des troubles des apprentissages scolaires, Cogito Z, ne cesse de fustiger les lieux communs qui encombrent encore l'imaginaire collectif dès qu'arrive le qualificatif «surdoué»: «Ce que l'on oublie: comprendre, analyser, mémoriser vite n'est pas avoir la connaissance ou la science infuse. Ce que l'on ignore: ressentir et percevoir avec une lucidité acérée toutes les composantes du monde matériel et des relations humaines

Reconnaître sa « surdouance », c'est le premier pas pour en profiter vraiment.

2. Walter Isaacson, *Steve Jobs*, Le Livre de Poche, 2012.

génère une réactivité émotionnelle constante, source d'une anxiété diffuse[3]. »

Si être anxieux ou hypersensible ne suffit toutefois pas pour pouvoir se définir comme « surdoué », mieux vaut connaître – si l'on veut savoir si on l'est – les comportements habituels de ceux que la psychologue Béatrice Millêtre appelle les « Archimède » : « Ayant une vision panoramique et intuitive des situations, ils peuvent commencer plusieurs travaux en même temps, finaliser un dossier à la toute dernière minute, prendre de longs temps de contemplation avant d'agir… Mais au niveau des idées, ils ont toujours un métro d'avance, ce qui n'est pas toujours compris dans leur milieu professionnel ! » Parmi leurs points faibles : le perfectionnisme et une certaine psychorigidité, souvent générée par le manque de confiance en soi et l'immaturité affective. Un tableau qui parle évidemment à beaucoup et explique probablement la multiplication des consultations spécialisées.

Au niveau des idées, ils ont toujours un métro d'avance, ce qui n'est pas toujours compris dans leur milieu professionnel !

LE REGARD DE :

Monique de Kermadec, psychologue clinicienne et psychanalyste

« Il faut savoir qu'un tiers des enfants surdoués sont actuellement en échec scolaire. Leur créativité dans l'écriture ou le sport, par exemple, n'est pas vraiment reconnue dans un système d'enseignement qui privilégie l'accumulation des connaissances et le bachotage ; leur intelligence non plus. Tout se passe bien pour les surdoués lorsqu'ils peuvent s'investir dans la vie pratique, en réalisant quelque chose qui naît de leur capacité à se passionner. Tous ont le désir d'apporter au monde un ouvrage très personnel. Reproduire ce que font les autres, ce n'est pas pour eux ! Ils ont donc intérêt à devenir auto-entrepreneurs ou artistes, et à travailler avec une grande liberté dans le rythme.

« Une psychothérapie seule leur permet de comprendre à quel moment de leur vie ils ont pris de fausses routes, car les surdoués

---

3. Jeanne Siaud-Facchin, *Trop intelligent pour être heureux ? L'adulte surdoué*, Odile Jacob, 2008.

sont très dépendants de l'approbation des autres. Souvent précoces au niveau physique ou intellectuel, ils ne le sont pas au niveau émotionnel. Ils ont besoin, pour être eux-mêmes, d'une autorisation qu'ils ne peuvent se donner. Une relation de confiance avec un psychothérapeute les aidant à trouver leur propre chemin est donc essentielle. Mais cet accompagnement, qui ne supporte aucun temps d'emprise, n'a rien à voir avec une psychanalyse traditionnelle. »

Être parent à mi-temps, un vrai défi

De nombreux enfants vivent cela aujourd'hui : deux foyers, deux séjours en vacances et... un seul parent à chaque fois, mais à mi-temps. Pour ce dernier, l'affaire peut être compliquée quand son mode éducatif est perçu comme une parenthèse. En réalité, être parent ne se résume pas à des conditions matérielles ou à une organisation bien huilée. C'est un état permanent.

La scène est devenue presque incontournable dans les séries télévisées ou les films contemporains : à un moment clé de l'intrigue, le héros ou l'héroïne, plongé(e) dans ses activités professionnelles, se frappe le front et s'exclame, horrifié(e) : « Ah, mais c'est aujourd'hui que je dois récupérer Alice [ou Jean, ou Kevin...] à l'école ! » Pauvre parent soumis aux aléas d'une éducation partagée et toujours susceptible, dans les méandres organisationnels que celle-ci impose, de « se tromper de jour » ! Qu'ils sont nombreux, aujourd'hui, ceux qui peuvent s'identifier à de tels héros !

> *Les parents se retrouvent en position d'inventer cette nouvelle famille éclatée en deux lieux de résidence.*

Désormais traitée dans les fictions avec une certaine légèreté, la garde partagée des enfants en résidence alternée a pratiquement doublé entre 2003 et 2012 et est expérimentée aujourd'hui par près de 20 % des couples divorcés ; un enfant de parents divorcés sur cinq vit dans cette organisation familiale[1]. « Reconnue depuis 2002, la résidence alternée a été pendant longtemps réservée aux couches sociales moyennes, aux enseignants, explique Gérard Neyrand, analyste des mutations familiales. Elle s'est désormais répandue dans les

1. Source : étude Infostat justice, janvier 2015.

milieux populaires, et va de pair avec l'évolution professionnelle des femmes. C'est le modèle d'un couple à double carrière qui la justifie et l'amplifie[2] ».

L'émancipation féminine, mais aussi la plus grande participation des pères à la vie ménagère, la recomposition familiale…, autant de mutations qui amènent naturellement les divorcés à opter pour cette organisation égalitaire. Naturellement certes, mais pas toujours sans défis à traverser.

Ce dispositif induit la reconnaissance d'une éducation plus parentale, à double entrée, que maternelle.

« Les parents se retrouvent en position d'inventer cette nouvelle famille éclatée en deux lieux de résidence, deux foyers, observe Daniel Coum, psychologue clinicien, psychanalyste et directeur de l'association Parentel[3] à Brest, qui offre notamment un service d'aide psychologique par téléphone. La question qui se pose à eux, c'est comment faire vivre une unité familiale en garde alternée alors même que leurs rôles parentaux s'en trouvent moins définis et que le mode d'emploi éducatif est moins écrit.[4] »

Cela ne va pas sans certains renoncements. Pour les hommes, le fait de ne plus être seulement des *working men* à l'extérieur et – mais ce n'est pas un moins – l'opportunité d'occuper une place plus importante dans l'éducation quotidienne de leurs enfants. Pour les femmes, qui y perdent de leur toute-puissance à la maison, ce dispositif pourrait être moins facile à accepter : « Il induit la reconnaissance d'une éducation plus parentale, à double entrée, que maternelle », analyse Gérard Neyrand.

À trop vouloir maîtriser matériellement l'organisation, les adultes peuvent en oublier de simplement passer du temps de qualité avec leur progéniture.

Certains parents peuvent se retrouver pris au piège de ce calendrier, rythmant leurs sorties « privées » sur la présence ou non de leur enfant chez eux… « C'est un ersatz de culpabilité inconsciente qui leur impose ainsi d'aligner leurs loisirs personnels, leurs rencontres amicales ou affectives sur leur calendrier "parental", estime le Dr Nour-Eddine Benzohra. Celle-ci agit de même chez ce père ou cette mère qui n'envisagent la

2. Gérard Neyrand (dir.) et Chantal Zaouche-Gaudron (dir.), *Livre blanc de la résidence alternée*, Érès, 2014.
3. http://www.parentel.org
4. Daniel Coum, *Paternités. Figures contemporaines de la fonction paternelle*, Presses de l'École des hautes études en santé publique (EHESP), 2016.

semaine de vie avec l'enfant que comme une fête. Ils se présentent systématiquement en "*good cop*", celui chez qui on s'amuse, on est gâté, tandis que le parent absent, lui, "*bad cop*", a souvent tort…»

Mais l'un des plus grands défis que ce mode de garde impose aux parents est, surtout, de ne pas laisser l'aspect pratique (calendrier des séjours de l'enfant, installation-décoration de sa chambre, etc.) occuper toute la place dans l'éducation quotidienne, ainsi que s'en amusent allègrement les deux épisodes du film *Papa ou Maman?*.

À trop vouloir maîtriser matériellement l'organisation, les adultes peuvent en oublier de simplement passer du temps de qualité avec leur progéniture, un temps d'abandon des contraintes, de laisser-aller aussi, d'écoute passive mais attentive, de présence…

> *On ne peut être parent* à mi-temps. *Si je suis père ou mère, c'est à temps plein, car je me dois à cet enfant et je le porte psychiquement.*

«Comprendre que la parentalité ne se résume pas à la dimension pratique quand on a ses enfants chez soi est essentiel, souligne Daniel Coum. Cela implique de comprendre que l'on reste parent, que les enfants soient là, présents chez soi, ou non. En ce sens, on ne peut être parent *à mi-temps*. Si je suis père ou mère, c'est à temps plein, car je me dois à cet enfant et je le porte psychiquement, tant qu'il est vulnérable et non autonome, de manière durable et continue.» Sans doute est-ce cette dimension qui, quel que soit le mode d'organisation envisagé, soude réellement une famille.

« Non » est – aussi – un mot magique

Souvent impossible à prononcer, source de craintes et de colère, le refus n'a pas bonne presse. Pourtant, il clarifie certaines situations, leur permet de rebondir, filtrant ainsi les territoires et limites de personnes respectueuses les unes des autres. Dire un vrai « non », c'est souvent prendre hauteur d'homme.

Il y a ces amis que vous avez invités à une fête – avec la mention « R.S.V.P. » en évidence – et qui ne vous répondent pas… jusqu'à la veille, dans le meilleur cas, pour vous apprendre qu'ils seront empêchés. Il y a cet ado qui vous répond « Je vais le faire » mais part au lycée en laissant sa chambre envahie de linge sale. Il y a enfin cet artisan plombier qui vous assure de sa prochaine visite et… ne donne plus aucun signe de vie.

Bienvenue sur la planète des « sans-non » ! Une étrange maladie paraît en effet frapper un nombre croissant de nos contemporains, qui semblent incapables de refuser de manière franche et directe, « bottent en touche », épousent mille circonvolutions pour ne pas avoir à prononcer l'un des mots pourtant les plus clairs et brefs de notre langue : « non ».

Ici, nous ne parlons pas, bien sûr, des victimes de violences ou abus sexuels se retrouvant tellement sidérées et anéanties par les gestes de leur agresseur qu'aucun son ni geste d'opposition ne leur est possible. Nous évoquons des indélicatesses relationnelles sans gravité *a priori*, mais qui peuvent, à terme, saper la bonne marche d'une amitié ou d'une collaboration.

Des indélicatesses relationnelles sans gravité a priori, *mais qui peuvent, à terme, saper la bonne marche d'une amitié ou d'une collaboration.*

Des « burneries » quotidiennes, selon la formule de Raphaëlle Giordano, coach en créativité devenue romancière à succès. Dans son livre *Le Jour où les lions mangeront de la salade verte*[1], elle explore ces petits travers d'agressivité et d'affirmation de soi mal gérées qui empoisonnent notre fameux « vivre-ensemble ». « C'est le côté obscur de la force, explique-t-elle, celui qui englue tous ceux ne sachant pas poser leurs limites et qui se sentent coupables de refuser. »

D'ailleurs, son héroïne, Romane, propose un training à ceux qui ignorent l'usage d'un « non » habité et juste. Parmi ses techniques, l'usage des trois C : « court, clair et concis ». « Pas question de s'embarquer dans des épanchements explicatifs pour éviter de dire non, suggère Raphaëlle Giordano, mieux vaut être direct et simple. Car quand on a du mal à le faire, on se retrouve pris dans ce que les psychologues appellent le "triangle dramatique", ces parties en nous qui s'opposent : victime, sauveteur et bourreau tout à la fois, et chacune s'exprimant, nous ne savons plus où nous en sommes de notre décision. »

> *Nous n'avons pas appris à dire non, car toute l'éducation est tournée vers l'apprentissage de l'acquiescement.*

Pour la psychologue Michèle Guez, ces impasses viennent surtout de notre ignorance. « Nous n'avons pas appris à dire non, car toute l'éducation est tournée vers l'apprentissage de l'acquiescement : oui à ce que demandent les parents, oui aux profs, aux collègues… Personne ne nous a montré d'autre voie, observe-t-elle. Résultat, se retrouver dans la situation de dire non provoque *a minima* une tension chez la plupart des personnes. »

Pour tous ceux-là, des techniques comme la CNV (communication non violente) sont libératrices : « En apprenant à connaître leurs valeurs et leurs besoins profonds, ils peuvent facilement rejeter ce qui ne leur correspond pas. » Ce que la psychologue appelle « dire de vrais oui ou de vrais non ».

Reste la manière, si importante. Exemple de situation courante : « Des amis vous téléphonent en fin d'après-midi et vous invitent à dîner chez eux, décrit Michèle Guez. Mais, ayant à travailler le lendemain, vous aviez prévu un plateau-télé devant votre série préférée. Vous pouvez alors leur dire : "Non, je ne peux vous rejoindre ce soir, je suis fatiguée. Mais ça me fait vraiment plaisir que vous ayez pensé à moi. On se prévoit quelque chose avant la fin du mois?"

---

1. Raphaëlle Giordano, *Le Jour où les lions mangeront de la salade verte*, Pocket, 2019.

Vous avez alors refusé leur proposition, mais pas leur amitié. Mieux, vous leur avez réitéré celle-ci. Ainsi, quand on dit non, on peut en même temps penser à dire oui à une autre dimension importante de la relation.»

Ainsi, peu à peu, celui à qui l'on ne donne pas de réponse peut aussi oser clairement demander: «Au fait, vous venez dîner ou non la semaine prochaine? J'ai besoin que vous me donniez une réponse d'ici deux jours.»

Autre point essentiel: la tendance à confondre le «non» à une demande avec le «non» à la personne. Ceux qui ont du mal à refuser ont souvent été blessés par le rejet dans leur famille et ont tendance à tout mélanger. «Ils prennent toutes les demandes pour des exigences et ont immensément peur de perdre l'amour, où se mêle l'appréciation de leur interlocuteur», explique Michèle Guez.

Ceux qui ont du mal à refuser ont souvent été blessés par le rejet dans leur famille et ont tendance à tout mélanger.

C'est donc l'affirmation de soi, un véritable «oui» à soi-même, à ce que l'on sent, qui permettra de refuser clairement et simplement, dans un climat relationnel apaisé et de bienveillance. «Alors on se sent bien campé dans sa position, observe Raphaëlle Giordano. On n'a pas besoin d'"acheter" la bouderie ou la mine attristée de l'autre. Cela, c'est de l'écologie relationnelle.»

Il faut réhabiliter la tristesse

Sans cesse, nous cherchons à la zapper de notre palette émotionnelle. Refoulée, méprisée, cachée, elle est pourtant l'émotion qui permet de renoncer... pour mieux avancer et même créer. La tristesse agrandit notre cœur et nous permet de nous tourner vers l'autre, celui qui peut l'accueillir et l'écouter. Oui, laissons-la nous traverser et osons même l'incroyable : l'exprimer !

Vous avez le cœur lourd et vous luttez pour ne pas laisser couler les larmes qui commencent à piquer vos yeux? N'en faites rien, laissez aller ce flot qui cherche à monter en vous : ressentir de la tristesse, et l'accepter, est plus bénéfique que vous ne le pensez. « Quand un patient est capable de la contacter et qu'il se met à pleurer, je pense bien souvent "c'est gagné", confie la psychiatre Stéphanie Hahusseau[1]. Car cela signifie que le blocage dans lequel était coincé tout son système émotionnel est en train de se défaire. »

Accepter de se laisser traverser par cette tristesse, c'est préparer le terrain à des sensations agréables, apaisées, bienheureuses.

Cette spécialiste des émotions va encore plus loin : accepter de se laisser traverser par cette tristesse, c'est préparer le terrain à des sensations agréables, apaisées, bienheureuses. « Pensez au gros chagrin de l'enfant, poursuit Stéphanie Hahusseau : il s'amplifie, atteint un pic avec de gros sanglots, puis redescend, se calme et l'enfant est alors à nouveau capable de trouver des stratégies pour jouer, goûter, faire du sport... »

Il en est de même chez l'adulte : en laissant vivre cette émotion jugée « négative », on constate qu'elle est en réalité un phénomène limité dans le temps (une heure selon les experts) qui bien souvent

1. Stéphanie Hahusseau, *Un homme, un vrai. Dissiper les malentendus émotionnels entre hommes et femmes*, Odile Jacob, 2015.

laisse place dans les jours qui suivent à un sentiment de légèreté. Cela parce que, lorsqu'elle est «pure», «primaire», la tristesse active le système nerveux autonome et notamment la branche parasympathique, celle qui est en charge de la diminution du rythme cardiaque et respiratoire, de la détente musculaire, du fonctionnement optimal digestif, sexuel... «Observer cette activation *via* un appareil d'enregistrement sonore produit un renforcement positif. On peut apprendre à pleurer avec sérénité car on sent dans son corps que "ça fait du bien"», explique la psychiatre.

On peut apprendre à pleurer avec sérénité car on sent dans son corps que "ça fait du bien.

L'humoriste américain Louie CK – une immense star aux États Unis – a fait de ce paradoxe l'un des points culminants de l'une de ses prestations télévisuelles : il expliquait comment ne pas allumer son Smartphone ou son ordinateur lorsque l'on se sent triste ; dépasser ces quelques minutes où l'on a envie de tout bloquer permet ensuite de «laisser arriver le bonheur». «C'est tellement bon, tellement poétique, la tristesse, qu'il faut se laisser la vivre[2] !»

Car cette émotion est sans doute celle qui se rapproche le plus de l'acceptation et du renoncement. «Elle arrive quand l'inévitable s'impose, quand nous perdons quelque chose ou quelqu'un et que rien ne peut nous les rendre[3]», écrit l'historienne Tiffany Watt Smith.

Elle est ce processus à travers lequel, après une période de perte ou de déception, nous préparons une nouvelle version de nous-mêmes.

Elle est donc paradoxalement une énergie qui nous permet de dire adieu, de quitter une image de soi, un idéal ou une situation matérielle, affective, avant de passer à autre chose. «Elle est ce processus à travers lequel, après une période de perte ou de déception, nous préparons une nouvelle version de nous-mêmes.»

Mais alors, pourquoi tant de rejet, pourquoi la tristesse ne nous apparaît-elle pas comme une compagne naturelle de nos vies ? Pour Stéphanie Hahusseau, c'est le facteur culturel qui est en cause : «On encourage les enfants à refouler leur tristesse en leur disant : "Arrête de pleurer, ce n'est rien", or si, enfant, un entourage bienveillant ne vous aide pas à exprimer votre peine, elle demeure tapie.» Autre facteur culturel : chez les hommes, la tristesse est dévalorisée, chez les femmes, c'est l'une des seules émotions permises alors que la

2. https://www.youtube.com/watch?v=5HbYScltf1c
3. Tiffany Watt Smith, *The Book of Human Emotions*, Profile Books, 2016 (non traduit).

colère leur est interdite. Ces diktats émotionnels brouillent la reconnaissance de ce qui se passe réellement en soi. Les émotions, qui pourraient être vécues dans leur forme primaire, se retrouvent cachées par des émotions «paravents» qui les complexifient: «Avec les personnes prises dans un registre émotionnel unique et intense – tout le temps en colère ou tout le temps apeurées –, revenir à la conscience corporelle, aux sensations, permet bien souvent de retrouver le fond de détresse.»

> *Si, enfant, un entourage bienveillant ne vous aide pas à exprimer votre peine, elle demeure tapie.*

Ce qui «dessert» le plus la tristesse, c'est la peur sociétale de la dépression, qui a les mêmes caractéristiques à un instant T que la tristesse, mais qui s'en distingue par sa durée. Le paradoxe, c'est que c'est en refusant d'accueillir avec bienveillance sa tristesse que l'on risque de développer un état dépressif.

Or la tendance actuelle consiste à médicaliser les émotions, à prescrire des psychotropes dès que l'une d'elles se manifeste, ce qui laisse entendre qu'il est préférable de les zapper, ce qui conduit à des prédictions de santé mentale alarmistes dans les années à venir si l'on en croit l'OMS.

Traversée et vécue en conscience, la tristesse peut prendre de belles couleurs. Nostalgique, elle nous ramène dans des lieux aimés. Sous la forme de regrets, elle nous pousse à agir différemment. Au Portugal, on célèbre la *saudade*, ce sentiment de manquer de quelqu'un ou de quelque chose qui reviendra; aux États-Unis, le *blues* a donné une incommensurable force aux esclaves... Oui, savoir être triste, c'est souvent devenir capable d'agrandir son humanité.

> *Traversée et vécue en conscience, la tristesse peut prendre de belles couleurs.*

LE REGARD DE :

Olivier Douville, psychologue clinicien et psychanalyste, maître de conférences hors classe en psychologie à l'université de Paris-Nanterre

« La tristesse, tout à fait normale – quelle vie humaine ne confronte pas à des événements difficiles et sources de chagrin? –, souffre d'être trop souvent confondue avec la dépression. Cela vient du fait que notre société est devenue intolérante envers les affects négatifs, que l'on "pathologise" à outrance et que l'on pense enrayer à coups de prescriptions médicamenteuses. Mais aucun sujet humain ne présente un seul symptôme. Il faut donc regarder avec quoi se conjugue et se colore la tristesse : honte ? Culpabilité ? Ou juste spleen. La morosité, que la culpabilité d'être triste et sans ressort intensifie, peut s'avérer redoutable. Si la tristesse se teinte d'un trop grand sentiment de honte, là il peut y avoir un risque mélancolique. Pourtant, cette tristesse est justement ce qui permet de sortir du faux-semblant, du mensonge ! Elle est ce sentiment qui invite à trouver des interlocuteurs de confiance, ceux qui "tiennent la route" et à qui on dit : "De cela, je ne peux en parler qu'à vous." Reprendre goût à la parole partagée est l'un de ces premiers apports, que jamais aucun médicament ne permet. Aussi la traversée de la tristesse se révèle-t-elle souvent nécessaire pour relancer les forces de vie et d'amour en nous. Alors nous en ressortons adoucis, façonnés et enrichis. »

La popularité est notre nouvelle contrainte

Moi, moi, moi, encore moi… de face dans un selfie, de dos sur une plage, de côté dans un concert… Désormais, il s'agit de s'afficher sur les réseaux sociaux, tel un produit, afin de récolter des « likes » et de devenir populaire. Ainsi, être « suivi » devient essentiel pour beaucoup d'usagers d'Internet, notamment les plus jeunes. Jusqu'à quel point ?

Être ou ne pas être «liké», telle est sans doute aujourd'hui la question cruciale. Et ce, que vous soyez un hôtel, une plateforme de vente en ligne ou… un écrivain, voire un homme politique ! D'ailleurs, savez-vous quel est l'un des articles les plus populaires de la Toile – avec 9,2 K de partages et 1,3 million de «likes», justement? L'interview de l'expert Dan Zarrella sur le site spécialisé *Mashable* et ayant pour thème… «Comment augmenter le nombre de likes reçus sur sa page Facebook?». Réponse : donner des avis tranchés, s'exprimer en utiliser le «je», publier surtout des images…

> *Auparavant, ce qui comptait, c'était d'être charismatique. Aujourd'hui, c'est simplement la capacité à leader le plus grand nombre.*

De même que les gladiateurs au temps des Romains, tous ceux qui usent des réseaux sociaux le savent : ce qui compte aujourd'hui est d'avoir le plus d'amis virtuels possible pour multiplier ces fameux «pouces en l'air» (symboles des «like/j'aime») qui attestent de votre valeur… commerciale, ou virtuelle, justement. Et même si, depuis février 2016, des émoticônes donnent la possibilité de nuancer sa palette émotionnelle pour exprimer ce que l'on ressent en découvrant un statut, une photo ou une vidéo, l'usage du «pouce en l'air» demeure largement majoritaire, effaçant toute possibilité de moduler son avis, de le mettre en perspective.

Comme le remarque la pédopsychiatre Nicole Catheline : « Auparavant, ce qui comptait, c'était d'être charismatique. Aujourd'hui, c'est simplement la capacité à leader le plus grand nombre. Les autres, les "sans amis", vivent un drame[1]. »

La comparaison avec les plus cruels des jeux du cirque vous choque ? Pourtant, il est important de rappeler que dans l'ADN même du réseau social le plus populaire, Facebook, est inscrite une sélection des plus archaïques. Un peu d'histoire : en 2004, des étudiants de Harvard décident de lancer « The Facebook », un « trombinoscope » qui s'inspirait des annuaires papier dans lesquels, depuis des lustres, les étudiants américains découvraient les photos et infos concernant leurs congénères. Mais Mark Zuckerberg et ses amis ont une autre idée : détourner toutes ces données pour demander aux internautes de noter… les physiques de tout un chacun !

Dans l'ADN du « like », il y a donc bien l'absence de nuance, la prédominance de la forme sur le fond et la sélection.

Dans l'ADN du « like », il y a donc bien l'absence de nuance, la prédominance de la forme sur le fond et la sélection. Une identité que le sociologue Jean-François Amadieu qualifie de « tyrannie du like ». « Elle est telle, écrit-il, que les jeunes dorment mal, se réveillant la nuit pour comptabiliser les likes[2]. » Une obsession qui, selon une étude américaine, accroît l'insatisfaction des adolescents quant à l'image de leur corps ainsi que les désordres alimentaires[3].

« À l'âge du collège, notamment, le groupe est essentiel puisqu'il permet de se construire en s'agglomérant des "identités provisoires", rappelle Nicole Catheline. Mais avec les réseaux sociaux, le phénomène s'est renforcé : se montrer, être vu et surtout commenté par les autres devient prépondérant. »

Se montrer, être vu et surtout commenté par les autres devient prépondérant.

Les risques ? En parallèle de liens qui se construisent sur la durée et dans la profondeur, dans la vraie vie (IRL, *In the Real Life*), les accros aux réseaux sociaux rencontrent plutôt pléthore de relations superficielles et immédiates. « Surtout, sur la Toile, vous êtes jugé sur

1. Nicole Catheline, *Souffrances à l'école. Les repérer, les soulager, les prévenir*, Albin Michel, 2016.
2. Jean-François Amadieu, *La Société du paraître. Les beaux, les jeunes… et les autres*, Odile Jacob, 2016.
3. A. G. Mabe, « *Do You "Like" My Photo? Facebook Use Maintains Eating Disorder Risk* », *in International Journal of Eating Disorders*, vol. 47, n° 5, 2014.

ce que vous faites – les endroits que vous fréquentez, les vêtements que vous portez –, plutôt que sur ce que vous êtes, ce qui change vraiment la donne», estime la pédopsychiatre, reconnaissant toutefois que cette «extimité» n'annihile pas le besoin ni la construction d'intimité réelle par ailleurs, mais s'y superpose.

Autre risque: croire dur comme fer à cette popularité éphémère qui ne pourra jamais prétendre à être célébrité (pour cette dernière, il faut d'autres médias): «On peut être aussi rapidement déchu que l'on a été encensé», rappelle Nicole Catheline.

On peut être aussi rapidement déchu que l'on a été encensé.

La psychologue et psychanalyste Angélique Gozlan[4] parle, quant à elle, de la possibilité d'une «célébrité fugitive». Mais cette magnificence transitoire remplit peut-être, selon elle, des fonctions constructives, particulièrement chez l'adolescent: loué par un grand nombre grâce à certains de ses posts, celui qui est acclamé «héros du mur» en cet instant serait protégé de la dépression inhérente au moment adolescent. «Facebook participerait à la construction du Moi idéal», estime-t-elle. Et de tels bienfaits psychiques, à n'en point douter, intéressent désormais tout un chacun, pas seulement les *teens*.

LE REGARD DE :

Jean-François Amadieu, professeur à l'université Paris I-Panthéon-Sorbonne, conseiller scientifique au ministère du Travail

« Il faut comprendre qu'aujourd'hui, les plus jeunes, mais aussi beaucoup d'adultes, baignent totalement dans le monde d'images porté par leur Smartphone ou leur laptop. On considère qu'un jeune sur deux s'y connecte dès le réveil pour échanger des photos ou vidéos et, par conséquent, l'image que l'on donne à voir et que l'on a de soi devient prédominante, notamment chez les plus fragiles. La fascination du "paraître", qui, certes, a toujours existé, vit là en très peu de temps un immense changement d'échelle.

« Le versant noir de la popularité, c'est le harcèlement dont on entend aussi beaucoup parler. En fait, ce qui se passait dans la cour d'école a été amplifié par les outils technologiques. Là, le leader populaire

4. Angélique Gozlan, *L'Adolescent face à Facebook. Enjeux de la virtualescence*, Éditions In Press, 2016.

est celui qui regroupe une bande autour de lui, tandis que celui qui risque d'être harcelé est isolé. Autre conjoncture : le populaire a des qualités physiques évidentes. Des études ont d'ailleurs montré que de nombreux jeunes populaires à l'adolescence finissaient mal, car ils avaient une vie plus dissolue, travaillaient moins et devenaient addicts au regard d'autrui. Quant aux rejetés, dans la réalité, ils ont tendance à devenir obèses. On voit bien là que ce sont les deux extrêmes, "hyper-populaire" ou "hyper-rejeté", qui posent problème. »

Lorsque l'amour a manqué... il faut savoir s'en donner !

La manière dont nous avons été considérés – ou non – dans l'enfance est essentielle aux yeux des psychologues de divers horizons. Elle influencerait notre manière de nous attacher affectivement. Il est toutefois possible, notamment grâce à une psychothérapie, une pratique artistique ou certaines rencontres positives de se relever de ce mauvais coup du sort.

Vous êtes perfectionniste jusqu'à friser le burn-out, manquez d'affirmation de vous-même ou sabotez toutes vos histoires d'amour? Peut-être alors avez-vous souffert de carence affective ou d'attachement insécure dans votre enfance, ainsi que l'affirment la grande majorité des écoles de psychologie et psychothérapies proposant, pour comprendre un dysfonctionnement d'aujourd'hui, d'aller voir quel type d'éducation l'on a reçu.

« Ce n'est pas tant le manque d'amour réel qui fait souffrir la majorité des patients, explique le Dr Daniel Dufour, mais le fait de s'être *senti* non aimé. Lorsqu'un enfant ne reçoit pas le minimum d'affection dont il a envie – et qu'il désire toujours –, il va prendre une attitude de recul en se disant : "J'ai dû mal faire, c'est ma faute" et commencera ainsi à s'oublier, se dévaloriser ou se montrer agressif... devenant peu à peu incapable de s'aimer lui-même. »

> *Pour réparer le manque d'amour, il faut déjà oser en prendre conscience.*

Pour enrayer ce mécanisme autodestructeur, cet ancien chirurgien propose un travail de catharsis. Son public : les « abandonniques », à qui il a consacré un livre[1], des hommes et des femmes qui, s'étant sentis rejetés dans

1. Dr Daniel Dufour, *Le Tumulte amoureux. Les effets de la blessure d'abandon sur le couple*, Éditions de l'Homme, 2015.

l'enfance, craignent par-dessus tout d'être à nouveau mis de côté, notamment par leur partenaire lorsque celui ou celle-ci, pensent-ils, «les verra tels qu'ils sont vraiment». «Cadrées et accompagnées en pleine nature par des animateurs chevronnés, ces personnes qui ont réprimé leur colère pendant des décennies peuvent exprimer en toute liberté leurs ressentiments, frustrations, qu'elles se donnent enfin le droit de vivre pour elles-mêmes..., au lieu d'en faire le reproche aux autres», explique Daniel Dufour. Une libération émotionnelle qui, selon lui, «paraît simplissime mais reste extrêmement difficile», car – et il souligne l'ironie de la démarche – «alors que l'on vous apprend toute votre enfance à contenir votre colère, il vous faut désormais aller la chercher au fond de vous!»

Faire différemment, cela passera par se donner ce dont on a l'impression d'avoir manqué : de l'attention.

Les psychothérapeutes semblent en effet d'accord sur ce point: pour réparer le manque d'amour, il faut déjà oser en prendre conscience. Jacques Lecomte[2], docteur en psychologie, a consacré sa thèse au parcours de ceux qui, ayant vécu une enfance malheureuse, sont parvenus ensuite à «briser le cycle de la violence intergénérationnelle». Il observe que les atteintes psychologiques subies sont souvent plus complexes à admettre pour la victime ou son entourage que certaines maltraitances physiques, ce qui rend le processus de résilience plus difficile. «Car même s'il s'agit d'un parcours qui se fait au jour le jour, celui-ci ne peut vraiment démarrer que lorsque la personne, sortant du déni, admet avoir souffert et *décide* de faire *autrement* que ce qu'on lui a appris dans l'enfance», insiste-t-il.

Être attentif à ses besoins dans le moment présent est une clé essentielle pour ceux qui veulent retrouver l'amour d'eux-mêmes.

Faire différemment, cela passera par se donner ce dont on a l'impression d'avoir manqué: de l'attention. «On remarque facilement quand l'autre est exaspéré, fatigué... Pourquoi ne pas faire de même avec soi? propose Daniel Dufour. Être attentif à ses besoins dans le moment présent est une clé essentielle pour ceux qui veulent retrouver l'amour d'eux-mêmes.» Le recours à la création permet de manière indirecte de tisser encore plus fortement cette connexion à soi-même: parmi tant d'autres, des artistes comme Hervé Bazin, Marilyn Monroe ou Michel Houellebecq ont su, en développant leur

---

2. Jacques Lecomte, *Guérir de son enfance*, Odile Jacob, 2010.

aptitude à l'imaginaire, transcender l'impact d'un environnement difficile au début de leur vie.

On peut aussi passer par les autres, ceux que Jacques Lecomte appelle les «tuteurs de résilience»: «Ce sont tous ceux qui, d'une manière ou d'une autre, font penser à la personne qu'elle est aimée.» Des collègues qui s'enthousiasment pour son travail, un public qui rit à ses blagues, des pairs qui, un temps dans la dénégation d'eux-mêmes eux aussi, ont réussi à s'en sortir (c'est le principe des Alcooliques Anonymes, par exemple)…, autant de rencontres décisives dans la reconstruction de la personne. Sans omettre, cerise sur le gâteau, le conjoint. «On oublie parfois à quel point le couple est un lieu de résilience, observe Jacques Lecomte: celui qui trouve un confident, quelqu'un avec qui il peut s'exprimer naturellement et être écouté avec bienveillance, s'en sortira beaucoup mieux.»

Attention cependant à ce que la – ou les – source de résilience ne prenne pas toute la place et devienne le *la* de l'existence, l'objet d'un grand prosélytisme. C'est l'un des risques que relève Jacques Lecomte: «Vouloir imposer aux autres ce qui a été à un moment, pour soi, un mécanisme de survie, peut être une tentation… Mais en réalité, chaque parcours pour retrouver l'amour de soi, dans son rythme comme dans ses formes, est singulier.»

Faire méditer les enfants ? Oui, c'est possible

Jusque-là, on leur demandait d'être sages et de se tenir tranquilles. Désormais, on sait que les initier à la méditation et à la philosophie pourrait faire d'eux des personnes de qualité, empathiques et plus centrées. Après tout, nous leur laissons un monde d'hyperconnectés, alors livrons-leur aussi le mode d'emploi pour y vivre au mieux.

Sève. Comme la sève qui aide les arbres à s'élever. Tel est le nom de la fondation Savoir Être et Vivre Ensemble[1], qui fédère toutes les initiatives visant à promouvoir la pratique de l'attention chez les enfants. Conçue et impulsée par Martine Roussel-Adam et le philosophe Frédéric Lenoir, placée sous l'égide de la Fondation de France, elle permet notamment la formation d'adultes initiant les jeunes enfants, dans le cadre scolaire, à la méditation et à la philosophie. « Un renouvellement de l'éducation », annoncent ses créateurs.

Ce recours à la méditation auprès d'enfants souvent considérés comme de plus en plus agités et hyperactifs apparaît désormais comme le sésame qu'attendaient des parents et des enseignants déboussolés par cette génération « digitale ». On ne compte plus les manuels imitant le premier à avoir été reconnu par le grand public : *Calme et attentif comme une grenouille*[2], de la thérapeute néerlandaise Eline Snel. Les enfants sont invités à être « sereins », à avoir « un cœur tranquille et sage ». Des contes mais aussi des relaxations guidées deviennent des outils permettant de leur apprendre à « revenir à l'intérieur d'eux-mêmes ».

---

1. www.fondationseve.org
2. Eline Snel, *Calme et attentif comme une grenouille*, Les Arènes, 2017 (vendu à sa sortie à plus de 120 000 exemplaires).

Bien sûr, cela a tout d'un effet de mode et, comme le note le psychiatre Alain Braconnier, qui reçoit des enfants et des adolescents depuis plusieurs décennies, « chaque époque a sa mode venant colorer un intérêt légitime pour l'enfant ».

Il se trouve aussi qu'en matière de méditation, celle-ci, qui suscitait énormément de méfiance quand elle était transmise par des traditions spirituelles – des parents faisant méditer leurs enfants couraient le risque d'être dénoncés comme appartenant à une secte –, se retrouve aujourd'hui dotée de mille vertus, toutes prouvées scientifiquement. Sa pratique régulière permet donc (en vrac et dans un relevé non exhaustif…) : de compléter avantageusement les traitements anxiolytiques chez les ados, de diminuer les sentiments dépressifs chez les étudiants, d'améliorer la qualité de vie des personnes atteintes d'inflammation du côlon et de réduire l'isolement des seniors… Pourquoi, dès lors, ne pas l'enseigner dès le plus jeune âge ?

Méditer, c'est tout simplement être attentif.

Désormais, et notamment dans les pays anglo-saxons, la méditation est entrée dans les écoles, comme alternative aux traditionnelles « heures de retenue » pour les élèves les plus turbulents. À l'école primaire Robert W. Coleman de Baltimore, aux États-Unis, on enseigne à ces enfants la pratique de la méditation et les exercices de respiration, tout en les encourageant à parler à des comportementalistes.

En France, l'agrément accordé en 2013 à la pratique du yoga en classe a permis l'initiation des plus jeunes aux pratiques méditatives. Comme le rappelle Jacques de Coulon, philosophe qui, avec Micheline Flak et dès 1978, a conçu ces programmes, puis écrit *Le Manuel du yoga à l'école*[3], « méditer, c'est tout simplement être attentif et, pour Simone Weil, notamment, le but des écoles était justement de permettre le développement de l'attention ». Pour cet expert, il est possible de faire méditer un enfant en écoutant le chant des oiseaux lors d'une promenade ou en marchant de manière consciente, en lui apprenant juste à être conscient de son souffle et de son corps… « Attention, prévient-il, cela doit rester du plaisir. Si l'on force l'enfant à se tenir immobile ou à regarder un grain de riz pendant de longues séances, on court le risque d'ajouter une activité "de contrainte" à son agenda déjà très chargé ! »

Autre bémol, celui relevé par Alain Braconnier concernant des parents qui, rêvant eux-mêmes d'être moins stressés, font preuve

---

3. Jacques de Coulon et Micheline Flak, *Le Manuel du yoga à l'école. Des enfants qui réussissent*, Payot, 2016.

d'«adultomorphisme» en projetant leur propre besoin de calme sur leur progéniture. Le risque serait alors qu'ils essaient de convaincre les plus jeunes d'une pratique qui serait à prendre comme un procédé magique : «La capacité à s'intérioriser, à entrer à l'intérieur de soi pour contacter son imaginaire et rêvasser, tout enfant l'a naturellement ! Et lorsqu'il est anxieux et stressé, il a besoin de faire du sport, de jouer et surtout de se sentir accompagné», rappelle le psychiatre.

Pas de forçage donc, ni de séances trop longues, mais l'apprentissage d'une technique d'hygiène de vie très simple : savoir se reconnecter à son corps et à sa respiration pour apaiser son esprit. Telles sont les formes que peut prendre cette initiation des plus jeunes. En n'oubliant pas qu'avec les plus petits, l'imitation des postures d'animaux, amusante, est une source d'inspiration majeure.

LE REGARD DE :

Frédéric Lenoir, philosophe, historien et chercheur en sciences sociales

« Je me suis toujours demandé pourquoi on limitait l'enseignement de la philosophie au savoir conceptuel transmis en classe de terminale. Montaigne lui-même ne disait-il pas que l'on peut philosopher "dès la nourrice" ? Pour moi, cette transmission aux enfants, qui leur permet de développer une pensée personnelle et un sens du débat rationnel, est une réponse concrète et durable pour contrer l'endoctrinement des jeunes, que celui-ci soit religieux ou consumériste. Dès mes premiers ateliers, je me suis rendu compte des grandes difficultés de concentration qui se manifestaient. Si nous voulions que les enfants puissent s'exprimer et débattre ensemble au mieux durant nos ateliers, il fallait déjà leur apprendre à se calmer et à s'intérioriser. Aussi j'ai mis au point une petite pratique qui, précédant toutes les conversations philosophiques, rend celles-ci plus profondes. Il s'agit d'une pratique de la présence et de l'attention à leur corps, à leur respiration. Après seulement cinq minutes, et au bout de trois séances environ, tous les enfants, même ceux qui se montraient agités lors du premier atelier, se calment et sont prêts à s'exprimer librement sur des thèmes comme le bonheur ou l'amitié tout en écoutant les autres. C'est au-delà même de ce que j'imaginais ! Les enfants ont une soif de sens et la capacité à se connecter à eux-mêmes. Cela me donne beaucoup d'espoir. »

Après 60 ans, c'est l'heure de la liberté joyeuse

Loin des images d'une vieillesse « naufrage », elles sont nombreuses à vivre leurs années tardives comme une nouvelle libération. Rythme quotidien sans contraintes, capacité à affirmer ses désirs, à connaître son plaisir, à libérer son corps de certains diktats : oui, la femme sexagénère donne envie de vivre longtemps.

Elles semblent ne plus vouloir s'encombrer. Ni de relations pesantes, ni de contraintes professionnelles, ni de luttes contre elles-mêmes, ce qu'elles désirent ou ce qu'elles n'aiment pas. Elles? Les «post-60 ans», les «anciennes», les «femmes seniors»? L'inconfort qu'il y a désormais à leur trouver un «label» est signe de leur extrême nouveauté, ainsi que le note Perla Servan-Schreiber. «Tant de femmes sont actives, engagées, ont un charme fou, de la curiosité, une belle santé, même si leur vie privée n'est plus ce qu'elle était. Comment les nommer? Une vieille qui ne ressemble plus à une vieille, c'est qui? Ce qui n'est pas nommé n'existe pas[1]», écrit celle qui invoque cette «seconde libération» des femmes. Elle-même raconte comment elle l'expérimente depuis l'entrée dans la grande maturité et la vit de façon toujours délectable à 75 ans. Être vieille aujourd'hui? «On y est sans y être tout en y étant», confie-t-elle.

Une vieille qui ne ressemble plus à une vieille, c'est qui ? Ce qui n'est pas nommé n'existe pas.

Les douleurs du corps? Oui, bien sûr. L'image de soi qui change? Évidemment! Une résistance moindre? Forcément! Mais l'énergie du désir est toujours là, et la capacité à aimer encore mieux, à contem-

1. Perla Servan-Schreiber, *Les Promesses de l'âge. À 75 ans, ma nouvelle liberté*, Flammarion, 2018.

pler davantage, à choisir l'essentiel, s'est aiguisée. «S'alléger est jubilatoire», rappelle dans son livre cette passeuse de joie.

Ce n'est pas Jocelyne Vacher qui la contredira. Jeune retraitée (58 ans) de l'Éducation nationale, elle ne cesse de se réjouir de sa nouvelle liberté: «Mes journées, pendant plus de vingt-huit ans, ont été extrêmement cadrées: démarrage à 8 h 20, déjeuner à 11 h 30, etc., explique-t-elle. Aujourd'hui, je peux passer deux heures au café à parler avec une copine, m'engouffrer dans un cinéma quand je veux et, surtout, voyager, voyager...» Jocelyne, rentrée de quatre mois au Sénégal le printemps dernier, a déjà prévu cinq semaines au Vietnam et en Thaïlande avant l'année nouvelle. «Question budget, ces voyages sont ma priorité. Je préfère consommer moins et acheter du recyclé, faire des petits boulots comme surveiller des examens ou donner des cours pour m'offrir de grandes escapades ailleurs!»

L'activité, souvent contraignante par le passé, est devenue synonyme de plaisir.

Dans ce cas comme dans beaucoup d'autres, l'activité, souvent contraignante par le passé, est devenue synonyme de plaisir. «Faire ce que l'on aime, aimer ce que l'on fait» est la devise de ces femmes vieillissantes, qui ne prônent guère la paresse, sauf lorsqu'elles la choisissent en toute conscience.

«Elles ne jouent pas à Candy Crush® sur un canapé!», se réjouit Marie-Hélène Cossé, ex-cadre d'une société internationale et fondatrice avec quatre associées (dont trois ont plus de 60 ans) du site Midetplus[2], qui porte «un regard positif et créatif sur le monde au féminin». Avec pour ligne éditoriale «les femmes qui ont osé» et, en effet, le site présente chaque semaine des portraits de celles qui ont opéré des changements à 360 degrés pour donner un sens à leur vie. «J'avais remarqué qu'il y avait deux grandes catégories de femmes de plus de 60 ans, explique Marie-Hélène Cossé: celles qui n'avaient pas encore fait le "chemin" et réglé leurs problèmes et celles qui les avaient résolus au point d'en trouver une nouvelle beauté intérieure et une énergie renouvelée.» Pour cette mère de quatre enfants dont deux filles, le plus grand travail incombant aux femmes est de couper avec les loyautés familiales qui les lient pieds et poings: «Il faut accompagner ses enfants, ses parents, certes, mais sans se sacrifier, estime-t-elle. Ce n'est d'ailleurs pas ce qu'ils nous demandent.»

2. http://midetplus.fr

Autre grande source de liberté : les diktats de l'image jeuniste véhiculée par les médias avec leur idéologie « anti-âge » exercent sur elles moins de pression. « 60 ans est une étape de vie souvent joyeuse pour les femmes, observe Perla Servan-Schreiber. Elles veulent en profiter. 45 % des femmes âgées de 55 à 65 ans avouent vivre un décalage entre leur apparence physique et leur état d'esprit. » Alors pourquoi, au lieu de partir en guerre contre son âge, ne pas en profiter ? « La vieillesse mérite un nouvel imaginaire qui corresponde au minimum à cette nouvelle réalité », estime l'auteure.

Alors pourquoi, au lieu de partir en guerre contre son âge, ne pas en profiter ?

Au lieu de se battre contre les rides, par exemple, s'exercer à la souplesse « intérieure ». « Un vrai travail que celui-ci, s'occuper vraiment de soi, estime Marie-Hélène Cossé. Mon corps m'invite désormais avec insistance à bouger, pratiquer le yoga, marcher... » Avec, en prime, le plaisir de se sentir encore si vivante.

Le burn-out ne survient pas seulement du travail

Parce qu'on le définit comme le « syndrome d'épuisement professionnel », son autre nom, le burn-out n'est supposé arriver que chez ceux qui travaillent trop. En réalité, la fatigue émotionnelle, la difficulté à se relier et à renoncer à une certaine image de soi sont au cœur de cet effondrement, tant psychique que physique.

« Cela faisait deux mois que mon médecin, me parlant de burn-out, me suggérait de m'arrêter, se rappelle Dominique, 49 ans, une *sales manager* pour le marché européen. Mais je n'arrivais pas à déléguer pour me faire remplacer. C'est le jour où, tétanisée par l'angoisse et la fatigue, je n'ai plus pu sortir de chez moi que j'ai compris qu'il y avait vraiment péril en la demeure. »

> *Ce syndrome dit d'« épuisement professionnel » est déjà à l'œuvre depuis six à huit ans lorsqu'il se déclare chez ses victimes.*

Avec le recul, cette cadre revoit l'enchaînement des événements des deux dernières années ayant fait le lit de son épuisement : la prise en charge de ses parents très malades et âgés, leurs décès successifs, le déménagement de la boutique de son mari, les mauvais résultats dans son groupe, générant une plus grande pression exercée par ses employeurs… « La goutte d'eau est venue en pleine audioconférence avec notre grand patron étranger, se souvient-elle… Je l'entendais nous aboyer dessus quand soudain je me suis levée, en larmes, et j'ai crié : "Je ne supporte plus qu'on me parle comme ça, ça suffit !", avant de retomber sur ma chaise, vidée de toute énergie. Comme si, depuis deux ans, j'avais été mangée à petit feu et qu'il ne restait plus rien à l'intérieur de moi. »

Deux ans semblent finalement assez peu au Dr François Baumann, fondateur de la Société de formation thérapeutique du généraliste

(SFTG). Pour cet expert du burn-out, ce syndrome dit d'«épuisement professionnel» est déjà à l'œuvre depuis six à huit ans lorsqu'il se déclare chez ses victimes, souvent elles-mêmes surprises de ce qui leur arrive. Ce temps d'incubation s'explique justement par la personnalité particulièrement investie, perfectionniste, engagée, responsable… de ceux qui en sont atteints: ils sont dans un tel déni de leur fatigue et de la nécessité de «lâcher» qu'ils sont incapables de détecter les signes avant-coureurs de leur effondrement.

C'est donc le plus souvent derrière une plainte de «gros coup de fatigue» que le médecin doit être capable de déceler une maladie rendue plus complexe par toutes les dimensions qu'elle attaque: physique, émotionnelle et psychique. Pour le Dr François Baumann, un signe, notamment, la rend plus facile à reconnaître: «La fatigue n'est pas soulagée par l'arrêt de travail court, car la personne souffre en réalité d'une maladie de la relation à son travail et aux autres. On repère donc le burn-out aussi à l'épuisement émotionnel, au cynisme relationnel et au sentiment d'échec qu'il alimente.»

On repère donc le burn-out aussi à l'épuisement émotionnel, au cynisme relationnel et au sentiment d'échec qu'il alimente.

Le cynisme relationnel, c'est celui, par exemple, de l'interne en médecine épuisé qui ne parle plus aux malades que comme à des objets: «Vous, le cancer de la prostate, vous pouvez regagner votre chambre…»; celui de cette collègue irascible depuis des mois qui passe son temps à dire du mal des autres ou n'est plus capable d'empathie. Quant au «sentiment d'échec», il s'agit bien sûr, pour la victime d'un burn-out, de le tenir à distance le plus longtemps possible et de le cacher aux autres derrière une façade de «battant».

Ainsi, Dominique raconte comment, durant les premières semaines de repos chez elle prescrites par son médecin, elle ne pouvait s'empêcher de se faire envoyer des rapports à lire, d'adresser des e-mails à ses collègues pour tout savoir du service… «Je me sentais indispensable, je n'avais pas le droit de me montrer faible», explique-t-elle. Jusqu'au jour où elle a même eu du mal à supporter les bruits de la rue et a senti l'ampleur de son épuisement. «Là, j'ai compris que je devais vraiment "lâcher". J'ai cumulé, avec les vacances, trois mois d'éloignement du bureau et organisé un réel repos à la maison: délégation des courses à mon mari, arrêt du soutien que j'accordais depuis toujours à mes amies, etc.»

Pour le Dr François Baumann, le traitement de ces troubles complexes ne saurait cependant être seulement comportemental. «C'est là le propre de ces "maladies" sociétales nouvelles – comme le harcèlement moral ou le bore-out – qui, en se développant, montrent de manière de plus en plus patente les interactions du physique et du psychique sur le travail. Celles-ci imposent aux victimes de se poser des questions essentielles : pourquoi cette place du travail dans ma vie ? Qu'est-ce que je cherche vraiment à prouver[1] ? »

> *Pourquoi cette place du travail dans ma vie ? Qu'est-ce que je cherche vraiment à prouver ?*

Autre versant du programme de rétablissement : apprendre à connaître d'autres sources de plaisir dans la vie que l'activité tous azimuts et à multiplier les occasions d'en profiter. Car, comme pour la dépression, celui qui a été « brûlé » une fois, et même s'il ne peut l'admettre, reste fragile.

1. Dr François Baumann, *L'Après burn-out. Comment éviter les pièges de la rechute ?*, Josette Lyon, 2015.

Le « tout va toujours très bien », une belle défense !

On pourrait croire que la grâce les a nimbés de sa douce présence depuis toujours : jamais une ombre au tableau, jamais une parole négative, certains semblent vraiment être des adeptes de la satisfaction permanente. Mais est-ce possible de ne jamais ressentir aucun mal-être, de n'avoir aucune déconvenue ? On en doute, forcément...

Jeanne est une jeune femme formidable : toujours souriante, positive, enthousiaste. Tellement enjouée, *toujours*, qu'un étrange sentiment peut vous prendre à son contact : est-ce possible que tout aille si bien pour elle, ainsi, *tout le temps* ? Même ses plus familiers s'en étonnent : elle semble ne s'inquiéter de rien, être incapable de percevoir le moindre mal autour d'elle ou dans le monde. Une grâce ?

Les relations avec eux manquent cruellement de naturel et de créativité. On sent que quelque chose *ne va pas.*

Pas si sûr. Par conséquent, devant tant de bien-être affiché, on hésite à lui confier ses petits problèmes, à chercher une consolation auprès d'elle. Et les relations avec Jeanne s'appauvrissent, deviennent moins vivantes. Pour le psychanalyste Jean-Michel Fourcade[1], directeur de la Nouvelle Faculté Libre, qui forme à la psychanalyse intégrative, Jeanne pourrait bien faire partie des sujets « comme si... » (*as if*) décrits dans les années 1940 par la psychanalyste Helen Deutsch : « Compétents et sains du point de vue cognitif et comportemental, ils semblent normaux et comprennent les problèmes d'un point de vue intellectuel, explique le psychanalyste, mais les relations avec eux manquent cruellement de naturel et de créativité. On sent que *quelque chose* ne va pas. »

---

1. Jean-Michel Fourcade, *Les Personnalités limites. Hypersensibles, à fleur de peau, écorchés vifs... Tous borderline ?*, Eyrolles, 2016.

On connaît la chanson : « Tout va très bien, Madame la Marquise, tout va très bien… » Pourrait-on donc, appliqué à l'individu, décrypter ainsi ce syndrome du « tout va très bien » et se demander d'où il vient, à quoi il sert, mais aussi quels sont ses risques réels ?

La fixité des comportements dans un extrême (voir tout en rose/tout en noir) est le signe d'une attitude défensive adoptée inconsciemment par la personne pour son effet protecteur.

Pour le Pr Serban Ionescu[2], psychiatre et psychologue, la fixité des comportements dans un extrême (voir tout en rose/tout en noir) est le signe d'une attitude défensive adoptée inconsciemment par la personne pour son effet protecteur. « Afin de rétablir son bon fonctionnement et son équilibre psychique, la personne remanie la réalité, à la fois autour d'elle et en elle, explique le psychiatre. Elle peut aller jusqu'à déformer un diagnostic médical qu'on vient de lui donner, par exemple, et avoir des hallucinations auditives lui faisant confondre un terme avec un autre tout simplement parce qu'elle ne *peut* l'entendre. »

Mais pourquoi est-ce systématique chez certaines personnes ? Qu'est-ce qui fait le lit d'un tel déni ? Le psychanalyste Donald Winnicott mentionnerait ici la fragilité des personnes affublées d'un « faux-self » : « Très performants, très adaptés, ces sujets sont en réalité en souffrance, explique Jean-Michel Fourcade, mais ils donnent le change. » Ce mécanisme, aux origines très archaïques, viendrait du type de relations nouées par le bébé avec les adultes le maternant. « Recevant des réactions maternelles inadaptées à ses demandes, l'enfant a senti que l'on attendait de lui certains comportements, indique le psychanalyste. Il s'est donc conformé à ces attentes pour montrer à sa mère qu'elle était une bonne mère, mais ne les habitait pas. Très tôt ce sujet a donc décidé que, quoi qu'il arrive, "tout va bien". »

Ce mécanisme, aux origines très archaïques, viendrait du type de relations nouées par le bébé avec les adultes le maternant.

Rien à voir dans ces cas avec l'optimisme positif, qui n'est pas un mécanisme de défense et dont on sait qu'il aide réellement à guérir. C'est alors un type de « surévaluation positive » grâce auquel la personne se montre capable de transformer l'épreuve en opportunité de croissance. « C'est le cas chez ces malades cardiaques, par exemple, qui vous disent : "Cet infarctus a changé ma vie, m'a donné

2. Pr Serban Ionescu (dir.), *Résiliences. Ressemblances dans la diversité*, Odile Jacob, 2016.

des raisons de vivre", observe Serban Ionescu. Le danger peut, en revanche, venir d'un "suroptimisme" frisant l'illusion de toute-puissance, celle qui a pu, par exemple, amener certains séropositifs, au début de l'épidémie de Sida, à ne pas suivre les traitements ou à ne pas avoir une sexualité protégée. »

Les plus touchés par ce syndrome du « tout va très bien » peuvent aussi être les personnes les plus puissantes et entreprenantes que nous rencontrons. « De vrais bulldozers, résume Jean-Michel Fourcade. Et pour cause : ils investissent toute leur énergie dans une image idéale d'eux-mêmes, justement parce que, incapables d'ambivalence, ils n'ont pu franchir à l'aube de leur vie l'étape de construction d'une bonne estime de soi et dissimulent leur grande blessure narcissique sous un sursaut d'activité, ce que favorise l'idéologie dominante. »

Comme exemple de ce « narcissisme pathologique », le psychanalyste mentionne le héros joué par Vincent Cassel dans le film *Mon roi* de Maiwenn : séducteur, attirant vers lui une jeune femme affaiblie à laquelle il s'unit pour nourrir son seul ego… jusqu'au jour où ce faire-valoir se rebelle et, ne lui servant plus à rien, est abandonné. Comme l'analyse Serban Ionescu, « l'étrange indifférence à la souffrance – la sienne ou celle des autres – est toujours le signe d'un trouble profond. »

Notre besoin d'empathie est insatiable

Avons-nous perdu la capacité à ressentir ce qu'éprouve l'autre ? Sommes-nous trop égocentriques ? En tout cas, les études sur l'altruisme et les appels à l'empathie n'ont jamais été aussi nombreux. C'est l'« émotion dont on parle », signe qu'elle a sans doute besoin d'être revitalisée dans un monde en crise et de plus en plus techno-centré.

C'est elle qui vous fait dire « Aïe ! » quand votre enfant se coince les doigts dans la porte ; c'est aussi elle qui vous fait pleurer à chaudes larmes au cinéma quand le héros se réconcilie (enfin !) avec son père. Elle, c'est l'empathie. L'aptitude à ressentir ce que ressent un autre. « L'outil le plus puissant dont nous disposions pour entrer en relation avec autrui, le ciment des relations humaines », selon le grand psychiatre américain Irvin Yalom. Une émotion que l'on pouvait croire spécifiquement humaine avant que le biologiste Frans de Waal, dans un remarquable essai[1], ne nous confirme qu'elle est caractéristique de tous les mammifères, même des loups, à savoir tous ceux qui ont un instinct profondément grégaire.

> *De la compassion à l'empathie, il n'y a qu'un pas.*

Depuis quelques années, l'empathie est scrutée, étudiée de tous côtés : conférences très remarquées de Frans de Waal, journées spéciales réunissant philosophes, neurologues ou pédopsychiatres, livres de psychanalystes sur ce thème… Enfin, *last but not least*, création à l'université de Stanford, et sur l'impulsion du dalaï-lama,

1. Frans de Waal, *L'Âge de l'empathie. Leçons de la nature pour une société solidaire*, Actes Sud, 2011.

d'un grand Institut de recherche et d'éducation sur la compassion et l'altruisme, dans les murs duquel le chef spirituel a parlé de « la place centrale de la compassion dans la vie humaine et dans la société ».

Et de la compassion à l'empathie, il n'y a qu'un pas. La première a une connotation plus spirituelle, la seconde plus psychologique, mais elles ne désignent qu'une seule et même aptitude : savoir partager les émotions de l'autre. Pour Jean-Pierre Barou et Sylvie Crossman, auteurs d'une enquête affûtée sur la conscience[2], l'influence du dalaï-lama est déterminante : « C'est lui qui nous a reparlé en 1987 du devoir de compassion, pas seulement avec les autres hommes, mais avec l'ensemble du vivant, plantes, animaux… et il l'a fait en dialoguant avec des spécialistes des neurosciences comme Francisco Varela. » Oui, mais pourquoi maintenant ? « Jamais la question de la survie de notre espèce ne s'est autant posée à nous », affirme Sylvie Crossman. Et la compassion est précisément ce qui permet à l'homme de ne pas rester « un loup pour l'homme » et de pouvoir développer des liens de solidarité.

Jamais la question de la survie de notre espèce ne s'est autant posée à nous.

Paradoxalement, donc, c'est grâce au bouddhisme que l'empathie a quitté ses domaines réservés jusque-là – psychologie, sciences humaines et religion – pour devenir un objet d'étude scientifique, observable notamment grâce à la neuro-imagerie cérébrale. « Dans le bouddhisme, explique Jean-Pierre Barou, elle a toujours été considérée comme un état mental qui se travaille et qui dissout les émotions perturbatrices (haine, jalousie, concupiscence…). Grâce aux clichés scientifiques, nous avons désormais la preuve que celui qui active son empathie déclenche la zone cérébrale préfrontale, siège des émotions positives. » Mieux : il est possible d'activer cette zone grâce à des exercices d'imagination.

La compassion est précisément ce qui permet à l'homme de ne pas rester « un loup pour l'homme » et de pouvoir développer des liens de solidarité.

Une observation scientifique qui ne fait que confirmer les pouvoirs de l'empathie dans la relation thérapeutique (entre patient et soignant) ou dans les processus de guérison.

---

2. Jean-Pierre Barou et Sylvie Crossman, *Tibet. Une histoire de la conscience*, Seuil, 2010.

Comment l'intensifier quand elle est faible ? Pour les bouddhistes, méditation, contemplation et visualisation (au sens d'imagination de situations déclenchantes) en sont les principaux activateurs. Pour les grands psychothérapeutes, comme Irvin Yalom, elle peut renaître d'une thérapie réussie, ainsi qu'il l'explique dans son dernier livre, *Le Jardin d'Épicure*[3] : « Non seulement vous devez apprendre à connaître l'univers du patient, mais vous devez aussi aider les patients à développer leur propre empathie envers les autres. » Enfin, pour le pédopsychiatre Serge Tisseron, elle doit être stimulée au plus tôt. Dès les cours de récréation des maternelles. Suite à un programme de recherche mené de 2007 à 2010[4], il a mis au point une formation de trois jours destinée aux enseignants pour leur apprendre le « jeu des trois figures », qu'ils transmettront ensuite dans leurs classes. Le but ? Aider les enfants à s'identifier à des rôles très différents, à ne plus se limiter aux traditionnelles postures du « bourreau » ou de la « victime » dans leurs jeux de cour, à oser éprouver des gammes d'émotions diverses. Autant de voies pour faire grandir en chacun cette émotion à mi-chemin entre le naturel et le culturel, le corps et l'esprit, et sans laquelle le monde serait encore plus dur qu'il ne l'est.

Grâce aux clichés scientifiques, nous avons désormais la preuve que celui qui active son empathie déclenche la zone cérébrale préfrontale, siège des émotions positives.

Non seulement vous devez apprendre à connaître l'univers du patient, mais vous devez aussi aider les patients à développer leur propre empathie envers les autres.

LE REGARD DE :

Serge Tisseron, psychanalyste et pédopsychiatre

« Auparavant, la capacité à éprouver de l'empathie était entravée par une éducation trop autoritaire. Chez l'adulte, c'étaient ensuite les systèmes totalitaires, l'endoctrinement à une pensée unique, qui altéraient cette aptitude humaine à se mettre à la place de l'autre. Mais aujourd'hui, c'est l'usage d'Internet ou la télévision

3. Irvin Yalom, *Le Jardin d'Épicure*, Le Livre de Poche, 2015.
4. Voir *Recherche-action menée en partenariat avec l'enseignement public, l'enseignement privé et la Fondation de France, sur l'année scolaire 2007-2008, à Gonesse, Argenteuil et Paris*. Pour plus de précisions sur cette recherche, consulter http://www.squiggle.be/tisseron

qui, selon moi, représentent les vrais dangers. Pour s'éprouver et se développer, l'empathie a besoin d'un climat de sécurité. Or, prenez Internet : tout ce que vous y trouvez est indécidable : qu'est-ce qui est authentique sur la Toile ? Qui est celui qui parle ? Quelles informations sont vraies ? Bien sûr, c'est l'usager qui tranche, mais cela ne se fait pas sans anxiété. L'empathie est la porte d'entrée qui me permet de ressentir ce que l'autre ressent, mais elle me permet aussi de laisser s'exprimer mes propres émotions et ma vulnérabilité auprès de mon interlocuteur. Sinon elle se réduit à une sorte de pitié unilatérale. Elle ne se limite pas non plus au partage de la souffrance, elle n'est pas *que* compassionnelle. Grâce à l'empathie, je peux aussi me réjouir avec l'autre, partager les bonheurs de la vie. »

Finissons-en avec la mère parfaite !

N'être que tendresse, trouver le bon mot au bon moment, assumer les tâches du quotidien tout en veillant à l'épanouissement de leur enfant… Qu'il est chargé, le planning de ces mères – souvent jeunes – qui se veulent irréprochables ! Attention, cependant… on pourrait bien, un jour, le leur reprocher.

« Mamaaaaan ! Mais pourquoi tu passes autant de temps aux toilettes ?!

– Parce que c'est le seul endroit où j'ai la paix ! »

C'est à coups de telles saynètes, inspirées de son quotidien avec quatre enfants, qu'Olivia Moore[5], « humoriste de famille » depuis 2006, dégomme l'image sainte d'une mère toute patience et douceur, entièrement dévouée à l'éducation de sa progéniture.

Olivia Moore n'est pas la seule à se gausser avec succès d'un tel modèle. Dans la galaxie des sites et blogs dits « familiaux » – c'est-à-dire spécialisés pour pères seuls, familles recomposées, couples en parcours de PMA, parents de jumeaux, etc. –, les « maternels » à visée humoristique et caustique comme *Serial Mother*[6], par exemple, se multiplient.

Ce phénomène d'autodérision maternelle n'est pas limité à l'Hexagone. Au Québec, le site *La Parfaite Maman cinglante*[7], créé en 2016 et animé par Maude Michaud, 34 ans, et ses 140 collaboratrices, est « liké » par plus de 100 000 personnes. But affiché : « déconstruire l'image de la mère parfaite ». Toujours à l'affût des préoccupations de leur lectorat, ses blogueuses « rapportent tout

---

5. Olivia Moore, *Sois mère et tais-toi !*, Tut-Tut, 2017.
6. https://www.facebook.com/blog.maman/
7. https://www.facebook.com/laparfaitemamancinglante/

haut ce que plusieurs mamans pensent tout bas». Dans une hilarante vidéo, Maude Michaud s'attaque notamment à la fameuse «charge mentale», cette propension à être envahie de *to-do lists* et autres contraintes du quotidien, qui pèse lourd sur les mères et serait l'une des origines du «burn-out maternel».

Le problème que nous avons, c'est cette obligation sous-jacente à la maternité : tout doit y être beau.

Caroline Teboul, 29 ans et maman d'une petite de 3 ans, avoue se connecter sur ces sites de temps en temps pour «décompresser et déculpabiliser». Déculpabiliser? Mais de quoi? «De ne pas toujours parvenir à faire au mieux, à tout concilier entre mon travail, ma petite, la maison et mon mari», confie la trentenaire. Elle peut aussi y constater que d'autres mères sont, comme elle, traversées par des pensées négatives.

«Par exemple, j'ai détesté l'état de grossesse, précise-t-elle. Mais le sujet est totalement tabou. Impossible de confier cela à mes copines, qui vantaient avec exaltation leur état lorsqu'elles étaient enceintes, encore moins aux femmes de ma famille, qui n'auraient pas compris et même se seraient inquiétées de mes états d'âme.» Alors Caroline s'est régalée du sketch de Florence Foresti sur YouTube («La Grossesse[8]»), sans doute l'un des plus partagés de la blogosphère maternelle.

Ces espaces ont une réelle utilité : ils permettent aux mères débordées de s'identifier, de s'exprimer, d'échanger des «trucs» et de ne plus se sentir isolées avec leurs pensées dépressives. «Le problème que nous avons, c'est cette obligation sous-jacente à la maternité : tout doit y être beau, analyse Maude Michaud, elle-même en charge d'une tribu recomposée de trois enfants âgés de 6 et 9 ans. Les mères sont censées n'éprouver que des émotions positives.»

Sur Facebook, on ne voit que les photos d'anniversaires réussis pour enfants radieux.

Et, paradoxalement, ce sont ces fameux réseaux sociaux, ceux-là mêmes qui aident aujourd'hui à «crever l'abcès de colère, fatigue et ressentiment» que les mères nourrissent, qui seraient les principaux responsables d'un nouveau culte idéal de la maternité : «Sur Facebook, on ne voit que les photos d'anniversaires réussis pour enfants radieux, les activités joyeuses du week-end ou les vacances parfaitement orchestrées, observe Maude Michaud. Les mères se disent alors : "Il n'y a que moi qui ressente tant de difficultés dans le quotidien. Je ne suis pas comme les autres…"» Ne

8. https://www.youtube.com/watch?v=PR28quLRwEI

trouvent-elles pas de réponses apaisantes auprès de leur propre mère? «La mienne me dit qu'à son époque, elle et ses amies se posaient moins de questions!»

Dans la génération actuelle, les pressions sur l'alimentation parfaite à concocter en rentrant le soir, le dossier pro à terminer quand l'enfant est enfin couché ou le rendez-vous chez l'ORL à honorer sont toujours aussi fortes. «Heureusement, j'ai un supermari, qui m'aide notamment pour le ménage, et un employeur compréhensif, se félicite Caroline Teboul. Mais quand je parle avec mes amies mères, toute occasion de rappeler "moi, j'arrive à tout concilier" s'impose.» Face à ces supermères, un nouveau modèle pourrait donc émerger: celui, nourri de la philosophie des blogs humoristiques, d'une «mère dilettante», qui découche si elle le veut, part en vacances avec ses copines en confiant ses enfants à leur père, ne cuisine jamais… Caroline n'est pas dupe: «Le curseur se déplace, mais c'est tout, estime-t-elle. Ce n'est qu'un nouveau modèle de mère *in* qui s'impose et qui, du coup, stigmatise celles qui font autrement.»

> *Quand je parle avec mes amies mères, toute occasion de rappeler "moi, j'arrive à tout concilier" s'impose.*

LE REGARD DE :

Etty Buzyn, psychologue-psychanalyste formée par Françoise Dolto

«La première "charge" que vivent les femmes, c'est celle de porter leurs enfants pendant leur grossesse – enfin, en tout cas jusqu'à présent –, auquel cas je leur dis: "Profitez-en!"

«Leur responsabilisation commence dans cette fusion originaire et les pères, même très présents, même formés à l'haptonomie par exemple, en sont nécessairement exclus. Dans la plupart des cas, les mères se sentent dépositaires des soins à l'enfant. Mais il n'y a pas que cela dont elles s'occupent, il y a tout le reste...

«Beaucoup trop d'entre elles se plaignent de ne plus vivre que la part contraignante du rôle maternel! Mais pour s'en libérer, il faudrait qu'elles renoncent à vouloir tout gérer et se mettent à déléguer... Et cela au point d'accepter de n'être plus qu'une mère imparfaite. C'est cela, l'idéal, une mère qui ne sait ni ne peut tout. Elle aiderait ainsi son enfant à trouver peu à peu ses propres réponses et lui permettrait d'accéder à une autonomie progressive au fur et à mesure qu'il grandit.»

Les introvertis ont droit à une belle revanche

Pour construire notre hypermodernité, il fallait des personnalités tout en extériorité, avec du bagout et capables prises de décisions rapides. C'était oublier le talent de ceux qui, avec leur tempérament autre, préfèrent s'intérioriser et ralentir avant d'agir. Désormais, ce sont eux qui ont la cote. Dans un monde où il faut sans cesse communiquer et jouer des coudes, eux préfèrent le repli... Et si, finalement, ils en imposaient davantage ?

Eux qui aiment d'abord la discrétion et le calme, les voici sous les *sunlights*. Eux? Tous ceux – et vous vous reconnaîtrez peut-être – qui préfèrent les conversations à deux aux activités de groupe, la solitude aux mondanités; ceux que l'on qualifie souvent de « doux et sereins » et qui, s'ils se concentrent facilement, n'aiment toutefois pas accomplir plusieurs tâches en même temps...

Épiméthée, l'extraverti, c'est « celui qui agit et pense après », tandis que Prométhée, l'introverti, est « celui qui pense avant d'agir ».

Depuis 2012, ces personnalités plutôt en retrait, mais pas nécessairement timides, les introvertis, ont trouvé une Jeanne d'Arc charismatique bien décidée à défendre leur sensibilité: l'avocate Susan Cain – elle-même introvertie –, dont la conférence TED Talks[1] a été visionnée par près de 6 millions de personnes et dont le livre best-seller[2] a été traduit en France. Blogs et études de psychologues et de chercheurs s'intéressant à ces introvertis se multiplient depuis...

1. https://www.ted.com/talks/susan_cain_the_power_of_introverts?language=fr
2. Susan Cain, *La Force des discrets. Le pouvoir des introvertis dans un monde trop bavard*, JC Lattès, 2014.

Ces caractères dits « introvertis » ont pourtant été identifiés dès 1923 par le psychologue Carl G. Jung, qui cherchait alors à se démarquer des travaux de Freud en décrivant la manière dont l'énergie vitale, la libido, se déploie chez différents types de personnalités. Il en définit alors seize, combinaisons complexes de tendances cognitives et comportementales, mais qui s'appuient toujours sur l'une des deux manières d'aborder le monde : l'extraversion ou l'introversion.

Dans l'un de ses écrits, Jung résume ces deux positions en se servant de héros mythologiques : Épiméthée, l'extraverti, c'est « celui qui agit et pense après », tandis que Prométhée, l'introverti, est « celui qui pense avant d'agir ».

Parmi les « Prométhée modernes » : le président Obama, chez qui on a noté le réflexe de s'intérioriser avant de répondre aux questions ; les acteurs Isabelle Huppert et Daniel Auteuil, qui semblent habités par les émotions bien plus qu'ils ne les expriment... La psychothérapeute Laurie Hawkes l'affirme : « La marque de telles personnalités, c'est qu'elles s'intéressent en priorité à l'intériorité – la leur et celle des autres – et, surtout, elles se ressourcent dans la solitude, alors que les extravertis retirent davantage d'énergie quand ils font de grandes fêtes[3]. »

Alors que Jung n'avait pas donné de « hiérarchie » entre extravertis et introvertis, ces derniers se sont trouvés bien malmenés depuis les années 1920, explique Susan Cain, et surtout aux États-Unis et dans nos sociétés occidentales. Pour construire la modernité, innover, lancer le commerce, il fallait des nations de « bons vendeurs », « des gars dont on dit qu'ils sont vachement sympas » avec force sourires et paroles prolixes. S'est donc imposé ce que l'écrivain appelle l'« idéal extraverti ».

Elles s'intéressent en priorité à l'intériorité – la leur et celle des autres – et, surtout, elles se ressourcent dans la solitude.

Laurie Hawkes observe que les psychologues se sont ensuite essentiellement intéressés à l'extériorisation des émotions ou à l'affirmation de soi : « La Gestalt-thérapie, le *rebirth* ou le développement personnel n'ont eu de cesse d'inciter chacun à s'extérioriser, mieux communiquer, développer son aura sociale... au point que les introvertis, tous ceux qui préfèrent se taire dans une réunion ou travailler dans la solitude, ont eu de plus en plus honte de ce qu'ils étaient au fond d'eux-mêmes et se demandaient s'ils n'étaient pas en quelque sorte "malades". »

3. Laurie Hawkes, *La Force des introvertis. De l'avantage d'être sage dans un monde survolté*, Eyrolles, 2016.

Différentes études ont montré que les extravertis, s'ils aiment les défis, prennent aussi plus de risques et ont davantage d'accidents ; extrêmement adaptés à leur environnement, ils sont aussi plus influençables et changent plus souvent d'avis. Les introvertis, eux, s'ils respectent ce qu'ils sont en profondeur, peuvent faire de leur calme intérieur une capacité de résistance dans un monde de plus en plus agité. Et justement, différentes écoles, mais aussi de grandes entreprises comme Google, prévoient d'intégrer désormais, après des années de « culture de l'extraversion » et du travail en groupe, des espaces favorisant aussi la réflexion solitaire des élèves et des employés…

Les introvertis, s'ils respectent ce qu'ils sont en profondeur, peuvent faire de leur calme intérieur une capacité de résistance dans un monde de plus en plus agité.

Car, en réalité, chacun d'entre nous doit trouver un équilibre entre ces deux pôles, Prométhée et Épiméthée qui, comme le rappelait le psychanalyste jungien Claude Bourreille, « ne sont deux qu'en apparence… Ce qu'ils représentent, c'est le drame intime, le conflit qui se joue à l'intérieur d'un même individu entre ses deux tendances opposées[4] ». Il s'agira donc probablement de parvenir à être *ambivert* : les extravertis auront besoin d'apprendre à s'intérioriser davantage (et la vogue actuelle de la méditation est bien un appel à faire vivre l'introverti en soi). Quant aux introvertis, leur boulot semble désormais, une fois qu'ils ont accepté leur nature, d'exposer au monde les pensées, la sensibilité qu'ils savent si bien cultiver dans leur for intérieur. Susan Cain leur a ouvert le chemin.

4. Claude Bourreille, *Types psychologiques et processus d'individuation*, Le Martin-pêcheur, 2015.

Les squatteurs psychiques, ça existe !

Mine de rien, ils nous fragilisent. À force de nous demander soutien, compréhension et parfois même une aide financière, ils dépassent certaines limites. Le pire, c'est qu'ils sont dans la plainte et rejettent les solutions qu'on leur propose… Que veulent donc nous dire ces personnes dépendantes par lesquelles nous nous laissons vampiriser ?

C'est un peu l'arbre qui a caché la forêt. Depuis les découvertes de la psychanalyste Marie-France Hirigoyen sur le harcèlement moral – il y a vingt ans déjà –, les « pervers narcissiques » et autres prédateurs manipulateurs ont été largement décryptés, et les ouvrages les concernant se sont multipliés. Tant et si bien que l'on s'est mis à en dénicher partout.

C'était alors courir le risque de passer à côté d'autres types de personnalités désagréables, des « boulets » relationnels jusque-là moqués au cinéma, dans des comédies légères, mais qui, par un travail d'usure de ceux qui tentent notamment de les aider, s'avèrent en réalité très nocives. Au point que certains n'hésitent pas à parler de « vampires psychiques ».

« On est tous concernés, on a tous dans son entourage plus ou moins proche une de ces personnalités instables, ou jalouses, ou plaintives que l'on tente de soutenir du mieux possible, explique le psychologue et psychothérapeute Eudes Séméria. Au début, ou ponctuellement, à la faveur d'une crise, on se laisse prendre et on les porte, on les conseille, on les rassure, mais lorsque la situation devient récurrente, on se retrouve peu à peu partie prenante, et

On a tous dans son entourage plus ou moins proche une de ces personnalités instables, ou jalouses, ou plaintives que l'on tente de soutenir du mieux possible.

il vaut mieux s'en rendre compte, le risque étant de se retrouver accroché soi-même dans cette relation fusionnelle. »

Jusque-là, ce type de mécanisme relationnel, décrit dans le DSM IV[1], renvoyait à la dépendance – et codépendance – affective. Les sujets porteurs de ces troubles montrent notamment une extrême immaturité affective, ils ont peur de la séparation et de l'abandon, ne peuvent se passer des autres.

Mais Eudes Séméria, dans l'ouvrage[2] qu'il a publié sur ce thème, approfondit la notion et préfère pour sa part parler de « personnalités fusionnelles ». Il propose ainsi une version plus large, et plus existentielle, de cette manière abusive qu'ont ces personnes de se lier et des situations qu'elles provoquent. « Il faut comprendre le fond de leurs demandes et abus réitérés, estime le psychothérapeute, et notamment *pourquoi* ils ne peuvent vivre leur vie de manière autonome. » Oui, cette amie que vous écoutez des heures se plaindre de son couple et qui ne se décide pas à divorcer ; cet artiste qui se débrouille toujours pour vivre avec des compagnes bien insérées socialement et capables de le prendre en charge matériellement ; ce fils adulte qui appelle cinq fois par jour sa mère âgée pour lui décrire ses angoisses professionnelles… Pourquoi agissent-ils ainsi, s'agrippant à leur interlocuteur de choix (l'« aidant » selon le terme choisi par Eudes Séméria), sans jamais parvenir à vraiment franchir l'étape du changement nécessaire dans leur vie et leur manière d'être ?

Ils ont peur de la séparation et de l'abandon, ne peuvent se passer des autres.

Nourri de Sartre, ou des psychothérapeutes existentiels comme Irvin Yalom ou Rollo May, Eudes Séméria avance l'hypothèse d'une incapacité ontologique, chez les adultes fusionnels, à plonger dans l'existence. Même chez ceux, très insérés socialement, qui parviennent à « fonctionner », le psychothérapeute observe l'incapacité à accepter – mais comment les blâmer ? – ces quatre « enjeux ultimes » de l'existence qu'a notamment étudiés le psychiatre américain Irvin Yalom et auxquels tout être humain est confronté : la mort, l'absence de sens, la responsabilité, la solitude.

« Les adultes fusionnels, "jetés dans ce monde" comme chacun d'entre nous, ne savent pas quoi y faire, comment agir, faire les

1. American Psychiatric Association, *Manuel diagnostique et statistique des troubles mentaux* (*Diagnostic and Statistical Manual of Mental Disorders*), 1994.
2. Eudes Séméria, *Le Harcèlement fusionnel. Les ressorts cachés de la dépendance affective*, Albin Michel, 2018.

choix qui s'imposent à eux pour forger leur destin, dans leur singularité, explique Eudes Séméria. Inconsciemment, ils souhaitent rester dans les coulisses de la vie.» Ainsi, quoi que l'aidant fasse à leur égard, ces aidés n'avancent pas, semblent bloqués dans la procrastination ou le pessimisme. Et lorsqu'une solution leur est proposée («Essaie de trouver un autre travail» ou «Et si tu te séparais quelque temps de ce conjoint avec qui ça ne va plus?»), ils n'ont de cesse de la transformer en un problème insurmontable.

Contrairement aux manipulations des pervers narcissiques, il n'y a là aucun désir conscient d'être malfaisant. Juste une stratégie inefficace pour tenter d'échapper à la condition humaine. Mais, comme le note Irvin Yalom dans *Thérapie existentielle*, «même les stratégies de défense qui parviennent à parer une angoisse intense asphyxient la croissance, limitent l'existence et la rendent peu satisfaisante[3]».

Les adultes fusionnels, «jetés dans ce monde» comme chacun d'entre nous, ne savent pas quoi y faire, comment agir.

Cette compréhension nouvelle peut changer le regard sur des comportements si usants au quotidien. Mais comme il faut être deux pour une «danse fusionnelle» et faire perdurer des relations aussi destructrices, l'«aidant» n'échappera pas non plus aux questions de fond. Et notamment: «À quoi cela lui sert-il d'être à ce point manipulé, vampirisé?» ou «Quelle angoisse personnelle tente-t-il ainsi de faire taire?»

LE REGARD DE:

Dr Stéphane Clerget, psychiatre

«Il est satisfaisant de faire preuve de générosité dans cette époque où la solidarité est louée. Et dans 80 % des situations où nous manifestons notre altruisme, ceux que nous soutenons ne sont *a priori* pas malfaisants. Peu à peu, cependant, ces assistés que nous aidons comme des puits sans fond sont de véritables vampires psychiques. Comme nous ne nous autorisons pas à mettre des limites, ils nous dévitalisent.

«Consciemment, nous ne voyons pas le mal qui nous est fait. Nous nous en interdisons la possibilité, nous éprouvons de la culpabilité vis-à-vis d'eux. Du coup, comme nous ne réalisons pas les méfaits de

3. Irvin Yalom, *Thérapie existentielle*, Le Livre de Poche, 2018.

telles relations, c'est notre corps qui parle. Fatigue, lassitude, réactions dermatologiques, parfois même de l'asthme… Chacun a sa manière singulière de se faire entendre et signaler que "trop, c'est trop".
« Quand on repère une personnalité vampirique dans son entourage, il faut se demander : est-ce la première fois que je me coltine une telle relation ? Suis-je une "victime" à répétition de ce genre d'individus ? Qu'est-ce qui me fait "marcher dans son jeu" ? Un sentiment de dette ? De culpabilité ? La peur du conflit ? Prendre conscience de ces mécanismes permet ensuite, même si on aide l'autre jusqu'à un certain point, de pouvoir un jour dire "Stop". C'est alors une bonne façon de lui montrer ce que c'est que d'être autonome et de se prendre en charge. »

La tranquillité de l'esprit est peut-être un leurre

Ils sont nombreux, ceux qui, aujourd'hui, cherchent la sérénité. Tout est bon alors pour l'atteindre : stages de yoga, initiation à la méditation, retraites spirituelles... Mais, si promis et idéalisé qu'il soit, le calme mental est-il si enviable ? Et s'il était juste impossible à atteindre ?

Une île déserte ? Un job où seuls des collègues compréhensifs et bienveillants vous entourent ? Ou, au contraire, une vie sans avoir besoin de travailler ?... Aujourd'hui, chacun a en tête son « éden », mais pour beaucoup, bien plus qu'un lieu de liberté, celui-ci ressemble davantage à un cocon de calme et de sérénité. Et, pour atteindre ce « paradis », toutes sortes de moyens variés sont proposés : les bien nommés « tranquillisants », mais aussi la méditation, le running, qui libère des endorphines bienvenues pour s'apaiser, des séjours en Asie avec moult massages relaxants... à chacun son « truc » rasséréNant.

Dans cette course à la paix, certains sont plus radicaux, cherchant carrément à disparaître de la carte sociétale. Une jeune réalisatrice, Laure Flammarion, est partie de longs mois aux États-Unis pour rencontrer une quarantaine de ces « ermites » laïcs, adeptes du « partir se perdre dans les grands espaces », philosophie de vie assez répandue sur le continent nord-américain, où des écrivains « déserteurs » comme Henry David Thoreau ou Jim Harrison sont de vrais héros. « En France, cet imaginaire d'une tranquillité atteinte grâce à la solitude en pleine nature, même si nous avons Sylvain Tesson, est plus discret », observe la réalisatrice.

Le niveau zéro stress est-il atteignable ou est-ce une publicité mensongère ?

Surprises rencontrées pour son film[1] : ces arpenteurs de déserts, qui souvent ont construit une vie au milieu de nulle part, ne sont en rien des vagabonds ou des fuyards, mais bien plutôt les porteurs d'un réel projet d'autonomie. Mais, au grand étonnement de la documentariste, un grand nombre d'entre eux recréent une communauté et restent connectés à l'actualité *via* Internet! «Leur intranquillité, qu'ils ont finalement emportée, se transforme même parfois en une forme de légère paranoïa vis-à-vis de ce qui se passe dans le monde», affirme Laure Flammarion.

Vivre, c'est être fondamentalement intranquille.

La tranquillité, le grand calme tout autant extérieur qu'intérieur visé avant tout, serait-elle pur fantasme? Le Dr Dominique Servant, auteur d'un abécédaire[2] sur le stress et l'équilibre intérieur, s'interroge en ce sens : «Le niveau zéro stress est-il atteignable ou est-ce une publicité mensongère? Cela signifierait que l'on s'occupe de tout pour vous : plus d'attente, tout stress extérieur sera éliminé. Mais aussi que les turpitudes de l'existence que nous ressentons à l'intérieur de nous disparaissent. Ce qui paraît largement utopique.»

Les intervenants d'un colloque organisé par les Dr René Frydman et Muriel Flis-Trèves[3] et consacré à ce thème fécond de l'«intranquillité», parviennent à la même conclusion : vivre, c'est être fondamentalement intranquille. Ce que rappelle l'écrivain Erik Orsenna, par exemple. Depuis qu'il s'est installé sur une île bretonne, les cycles incessants et éphémères des marées qu'il observe de sa fenêtre ont inscrit en lui cet essentiel : l'instabilité est une loi fondamentale de la vie. «De plus, aujourd'hui, admet-il, à cause des progrès technologiques, nous vivons dans toutes les dimensions de nos existences des chocs temporels et des métamorphoses que nous n'avons guère le temps de digérer.» L'intranquillité serait donc, aussi, une nouvelle forme de mélancolie liée à la modernité.

Soit. Mais entre anxiété et acceptation passive de notre essentielle insécurité psychologique, comment s'en sortir? Pour certains, il importe de «se lâcher les baskets» en n'ajoutant pas de l'auto-exigence punitive à cette condition naturelle. Pour d'autres, comme l'écrivain Maylis de

1. *Somewhere to Disappear*, documentaire d'Arnaud Uyttenhove et Laure Flammarion, 2010.
2. Dr Dominique Servant, *Plus serein. Le stress et un équilibre intérieur, un abécédaire*, Odile Jacob, 2016.
3. Colloque GYPSY XVI dont les actes ont donné lieu à l'ouvrage collectif (sous la direction de René Frydman et Muriel Flis-Trèves) *L'Intranquillité, déni ou réalité?*, Puf, 2017.

Kerangal, il importe d'en faire une occasion de «présence éveillée au monde», en agissant notamment aussi souvent que possible dans une forme d'empathie et de vigilance aux mouvements de la vie. Tout sauf l'inaction et le grand calme, donc.

> *Viser la tranquillité absolue, si celle-ci ressemble à la paix des cimetières, ce serait renoncer à ce qui nous fait désirer.*

C'est un équilibre à trouver que le philosophe Frédéric Worms a choisi de mettre en valeur. «Viser la tranquillité absolue, si celle-ci ressemble à la paix des cimetières, ce serait renoncer à ce qui nous fait désirer, estime-t-il. D'une certaine manière, et comme nous y invite le stoïcisme, nous devons à la fois lutter contre ce qui provoque de l'intranquillité en nous – nos représentations anxieuses, nos illusions – tout en restant vivants, c'est-à-dire désirants au sens freudien, suffisamment inquiets pour pouvoir nous opposer, quand cela est nécessaire, à ce qui nous conduit aveuglément.» Dans ce projet, la psychothérapie serait alors à envisager comme un «cadre tranquille où nous pouvons, avec un autre, partager nos intranquillités». Une belle définition de ce lieu-refuge si particulier.

LE REGARD DE :

Fabrice Midal, philosophe et fondateur de l'École occidentale de méditation

« Se foutre la paix, c'est enlever la pression, ce n'est pas arrêter d'agir ! Je peux y arriver, simplement en changeant de perspective. Par exemple, j'ai un projet à présenter au boulot. J'ai travaillé, je connais mon dossier, mais j'y vais avec une boule au ventre : et si ça ne marche pas ? Et si ça ne plaît pas ? Je stresse, j'angoisse de ne pas pouvoir tout contrôler. Pourtant, j'ai fait ce que j'avais à faire. Vient un moment où il ne me reste plus qu'à me foutre la paix et à faire avec la situation. C'est là où j'ai le plus de chance de réussir ma présentation ! Dans mes livres, je montre comment réussir ce geste – qui consiste à laisser faire la vie en soi pour découvrir que celle-ci offre naturellement des forces de progrès et de guérison. Mais encore faut-il savoir l'appliquer au bon endroit et au bon moment ! C'est le discernement alors qui importe pour savoir quand il est temps de se foutre la paix. Pour certains, cela implique d'accepter de ne pas être parfaits ; pour d'autres, d'accepter de ne pas être aimés, de ne pas être calmes ou de se relier autrement à leurs émotions. »

Dormir, c'est tellement plus que se reposer !

C'est sans doute notre ressource la plus précieuse : le sommeil mérite d'être respecté, protégé, d'autant plus que l'hyperconnexion qui nous agite au quotidien a tendance à nous épuiser. Bien dormir restaure nos forces physiques, mais nous permet aussi de prévenir stress et obésité, et probablement de trouver du sens à notre vie.

« Ce qu'il y a d'incroyable, c'est qu'aujourd'hui, on se préoccupe davantage de recharger les batteries de son Smartphone plutôt que celles de son propre organisme, s'étonne Isalou Regen[1], auteure et journaliste ayant fait une enquête sur la magie du sommeil[2], qui guide ceux qui veulent intensifier celle-ci. Conséquence de cette négligence, la « dette de sommeil », ces terribles heures de repos en moins qui guettent de plus en plus de contemporains, au point que l'OMS a décrété que celle-ci devenait une épidémie globale. Une personne sur trois serait carencée en cette matière.

Isalou Regen n'échappait pas à la tendance, jusqu'au jour où cette quadra a pris conscience de ce vers quoi l'entraînaient ses mauvaises habitudes (endormissement de plus en plus tardif à cause du stress galopant dans ses journées, hyperconnexion au lit pour réguler jusqu'aux dernières heures les réponses aux e-mails…) : « J'avais des difficultés à dormir, car je me sentais en danger dans mes journées, explique-t-elle. J'étais donc passée en mode "survie" et rencontrais des difficultés à fermer les yeux et à être vulnérable. »

> *L'insomnie est une information précieuse : elle nous signale que nous n'évoluons plus en mode "sécurité" dans notre vie.*

1. www.isalouregen.com
2. Isalou Regen, *La Magie du sommeil. Vivre et dormir enfin !*, Leduc.s, 2018.

De cette expérience, la journaliste a retenu un essentiel: «L'insomnie est une information précieuse: elle nous signale que nous n'évoluons plus en mode "sécurité" dans notre vie. Il est alors temps de s'occuper à être plus heureux, plus serein; de "recharger" ses jours pour un meilleur sommeil, et pour cela, d'en prendre soin.»

Car le sommeil de qualité, tant du point de vue psychologique que physiologique, se révèle être un allié. Sa «magie» est de combler nos déficits et d'amoindrir nos fatigues dans toutes sortes de domaines. Du point de vue psychologique, il est un temps de liberté unique, celui d'un espace privé où la censure que nous exerçons sur nous-mêmes se fait moins prégnante. En ce sens, Freud le qualifiait de «paralysie» non seulement «motrice», mais aussi «de la volonté». «Dans le rêve, cette expérience de pensée permise par le sommeil, nous exprimons sans aucune censure toutes les émotions qui ont occupé nos journées, explique le sociologue Bernard Lahire. Si nous avons éprouvé de la colère contre quelqu'un, nous pouvons imaginer le tuer.»

> *Chacun peut, grâce à son activité onirique, avoir des prises de conscience quant à sa condition existentielle.*

Depuis quelques années, ce chercheur mène une longue étude ayant donné lieu à un premier livre – deux autres devraient suivre – sur l'interprétation sociologique des rêves[3]. Interviewant sur le long terme une douzaine de témoins rêveurs, il y découvre que, sans être psychanalyste, chacun peut, grâce à son activité onirique, avoir des prises de conscience quant à sa condition existentielle. «Quand il y a quelque chose qui change, dans la société ou dans notre vie, sans vraiment que nous nous en rendions compte, le rêve nous le signale», observe-t-il.

Et de décrire cette évolution fréquente chez les victimes de stress post-traumatique: «Après des mois, voire des années où ils sont hantés de manière répétitive par les scènes sidérantes de l'expérience traumatisante, on voit un jour apparaître dans leurs rêves des scènes du même événement, mais de plus en plus positives, explique le sociologue. Ainsi, celui qui a été victime d'un tsunami continuera à voir dans ses rêves nocturnes une grande vague, mais un matin, il réalisera que dans son dernier rêve, celle-ci venait mourir à ses pieds… On peut alors mesurer que cette personne va mieux dans sa vie, en général, et que le sommeil, *via* ses rêves, le lui révèle.»

---

3. Bernard Lahire, *L'Interprétation sociologique des rêves*, La Découverte, 2018.

Dormir est donc loin d'être une simple proposition d'ordre physique. C'est une chance, une possibilité existentielle précieuse et presque sacrée qu'il y a tout lieu d'honorer et de protéger.

Pour ce faire, Isalou Regen encourage chacun à développer des rituels qui auront vocation d'influer sur la qualité de son sommeil. «Ces petites pratiques, toutes simples, permettent une sorte de reprogrammation bénéfique au moment du coucher, comme, par exemple, s'endormir avec en tête des images positives ou après avoir dit intérieurement trois grands “merci” à des situations, des personnes, des réalisations qui ont éclairé nos journées», explique l'auteure. Bernard Lahire, lui, rappelle avec un certain amusement que, dans le sommeil, chacun peut déguster grâce à son activité onirique un «moment de littérature»: «Même les esprits les plus rationnels créent alors des petites œuvres de fiction.» Autant de bénéfices qui devraient nous inciter à chérir sérieusement nos nuits.

LE REGARD DE :

Dr Patrick Lemoine, psychiatre, docteur en neurosciences, directeur de recherches à l'université Claude-Bernard de Lyon

« Les insectes, les mammifères, les plantes, les nénuphars qui ferment leur cœur la nuit, tous expérimentent le sommeil... Si cette expérience universelle est si importante, c'est parce qu'il faut la voir comme un temps de “réinitialisation”, de mise à jour des organismes, et c'est particulièrement vrai en ce qui concerne notre système immunitaire. Celui qui dort bien cicatrise mieux, consolide sa mémoire notamment dans les deux premiers cycles du sommeil. Plus on repose l'organisme, moins on risque d'être sujet à l'infarctus ou à l'AVC. Plus on dort, plus on favorise la fabrication de leptine, hormone qui donne un sentiment de satiété. Donc le sommeil prévient l'obésité. C'est le plus souvent dans la phase la plus profonde, le sommeil paradoxal, que nous rêvons, résolvons des problèmes et surtout avons accès à une réserve d'informations qui ne nous sont pas accessibles à l'état de veille. Et ce que les neurosciences confirment, c'est que, pendant ce temps, nous trions nos souvenirs, en consolidons certains et transférons nos émotions de l'hémisphère droit à l'hémisphère gauche de notre cerveau. Toutes les traditions chamaniques, ou la psychanalyse, avaient déjà compris que, dans ce temps précieux du sommeil, on peut aller chercher du sens. »

S'autosaboter est un art subtil

Seul connaître ses manières personnelles de se couper l'herbe sous le pied permet de s'en libérer. Car nous avons des manières singulières de nous entraver : culpabilité, mésestime de soi, position de victime... À chacun ses secrets pour réussir à... échouer.

Depuis de longs mois, cette amie vous confie son désir de changer de voie professionnelle. Vous l'encouragez : c'est une bonne idée, elle pourrait en effet demander une formation auprès de son employeur actuel... Vous faites en sorte de lui suggérer différentes portes. Mais, peu à peu, vous entendez s'effriter son enthousiasme : «Oui, mais... il y a peu de chances que ma demande de formation soit acceptée, et puis ils risquent de se douter que je veux partir, et puis tant que j'ai les enfants à la maison, je ne peux pas modifier l'organisation en place...» Bref, elle vous démontre méticuleusement, point par point, que ça ne vaut pas le coup d'essayer, déploie toutes sortes d'obstacles virtuels vous permettant d'assister en direct à une magnifique séance d'autosabotage.

Ce que vous entendez là n'est que le reflet de ce que cette amie se raconte à elle-même et dont elle n'est pas vraiment consciente : sa manière personnelle de s'empêcher, de se limiter et, même si elle semble ne pas en avoir envie, d'échouer.

Les psychothérapeutes connaissent bien ces mécanismes, fréquents chez un certain type de patients qui ne cessent de déjouer le processus thérapeutique : «On les appelle les "*therapist killers*" (tueurs de psy), explique Yves-Alexandre Thalmann, psychologue. Ce qui les intéresse, c'est d'attirer l'attention en se maintenant dans la plainte et de rester paradoxalement dans leur propre toute-puissance ; ils agissent en nous signifiant : "Ce n'est quand même pas vous qui allez trouver une solution pour moi[1] !"»

---

1. Yves-Alexandre Thalmann, *Pourquoi les gens intelligents prennent-ils aussi des décisions stupides ? Le paradoxe du QI*, Margada, 2018.

Freud s'est beaucoup intéressé aux différentes manières qu'ont les névrosés de se mettre les pieds dans le tapis. Depuis son temps, et de manière générale, les psychothérapeutes repèrent deux types de mécanismes permettant de réussir son autosabotage : soit le responsable en cause est l'extérieur (la société, l'histoire familiale ou les collègues qui nous empêchent de réussir nos entreprises), soit la personne se retrouve à s'infliger elle-même toutes sortes de limitations « Je suis trop mauvais », « trop vieux », « trop paresseux », etc. Dans ces configurations, c'est le manque de confiance en soi et la mésestime qui sont aux commandes.

Ils agissent en nous signifiant : « Ce n'est quand même pas vous qui allez trouver une solution pour moi ! »

Aujourd'hui, nourris de neurosciences, on aime parler de « programmations erronées ». Comme si un mauvais logiciel ayant été téléchargé dans le psychisme n'avait de cesse de privilégier les décisions défavorables, et parfois même destructrices, pour soi-même.

Psychosociologue et formateur, Christophe Médici est un habitué de ces mécanismes, qu'il décrypte notamment dans son livre *Libérez votre cerveau de son saboteur*[2] et lors de séminaires d'entreprises. Il affirme bien connaître notamment la « langue » du saboteur intérieur : « Ses trois procédés récurrents pour inhiber la personne ? Ce que je nomme "PPG" : la Permanence – "ce sera toujours pareil, je ne suis pas un entrepreneur" –, la Personnalisation – "il n'y a qu'à moi que ça arrive" – et la Généralisation – "Toutes les formations sont toujours déjà prises". Avec de tels discours intérieurs, comment avancer ?

C'est le manque de confiance en soi et la mésestime qui sont aux commandes.

Parfois, l'autosabotage se fait encore plus subtil, se déroulant à travers quelques décisions incompréhensibles, car n'ayant rien à voir avec le degré d'intelligence de la personne. « Richard Thaler, prix Nobel d'économie 2017 qui a montré combien l'*homo economicus* n'a rien de rationnel, appelle ces biais cognitifs les "décisions non optimales", explique Yves-Alexandre Thalmann. Elles reposent notamment sur l'auto-optimisme : la personne se voit de manière plus favorable qu'elle ne l'est, nourrit un illusoire sentiment d'immunité et de toute-puissance. » Dans cette catégorie, le fumeur de trois paquets par jour persuadé qu'il ne sera jamais malade. Ou

2. Christophe Médici, *Libérez votre cerveau de son saboteur et réussissez enfin tout ce que vous entreprenez*, Dangles, 2018.

Bill Clinton ou Jérôme Cahuzac, convaincus qu'ils ne seront jamais «pris» la main dans le sac.

Autre procédé favorable à l'autosabotage: porter un «masque». Parmi les plus pernicieux, Christophe Médici repère notamment le masque de l'«effacé» («celui qui vous amène à ne communiquer avec personne dans les soirées») ou du «fanfaron» («toujours une vanne ou une frasque à raconter... comment alors être pris au sérieux quand on fait systématiquement le clown?»).

Avec de tels discours intérieurs, comment avancer?

Heureusement, les recherches sur la plasticité du cerveau montrent que l'on peut aussi, après avoir analysé ses habitudes d'autosabotage, se reprogrammer. Et valider de nouveaux circuits neuronaux en adoptant de nouveaux comportements. Comme partir à la rencontre de son «bienfaiteur», par exemple, cette instance intérieure qui, souvent à notre plus grande surprise, nous permet de réussir même quand on ne s'y attendait pas.

Nous voulons aimer autrement

Qu'il s'agisse de comprendre le mécanisme neuronal de nos attachements ou d'apprendre à créer des relations épanouissantes, le sentiment amoureux est devenu une compétence à améliorer. Oui, pour beaucoup, l'évidence est là : aimer s'apprend. De là à penser que cela se maîtrise, il n'y a qu'un pas…

Love coaching, exercices pour trouver l'amour, ateliers pour le faire durer, programmes de développement du « potentiel amoureux »… Désormais, la relation amoureuse, en des termes qui relèvent davantage de la « novlangue marketing » que du vocabulaire passionnel, est devenue occasion de toutes sortes de stages.

Quand, dans les œuvres littéraires classiques, on s'intéressait à l'initiation amoureuse naturellement générée par la vie elle-même – référons-nous à *L'Éducation sentimentale* ou au *Diable au corps*, entre autres –, notre époque focalise sur la formation à l'amour comme on se formerait à un process informatique ou à une langue étrangère. Bien sûr, la psychologie, et notamment la psychothérapie, s'est toujours intéressée prioritairement à la dimension affective de nos existences. Mais aujourd'hui, c'est davantage son mode d'emploi qui suscite toutes les attentions.

> *Notre époque focalise sur la formation à l'amour comme on se formerait à un process informatique ou à une langue étrangère.*

Emblématique de cette tendance, Mérédith, l'héroïne de *Cupidon a des ailes en carton*[1], roman de la coach en créativité Raphaëlle Giordano. Alors qu'elle est à deux doigts de renoncer à l'amour que lui offre Antoine, elle décide de se lancer dans un « *love tour* » : deux ans, quatre mois et six jours pour réfléchir à son « *amourability* »,

1. Raphaëlle Giordano, *Cupidon a des ailes en carton*, Plon/Eyrolles, 2019.

c'est-à-dire sa capacité à aimer. L'auteure, en fin d'ouvrage, offre à ses lecteurs un «*love organizer*», cahier aux cinq onglets conçus pour changer ses modes de relation à soi, à l'autre, au monde, avec des éclairages à intégrer: «Au royaume du Grand Amour, bannissez les mots "posséder", "appartenir". L'autre ne doit jamais être considéré comme une propriété.» Si, comme Mérédith, le lecteur se lance dans ce cursus, il aura de nouvelles chances, semble-t-il, de se créer une vie amoureuse heureuse.

L'autre ne doit jamais être considéré comme une propriété.

Pour Florentine d'Aulnois-Wang, Gestalt-thérapeute et thérapeute Imago qui accompagne des couples dans ce désir de transformation, l'affaire est plus complexe. «Nous sommes avant tout des corps, régis par des hormones, explique-t-elle. Ainsi, dans des situations de conflits, ou lorsque nous sommes fatigués, stressés, notre cerveau reptilien prend les commandes, nous débranche du cortex, et nous finissons par voir l'autre, que nous aimons pourtant, comme un ennemi[2].»

C'est alors ce que la coach appelle «passer en mode Brutus», avec des taux croissants de cortisol, de dopamine et une suractivité de l'amygdale venant faire exploser notre plafond émotionnel. «Bien sûr, certains couples passionnels s'épanouissent dans un tel mode de relation, observe Florentine d'Aulnois-Wang, car ils se sentent davantage vivants quand ils échangent ainsi beaucoup de cris, de larmes... et de sexe. Mais cela ne se fait pas non plus sans heurts et conséquences destructrices.»

Comment changer alors? «En apprenant à trouver une intensité dans la "profondeur calme", affirme la coach. À raison de séances de deux heures tous les quinze jours, ou de deux ou trois journées par an en "résidentiel", les couples désireux de transformer leur manière de s'aimer sont initiés à différents exercices et disposeront alors d'une "boîte à outils" leur permettant de construire une "relation consciente".» Mais si l'on change ensuite de partenaire? «Ce qui aura été nettoyé avec l'un ne reviendra pas avec d'autres», affirme la coach. L'important est d'avoir pris conscience de ce primat physiologique sur notre vie amoureuse et de savoir désormais «muscler ses synapses» grâce à l'écriture, la prière ou la méditation.

La méditation, mais cette fois-ci dans une pratique bouddhiste, on la retrouve aussi comme élément principal de transformation

2. Florentine d'Aulnois-Wang, *Les Clés de l'intelligence amoureuse. 15 rituels pour prendre soin de son couple*, Larousse, 2018.

affective dans le parcours d'Isalou Regen. C'est à la suite d'une rupture brutale – et de la déflagration intérieure qui s'est ensuivie – que cette romantique a entamé un voyage au Népal et une série de dialogues sur l'amour avec le maître spirituel tibétain Sabchu Rinpoché. Qu'est-ce vraiment qu'aimer? Que dit-on quand on dit «je t'aime»? L'amour passionné est-il une pure illusion? Autant de questions qui tissent le fil rouge du livre *Je voulais te dire... I Love You*[3], coécrit avec Sabchu Rinpoché. L'auteure en reconstruction y découvre notamment qu'«aimer, c'est prendre soin» et surtout qu'il n'y a guère d'autre issue que la compassion, l'accroissement de l'amour d'un seul au niveau universel, pour sortir de la possessivité. Elle comprend que l'impermanence en marche dans toute existence condamne nos rêves de «ensemble pour toujours». Et cela est finalement assez heureux. Car alors l'amour peut se vivre comme la joie de changer avec l'autre, avec tous les autres, aussi puissants et vulnérables que soi.

> *Qu'est-ce vraiment qu'aimer? Que dit-on quand on dit «je t'aime»? L'amour passionné est-il une pure illusion?*

3. Isalou Regen et Sabchu Rinpoché, *Je voulais te dire... I Love You*, Rabsel, 2018.

Oui, les jardins nous soignent

Potagers du dimanche ou jardins thérapeutiques en institutions, la culture des végétaux montre de réels bienfaits sur le psychisme. Car mettre les mains dans la terre, observer le cycle des saisons et accepter les temps de latence ont aussi de quoi inspirer notre vie intérieure.

Vous vous sentez déprimé ou proche du burn-out? Allez donc visiter la maison de Monet à Giverny ou ramasser des fraises dans une ferme ouverte à la cueillette... De manière tout à fait spontanée, nous autres humains savons que les végétaux et les plantes nous font du bien, que les regarder, les toucher et, mieux, les cultiver, peut revigorer notre humeur et relancer notre appétit de vivre. Et, très régulièrement, des sondages viennent confirmer cette intuition. Dans l'un de ceux-ci, réalisé auprès de 1 822 personnes sur Internet[1], le jardinage était mentionné par 43,2 % des personnes – citadines – interrogées comme l'un des premiers moyens de se déstresser, et 52 % d'entre elles affirmaient que les plantes ont un effet bénéfique sur leur bien-être et leur moral.

Le contact avec les végétaux a toujours à voir avec la vie.

Une impression partagée par Marc Mennessier[2], journaliste et ingénieur agricole, responsable de la rubrique «Jardin» du Figaro.fr, dans laquelle il livre, chaque week-end, conseils et astuces pour des plantations «au top». «Le contact avec les végétaux a toujours à voir avec la vie, estime-t-il. Et les accompagner au jour le jour, cela rend optimiste. Grâce aux soins qu'on leur apporte, des fleurs éclosent,

---

1. Sondage réalisé du 16 février au 10 mars 2015 par Brin de jardins (https://brin-de-jardins.fr), site de e-commerce de décoration d'extérieur spécialisé dans l'aménagement des balcons, terrasses, jardins urbains et rebords de fenêtres.
2. http://plus.lefigaro.fr/page/marc-mennessier/ ; www.lefigaro.fr/jardin

des fruits mûrissent... Quand je sème, je suis toujours émerveillé de voir, au bout de quelques jours, de minuscules plantules émerger de la terre nue: c'est comme une sorte d'enfantement! Bien sûr, il y a des déceptions, tout ne marche pas toujours comme on le voudrait: on encaisse de la grêle, une attaque parasitaire... L'an dernier, comme beaucoup de jardiniers, j'ai perdu la moitié de mes tomates à cause du mildiou. Mais d'autres plantes ont formidablement "marché". Il y a une sorte d'équilibre qui se crée.» Le jardinage vu comme une école de sagesse? Le spécialiste confirme: «Patience et humilité s'imposent... et montrent concrètement leurs effets.»

Les jardins sont certainement des espaces d'apprentissage ou de repos psychiques inégalés. Iraient-ils jusqu'à soigner? En tout cas, l'horticulture à but thérapeutique se répand. «Jardiner au quotidien atténue les différences sociales et économiques, renforce les relations de voisinage par les amitiés qui en résultent, estime le Dr Dominique Sauvage, pédopsychiatre et membre du Conseil scientifique santé de l'association Jardins et Santé[3]. L'horticulture à but thérapeutique, quant à elle, met en jeu des interactions personnes/plantes à un niveau plus intime. Son premier objectif est de promouvoir le bien-être des patients, la production est un effet second. Le thérapeute travaille avec eux selon leur propre niveau de compétences et de besoins, il accorde les activités à leurs capacités mentales, qu'il cherche à optimiser.»

Jardiner au quotidien atténue les différences sociales et économiques, renforce les relations de voisinage par les amitiés qui en résultent.

La blogueuse Isabelle Boucq, qui a découvert l'*horthotherapy* (traduite par «hortithérapie» en français) alors qu'elle vivait aux États-Unis et s'est, depuis, spécialisée dans ses différentes utilisations[4], constate que, dans les pays anglo-saxons, de nombreux oncologues, infirmiers ou kinésithérapeutes intègrent ce support dans leurs prises en charge. «En France, ce n'est que depuis 2012 que quelques pionniers s'y sont mis. Et aucune formation officielle n'existe encore», regrette-t-elle.

Signe des temps, la Fondation Truffaut[5], qui promeut l'usage du végétal comme lien pédagogique et social ou outil de réinsertion, a organisé un concours de «jardins thérapeutiques». Six gagnants – des élèves de terminale et de BTS horticulture/paysages – ont vu

3. http://www.jardins-sante.org
4. Voir son blog, lebonheurestdanslejardin.org
5. http://www.fondation-georges-truffaut.org

leurs projets financés, qu'il s'agisse de concevoir un espace végétal dans un Ehpad ou auprès de patients cérébro-lésés.

De plus en plus de psychiatres et de psychologues soutiennent et participent activement à ces initiatives. Le Pr David Cohen, qui dirige le service de psychiatrie de l'enfant et de l'adolescent de l'hôpital de la Pitié-Salpêtrière, évoque ainsi les apports de l'atelier «potager/fleurs» créé dès 1997 auprès de ses jeunes patients, notamment autistes: «Il y a un esthétisme dans le jardin et une fragilité qui rendent la chose précieuse, observe-t-il. Cela est très important pour nous, parce que les enfants que nous recevons ont souvent beaucoup de reproches à faire au monde des adultes, ils estiment que ceux-ci ne se sont pas bien occupés d'eux, de manière réelle ou fantasmée. Finalement, ce que nous essayons de dire aux enfants, c'est que nous sommes là pour nous donner du temps avec eux, qu'ils sont comme cette plante fragile et qu'ils peuvent donc progresser.» Auprès des plus jeunes, des seniors, des urbains, des handicapés, des enseignants..., les jardins n'ont certainement pas fini de porter leurs fruits.

Il y a un esthétisme dans le jardin et une fragilité qui rendent la chose précieuse.

Bienveillance, vous avez dit bienveillance ?

On en parle, on la met à toutes les sauces, on en appelle à elle dans toutes les relations… Mais la bienveillance n'est-elle pas d'abord, essentiellement, spontanée et sincère ? Si ce sentiment d'*a priori* favorable et tolérant envers autrui se révèle de plus en plus précieux, il faut savoir qu'il est d'abord une prise de risque.

Est-ce un effet boomerang, un pare-feu contre la croissante méchanceté ambiante ? Si le chercheur François Jost a publié une captivante analyse[1] de la médisance et du *bashing* se diffusant inexorablement sur les réseaux sociaux ou dans les « commentaires » des médias, jamais on n'aura autant parlé de bienveillance : colloques d'enseignants, de soignants, conférences de philosophes, de méditants autour de ce thème se multiplient. Ces appels à travailler avec précision et persévérance, comme les muscles abdominaux, une disposition plutôt naturelle et désintéressée peuvent sembler contre-productifs. À force d'appeler à la bienveillance, ne risque-t-on pas d'en altérer les élans spontanés ?

À force d'appeler à la bienveillance, ne risque-t-on pas d'en altérer les élans spontanés ?

S'il se réjouit du succès de cette dimension altruiste qu'il étudie depuis des années et affirme qu'en effet, « nous sommes en train de changer d'univers mental[2] », Jacques Lecomte, spécialiste de psychologie positive, craint toutefois une dérive : « Il faut être attentif, notamment dans le monde de l'entreprise. Cette notion d'"attention bienveillante" sert trop souvent la recherche de profits au détriment

1. Voir François Jost, *La Méchanceté en actes à l'ère numérique*, CNRS Éditions, 2018.
2. Jacques Lecomte, *Le monde va beaucoup mieux que vous ne le croyez !*, Les Arènes, 2017.

d'une attention authentique aux personnes. Concernant la bienveillance, il faut toujours s'interroger : est-ce désintéressé ou pas ?»

Cette notion d'"attention bienveillante" sert trop souvent la recherche de profits au détriment d'une attention authentique aux personnes.

Encore faut-il s'entendre sur ce qu'est la bienveillance...

À l'occasion d'un colloque[3], la chercheuse Céline Giron analysait l'entrée du concept de bienveillance dans le champ scolaire et notait : «La bienveillance, entendue ici comme une disposition qui incline à vouloir du bien à autrui, prend des formes très diverses. Sur le millier d'occurrences répertoriées sur le portail Eduscol du ministère de l'Éducation nationale, il est indifféremment question selon les projets d'école bienveillante, de bienveillance éducative, de climat sécurisant et bienveillant, [...] de travail bienveillant, d'esprit de bienveillance et même de stigmatisation bienveillante» (*sic*).

Pour Jacques Lecomte, la bienveillance précède l'action. Elle est la «bonté» déclinée dans la vie quotidienne, ordinaire, et n'a rien de spectaculaire. «Ceux qui la pratiquent ne sont pas des "héros sauveteurs" mais ont un regard *a priori* positif sur autrui, la capacité à ressentir ce qu'il ressent, notamment s'il souffre – c'est l'empathie – et leur altruisme s'exprime en actes.»

Bernadette Lemoine[4], psychologue et psychothérapeute, développe une même approche dans l'aide aux parents. Pour elle, être bienveillant avec les enfants que l'on éduque, c'est d'abord veiller sur eux, y être attentif. Une attitude profonde qui a une influence sur chaque geste et décision. «Éduquer, ce n'est plus donner des ordres de manière raide, à la militaire, mais dans un cœur à cœur avec l'enfant, avec souplesse... Toute l'ambiance familiale s'en trouve transformée.»

Attention cependant : être bienveillant avec son enfant, ce n'est pas seulement lui faire plaisir. «Le problème de nombreux adultes, c'est qu'ils n'entendent dans le mot "bienveillance" que "ce qui est bien et facile pour l'enfant", observe la psychologue. Or, si jusqu'à 3 ans, l'enfant est en effet le centre du monde, les parents doivent ensuite veiller à le décentrer de lui-même afin que son plaisir seul ne domine pas, mais qu'il apprenne à faire plaisir aux autres. Sinon, le risque est

3. «Le bien-être dans l'éducation» les 2, 3 et 4 octobre 2017 à La Sorbonne.
4. Bernadette Lemoine et Diane de Bodman, *Petites phrases à leur dire pour les aider à grandir*, Albin Michel, 2018.

de donner des enfants "*no limits*" qui en fin de compte ne savent ni se respecter ni respecter l'autre dans le "bien-vivre ensemble".»

En revanche, selon Bernadette Lemoine, mettre l'enfant en face de ses choix («Est-ce que tu veux bien cesser de jouer pour aller te doucher?») et des conséquences que ceux-ci entraînent, («Non? Comme tu te comportes comme un tout-petit, tu mangeras donc avec les petits ce soir.») se révélera plus constructif.

La réelle condition de cette bienveillance tant louée est le non-jugement. «En France, où l'esprit critique est surdéveloppé, nous avons encore une sacrée marge de progression dans ce domaine!», estime Jacques Lecomte. Et de rappeler qu'agir sans juger autrui est d'abord une prise de risque. «Trop souvent nous voulons bien coopérer à condition que les autres le fassent, observe le chercheur. Mais si nous nous y mettons nous-mêmes, nous devenons source d'inspiration pour autrui, et nous rompons le cycle infernal de la malveillance.» La bienveillance a donc tout d'un pari sur l'avenir.

LE REGARD DE :

Dr Aurélia Schneider, médecin, psychiatre, spécialiste en psychothérapies comportementales et cognitives

«La bienveillance n'est pas spécialement enseignée à la faculté! Mais nous, psychiatres, nous nous devons d'être bienveillants, et surtout lors de la pratique d'une psychothérapie de soutien. Cette fameuse "neutralité bienveillante" dont parlent les psychanalystes nous invite à écouter activement ce que vivent nos patients sans être dans le jugement. Parfois, c'est plus délicat, par exemple lorsque la personne vit des situations condamnables – je pense à une patiente qui sous-estimait le risque de pédophilie chez un proche: en tant que thérapeute, j'espère l'aider en restant dans le non-jugement, en développant la confiance entre nous, mais en tant que médecin, si des enfants risquent d'être en danger, il est de mon devoir de le lui signaler clairement, de tout faire pour lui ouvrir les yeux... Lorsque le jugement se présente à nous, c'est un signal. Il nous faut travailler à en comprendre les ressorts et l'assouplir. C'est la bienveillance qui me permet de comprendre ce dont cet autre singulier a besoin. Ce n'est pas une "recette" tout-terrain. Par ailleurs, on a trop souvent tendance à n'en voir que l'aspect émotionnel. Mais la bienveillance, c'est veiller de manière adéquate et cadrée sur cette personne-là.»

Zapper le passé ? Non, ce n'est pas possible

On aimerait bien s'en passer, du passé. Faire table rase, recommencer à zéro, ne vivre que dans le présent. Mais c'est croire que nous avons prise sur les régions les plus reculées de notre être, ce qui est un leurre. Pour la psychologie, toutes écoles confondues, ignorer ce qui a été vécu, notamment dans l'enfance, reste impossible.

Ça ressemble à un pitch de science-fiction ou de série télé d'espionnage comme *The Americans* ou *Le Bureau des légendes* : un matin, vous vous réveillez et vous n'avez plus d'enfance, ni de vécu adolescent, ni de culture liée à votre lieu de naissance, votre lignée, vos apprentissages, etc. Vierge de tout passé, vous avez effacé de votre mémoire tout ce qui vous pesait et enfin, enfin, tel un ordinateur muni d'un logiciel tout neuf, vous pouvez, ainsi que vous y invitent toutes sortes de traditions spirituelles ou coachings contemporains, vous plonger dans le moment présent.

Le passé, c'est bien souvent ce qui ne passe pas : des résidus d'expériences, des regrets ou des acquis indélébiles nous influencent.

Tentant, n'est-ce pas? Oui, mais impossible, même si de nombreux psychothérapeutes observent que leurs patients arrivent en thérapie avec peu de souvenirs d'enfance. Car, depuis Freud notamment, mais aussi depuis que les neurosciences disposent désormais de l'imagerie, le passé, c'est bien souvent ce qui ne passe pas : des résidus d'expériences, des regrets ou des acquis indélébiles nous influencent, sans même que nous en soyons conscients.

Ceux-ci sont nôtres, mais il y a aussi ceux qui nous viennent des autres ! «On a pu s'approprier dans l'enfance des croyances, des pensées qui circulaient dans notre famille[1] », précise la psychologue clinicienne Gene Ricaud-François. Des croyances parfois subies – cette mère qui vous disait que « les hommes sont des bons à rien », ce père qui vous traitait de « mollasson » – et refoulées dans un niveau semi-conscient, auxquelles vous ne pensez jamais, mais qui vous téléguident à votre insu. « Si l'on s'y soumet, mais aussi si l'on se rebelle *contre*, on garde une position d'enfant, ou de papillon qui n'arrive pas à sortir de sa chrysalide », ajoute Gene Ricaud-François.

Ces sédiments du passé viennent aussi, selon les psychanalystes, du « bain de langage » dans lequel nous nous sommes construits. « Notre être est fait de mots, les discours que nous avons entendus et aussi les non-dits que nous avons sentis rôder dans notre famille, explique Valérie Blanco, psychanalyste. Mais il y a aussi tous les événements indicibles, petits et grands traumas de l'existence. Ceux-ci forment une programmation inconsciente, qui nous remet dans les mêmes travers et constitue aussi notre ADN psychique. Il faut bien sûr les mettre à jour pour s'en dégager, car lorsque l'on ne se réapproprie pas son passé, on s'empêche de créer sa vie ; mais comme ce sont des fondations de notre être, c'est un leurre de penser que l'on pourrait s'en passer[2]. »

Pas question, donc, de les arracher. Au moins, toutes les écoles de psychologie sont d'accord sur ce point : pour se libérer d'un passé qui nous encombre, pratiquer l'anamnèse ou même faire des recherches en psychogénéalogie doivent rester des occasions de faire le tri.

« Cela revient à ouvrir ce gros sac que l'on porte sur les épaules depuis toujours, explique Gene Ricaud-François : regarder ce qu'il y a dedans, garder ce que nous voulons préserver et nous débarrasser de ce dont nous ne voulons plus pour avancer mieux. »

> *Lorsque l'on ne se réapproprie pas son passé, on s'empêche de créer sa vie.*

Pendant l'analyse, c'est par la parole qu'une telle épure se fait. « De séance en séance, on "use" les mots jusqu'à tomber sur cet "incurable petit caillou" que la personne a inconsciemment gardé dans sa chaussure, métaphorise Valérie Blanco. Et peu à peu, on le polit jusqu'à le réduire au maximum, on tente d'en faire un "grain unique", qui doit devenir celui de la personne, son impulsion singulière, l'empreinte à partir de laquelle elle va pouvoir devenir elle-même. »

1. Gene Ricaud-François, *Libérez-vous de votre passé pour vivre votre vie*, Leduc.s, 2018.
2. Valérie Blanco, *L'Effet divan. Éloge de la psychanalyse à l'usage de ceux qui veulent déployer leurs ailes*, L'Harmattan, 2015.

Ainsi cette jeune femme qui souffrait d'un terrible mal-être et se souvenait notamment d'une parole souvent prononcée par sa grand-mère : « Tu n'aurais jamais dû venir au monde. » Il lui a fallu la dire et la redire, la réentendre prononcer pour, un jour, comprendre que sa grand-mère ne lui disait peut-être pas : « Ta naissance était regrettable », mais plutôt : « Ta naissance a été un miracle. » « Avec les mêmes mots, ceux donnés au départ, on en vient à tisser un autre texte, donc à leur donner un autre sens », commente Valérie Blanco.

Par conséquent, si l'on veut bien, sans complaisance, s'y replonger, notre passé peut se laisser apprivoiser. « C'est un cheminement, une réappropriation lente de ce qui était positif, annonce Gene Ricaud-François. De quoi se désencombrer, pouvoir passer à autre chose et avancer, quand être collé au passé condamnait à ne pas avoir d'avenir. »

LE REGARD DE :

Dr Stéphanie Hahusseau, médecin psychiatre et psychothérapeute

« Lorsque certains scénarios se répètent dans notre existence et que nous avons le sentiment de "subir" – nous choisissons toujours le même type de partenaire, souffrons d'un sentiment d'abandon ou d'injustice récurrent… –, nous pouvons alors imaginer que certaines expériences du passé conditionnent notre présent. Nous devons aussi apprendre à repérer quand nos émotions sont excessives et qu'elles nous semblent irrationnelles, car, dans ce cas, il s'agit probablement d'une reviviscence de l'enfance. Nous avons généralement peu de souvenirs de nos premières années. Nous étions trop petits, trop vulnérables. Pourtant, selon l'OMS, un quart de la population a souffert de maltraitance et trois quarts de la population ont au moins vécu une expérience difficile dans l'enfance. Lorsque la personne revisite certains événements en visualisant et ressentant avec bienveillance ce qui se passe dans son corps, on parvient à déraciner le magma émotionnel qui l'encombre et à tirer de nouvelles conclusions sur ce qui a été vécu. Si nous creusons de nouveaux circuits dans notre activité neuronale, la plasticité du cerveau permet de reprendre le développement de celui-ci là où il avait été endommagé. Cela passe souvent par le fait de pleurer avec compassion pour soi. Je prescris des "crises de larmes" à mes patients, car après, ils auront relâché et iront mieux. »

Le mystère de l'âme se dissipe peu à peu

Elle semble à la fois si commune et si énigmatique... Où se cache-t-elle ? De quoi est-elle faite ? À quelle part de nous ce terme laïcisé d'« âme » renvoie-t-il encore ? Comment les scientifiques et psychanalystes la perçoivent-ils ? Autant de questions qui, ne cessant de nous agiter, donnent une extrême vitalité à la part la plus cachée de notre être.

Pour celui-ci, elle se met à «vibrer» quand il écoute une cantate de Bach. Pour cette autre, c'est une lumière qui scintille dans les yeux de son amoureux. Pour l'autre encore, «quelque chose» qui se dégage de cette vieille commode qu'il aime tant... Prononcez le mot «âme» et vous en obtiendrez autant de perceptions qu'il y a d'individus.

Si le terme, d'origine religieuse, a été évacué du vocabulaire français commun après la Révolution, il n'en a pourtant pas disparu dans sa forme laïcisée. Il connaît même une certaine vitalité. Dans les écrits de Freud, par exemple, il avait lentement été effacé des traductions françaises successives et même été interdit d'emploi par le psychanalyste Jean Laplanche dans son glossaire de la traduction des *Œuvres complètes* du Viennois aux Presses universitaires de France (1989). «Alors que Freud emploie fréquemment le terme de *Seele* ("âme") dans ses acceptions religieuses ou littéraires, ce qui est extrêmement courant dans l'allemand de son époque, le terme s'est trouvé remplacé pendant des décennies par "appareil psychique", explique Olivier Mannoni, qui a travaillé sur la nouvelle traduction de Freud aux éditions Payot. C'était alors méconnaître le talent stylistique, quasi littéraire, du psychanalyste, estime le traducteur. Désormais, nous avons peu à peu réintroduit le mot "âme" lorsqu'il s'imposait.»

En parallèle des processus cognitifs de l'«esprit», du flux continu de la conscience, de l'organe cerveau, d'un inconscient théorique, l'âme reprend donc un peu sa place. Au point que même un académicien, François Cheng, dans son opus *De l'âme*[1] en 2016, osa se confronter à ce mot tabou pour une délicieuse exploration qui toucha le grand public.

Reste que l'âme demeure indéfinissable. «On ne peut la réduire à une équation, précise la psychanalyste Viviane Thibaudier. Pour ce dernier, elle est ce quelque chose qui nous habite, inconnu de nous, mais qui pourtant nous inspire, nous guide, et donne du sens[2].»

On ne peut la réduire à une équation, elle est ce quelque chose qui nous habite, inconnu de nous, mais qui pourtant nous inspire, nous guide, et donne du sens.

C'est donc souvent après coup que nous pouvons mesurer l'effet de notre «âme» dans notre vie. Ainsi, pour Caroline Coldefy, journaliste et productrice télé ayant enduré des addictions ravageuses par le passé, l'âme est cette force, ce désir irréversible qui l'a aidée à se relever quand elle en a eu besoin. «Je n'emploie jamais ce mot-valise un peu compliqué, explique-t-elle. Mais si je regarde comment j'ai réussi à décrocher ou comment j'ai pu partir seule au Kazakhstan pour adopter ma petite fille, je ne peux que constater qu'il y a cette essence profonde en moi, mon âme, qui m'a aidée à me rapprocher de qui je suis vraiment et de ce que je voulais vraiment à un niveau dont je n'étais même pas toujours consciente.» La journaliste raconte dans un témoignage édifiant[3] ce parcours de libération et de retrouvailles avec son «cœur profond».

C'est cette force de vie qui nous fait aller dans des directions que l'on n'aurait pas imaginées vingt ans auparavant.

«L'âme s'exprime par un côté irrationnel, d'un autre ordre, que l'on n'arrive pas à expliquer et elle se présente dans nos vies de manière souvent surprenante, ajoute Viviane Thibaudier. C'est cette force de vie qui nous fait aller dans des directions que l'on n'aurait pas imaginées vingt ans auparavant.»

Le psychanalyste Carl G. Jung le savait bien, lui qui chercha sans cesse, par la méditation, le dessin, à établir le contact avec cette conseillère unique: «sans âme», nous perdons la meilleure part de nous.

---

1. François Cheng, *De l'âme*, Albin Michel, 2016.
2. Viviane Thibaudier, *op. cit.*
3. Caroline Coldefy, *Et enfin la vie prend tout son sens. Itinéraire d'un éveil à la spiritualité*, Leduc.s, 2019.

«Elle est ce principe de sensibilité de nature opposée au corps, mais absolument complémentaire de lui pour devenir un être entier, explique Viviane Thibaudier. L'un et l'autre ne peuvent fonctionner séparément.»

Du côté des neuroscientifiques, on dira que «le cerveau fait de l'esprit» et que la matière génère la pensée, y compris la pensée intérieure qui nous donne la conscience. Si le mot «âme» est tabou, on cherche cependant la preuve physiologique de celle-ci. Le neurologue Antonio Damasio l'affirme: les expériences spirituelles, religieuses ou non, ne sont rien d'autre que des processus mentaux. Deux études neuroscientifiques (l'une réalisée à Taïwan en 2007, l'autre à l'université de Cambridge en 2016) ont notamment établi que la glande pinéale était le siège d'une activation notable lorsque les patients méditent ou prient. Il apparaît donc que cette petite glande endocrine est le centre de notre vie spirituelle, celle d'où partent et où sont reçues toutes les informations de nature transcendantale. De là à penser que l'âme y tient son siège, il n'y a qu'un pas…

Peu importe, sans doute, à ceux qui la sentent vibrer en eux. «Au fin fond de notre être, nous savons que la vie […] n'est pas dans le fonctionnement aveugle de ce qui existe, écrit François Cheng, mais implique toujours un élan vers une possibilité d'être plus élevé.»

LE REGARD DE :

Catherine Ternynck, docteure en psychologie et psychanalyste

« Âme est un terme allusif, insaisissable, énigmatique. Un mot qui invite à lever les yeux et à chercher plus loin... François Cheng parlait d'un "mot de passe". L'âme serait comme un "je-ne-sais-quoi" qui pourtant a ce pouvoir de transfigurer les choses les plus ordinaires, d'inspirer les lieux et les êtres. En cours de consultation, lorsque j'écoute une personne évoquer certains aspects de son existence, il arrive que je surprenne ce souffle de passage. C'est un moment difficile à décrire, comme un éclat de sens, de vérité ou de pureté. Mais le surgissement est si discret, si bref, que je doute aussitôt de l'avoir saisi. Lorsque l'on s'exerce à regarder avec les yeux de l'âme, on perçoit que l'existence ne se réduit pas à ce que l'on en sait ou à ce que l'on en voit. Quelque chose échappe par quoi la matière n'est pas seulement la matière, le réel ne se réduit pas au simple réel. Quelque chose se passe ailleurs. Quelque chose, mais quoi ? Ailleurs, mais

où ? Aujourd'hui, nos espaces de vie sont essentiellement consuméristes, technologiques, matérialistes. Nous sommes en difficulté pour habiter le monde spirituellement.
« Lorsque nous nous regardons avec les yeux de l'âme, nous découvrons que les choses et les lieux ont une âme, parce qu'ils ont une histoire et la mémoire de cette histoire. Tout ce qui fut déposé en eux, des gestes, des confidences, des émotions, des rêves, leur donne une profondeur qui, parfois, demande à revivre. S'exercer à regarder avec les yeux de l'âme, c'est percevoir cette profondeur, en recueillir la poésie et se laisser inspirer par elle. »

Remerciements

Je tiens ici à remercier :

La direction de la rédaction du *Figaro*, notamment Alexis Brézet, pour la place qu'il accorde à cette rubrique.

Étienne Mougeotte, qui en a eu l'idée, et Martine Perez, qui l'a mise en œuvre.

Le service Sciences et Médecine, notamment Cyrille Vanlerberghe et Jean-Luc Nothias, pour cette collaboration fructueuse.

Pierre Doncieux et Robert Mergui, du *Figaro*, ainsi que Sophie Descours, de chez Larousse, pour avoir rendu cette compilation possible.

Enfin, tous les psychiatres, psychologues, neuropsychiatres, psychopraticiens, psychothérapeutes, coachs et thérapeutes que j'interviewe chaque semaine depuis tant d'années. Ils se montrent disponibles et passionnés, et leur regard reste une grande source d'inspiration professionnelle… et personnelle.

Bibliographie

Amadieu, Jean-François, *La Société du paraître. Les beaux, les jeunes... et les autres*, Odile Jacob, 2016.

André, Christophe, *Mon programme anti-dépression*, L'Iconoclaste, 2018.

Angel, Pierre et Cancellieri-Decroze, Dominique, Du coaching au mentoring, Armand Colin, 2011.

Aubert, Nicole, *@ la recherche du temps. Individus hyperconnectés, société accélérée : tensions et transformations*, Érès, 2018.

Basset, Lytta, *Oser la bienveillance*, Albin Michel, 2014.

Billé, Michel, *La Société malade d'Alzheimer*, Érès, 2014.

Bioy, Antoine et Faymonville, Marie-Élisabeth (Dr), *La Révolution de l'hypnose. Peut-on reprendre sa vie en main?*, Dunod, 2018.

Braconnier, Alain, *La Peur du futur. Comment ne plus s'angoisser*, Odile Jacob, 2019.

Buzyn, Etty, *Quand les mères craquent*, Leduc. s, 2018.

Cadalen, Sophie, *Aimer sans mode d'emploi. Suivre les chemins de son désir*, Eyrolles, 2014.

Clerget, Stéphane (Dr), *Les Vampires psychiques*. Comment les reconnaître, comment leur échapper, Le Livre de Poche, 2019.

Corcos, Maurice (Dr), *Penser la mélancolie, une lecture de Georges Perec*, Albin Michel, 2005.

Delcourt, Thierry (Dr), *Créer pour vivre. Vivre pour créer*, L'Âge d'Homme, 2013.

Denis, Paul, *Le Narcissisme*, Puf, coll. «Que sais-je?», 2015.

Dolto, Catherine, collection «Mine de rien/Giboulées», Gallimard, 2006-2019.

Eustache, Francis (dir.), *La Mémoire au futur*, Le Pommier, 2018.

Fauré, Christophe (Dr), *Comment t'aimer, toi et tes enfants? Le défi de la famille recomposée*, Le Livre de Poche, 2017.

Freud, Sigmund, *Deuil et Mélancolie*, trad. Hélène Francoual, intro. Olivier Douville, Éditions In Press, 2017.

Grimbert, Philippe, *Un secret*, Le Livre de Poche, 2005.

Hahusseau, Stéphanie (Dr), *Comment ne plus subir. Se déconditionner de son passé*, Odile Jacob, 2018.

Halmos, Claude, *Dis-moi pourquoi. Parler à hauteur d'enfant*, Fayard, 2012.

Hawkes, Laurie, *L'Art de penser dans un monde distrait et violent*, Odile Jacob, 2016.

Hennezel, Marie (de), *Croire aux forces de l'esprit*, Pocket, 2018.

Hirigoyen, Marie-France (Dr), *Les Narcisse*, Fayard, 2019.

Kermadec (de), Monique, *L'Adulte surdoué. Apprendre à faire simple quand on est compliqué*, Albin Michel, 2011.

Lauru, Didier et Birraux, Annie, *L'Énigme du suicide à l'adolescence*, Albin Michel, 2012.

Le Breton, David, *Marcher. Éloge des chemins et de la lenteur*, Métailié, 2012.

Le Breton, David (dir.), Marcelli, Daniel (dir.) et Ollivier, Bernard (dir.), *Marcher pour s'en sortir. Des vies mal parties, bien arrivées*, Érès, 2012.

Lecomte, Jacques, *La Bonté humaine. Altruisme, empathie, générosité*, Odile Jacob, 2014.

Légeron, Patrick (Dr), *Le Stress au travail. Un enjeu de santé*, Odile Jacob, 2015.

Lejoyeux, Michel (Dr), *Tout déprimé est un bien-portant qui s'ignore. Et si nous choisissions d'aller bien ?*, Le Livre de Poche, 2017.

Lemarquis, Pierre, *L'Empathie esthétique. Entre Mozart et Michel-Ange*, Odile Jacob, 2015.

Lemoine, Patrick (Dr), *Docteur, je ne dors pas ! Le sommeil en 50 questions*, Éditions In Press, 2017.

Lenoir, Frédéric, *Philosopher et méditer avec les enfants*, Albin Michel, 2016.

Liaudet, Jean-Claude, *Quand l'amour manque, comment se reconstruire?*, L'Archipel, 2015.

Malarewicz, Jacques-Antoine, *Petits deuils en entreprise. Souffrances au travail : blocages et non-dits*, Pearson, 2017.

Marcelli, Daniel (Pr), *Le Règne de la séduction, un pouvoir sans autorité*, Albin Michel, 2012.

Midal, Fabrice, *Foutez-vous la paix! Et commencez à vivre*, Pocket, 2018.

Nabati, Moussa, *Réussir la séparation. Pour tisser des liens adultes*, Fayard, 2018.

Neuburger, Robert (Dr), *Exister. Le plus intime et fragile des sentiments*, Payot, 2014.

Pleux, Didier, *Le Complexe de Thétis. Se faire plaisir, apprendre à vivre*, Odile Jacob, 2017.

Pommereau, Xavier, *Nos ados.com en images. Comment les soigner*, Odile Jacob, 2011.

Romanens, Marie et Guérin, Patrick, *Pour une écologie intérieure. Renouer avec le sauvage*, Souffle d'Or, 2017.

Rufo, Marcel (Pr), et Duverger, Philippe (Pr), *Qui commande ici? Conseils aux parents d'enfants tyrans*, Anne Carrière, 2018.

Savoye, Jean-Marc (avec le regard de Philippe Grimbert), *Et toujours elle m'écrivait*, Albin Michel, 2017.

Schneider, Aurélia (Dr), *La Charge mentale des femmes... et celle des hommes*, Larousse. 2018.

Servant, Dominique (Dr), *Plus serein. Le stress et l'équilibre intérieur, un abécédaire*, Odile Jacob, 2016.

Siaud-Facchin, Jeanne, *S'il te plaît, aide-moi à vivre. Pour une nouvelle psychologie*, Odile Jacob, 2018.

Strachwitz, Manuelle von (Dr), *Abécédaire de la Rêverie. Découvrir les plaisirs de la méditation créative*, Albin Michel, 2018.

Ternynck, Catherine, *La Possibilité de l'âme*, Bayard, 2018.

Thalmann, Yves-Alexandre, *On a toujours une seconde chance d'être heureux*, Odile Jacob, 2018.

Tisseron, Serge, *L'Empathie au cœur du jeu social*, Albin Michel, 2010.

Tisseron, Serge, *Empathie et Manipulations. Les pièges de la compassion*, Albin Michel, 2017.

Tomasella, Saverio, *À fleur de peau. Le roman initiatique des hypersensibles*, Leduc. s, 2018.

Van Rillaer, Jacques, *La Nouvelle Gestion de soi. Ce qu'il faut faire pour vivre mieux*, Mardaga, 2012.

Winter, Jean-Pierre, *L'Avenir du père*, Albin Michel, 2019.

Zalcberg, Malvine, *Devenir femme de mère en fille*, Albin Michel, 2019.

Table des matières

Direction de la publication : Sophie Descours
Édition : Sophie Descours
Couverture : François Lamidon
Mise en pages : PCA
Fabrication : Rebecca Dubois

Les Éditions Larousse utilisent des papiers composés de fibres naturelles, renouvelables, recyclables et fabriquées à partir de bois issus de forêts qui adoptent un système d'aménagement durable. En outre, les Éditions Larousse attendent de leurs fournisseurs de papier qu'ils s'inscrivent dans une démarche de certification environnementale reconnue.

Achevé d'imprimer en Italie par
GRAFICA VENETA SPA
Dépôt légal : Septembre 2019
323787/01-11041233 – septembre 2019
ISBN : 978-2-03-597574-4

PAPIER À BASE DE
FIBRES CERTIFIÉES

LAROUSSE s'engage pour
l'environnement en réduisant
l'empreinte carbone de ses livres.
Celle de cet exemplaire est de :
850 g éq. CO_2
Rendez-vous sur
www.larousse-durable.fr